杜希福 主编

用心育心

铸就孩子的幸福人生

魏淑华　宋广文　编著

山东教育出版社

图书在版编目(CIP)数据

用心育心——铸就孩子的幸福人生/魏淑华，宋广文编著.
—济南：山东教育出版社，2011
(成功家教丛书/杜希福主编)
ISBN 978－7－5328－6825－4

Ⅰ.①用…　Ⅱ.①魏…　②宋…　Ⅲ.①家庭教育—研究
Ⅳ.①G78

中国版本图书馆 CIP 数据核字(2011)第 062479 号

成功家教丛书
杜希福　主编
用心育心
——铸就孩子的幸福人生
魏淑华　宋广文　等 编著

主　　管：山东出版集团
出 版 者：山东教育出版社
(济南市纬一路 321 号　邮编：250001)
电　　话：(0531)82092663　传真：(0531)82092661
网　　址：http://www.sjs.com.cn
发 行 者：山东教育出版社
印　　刷：山东临沂新华印刷物流集团有限责任公司
版　　次：2011 年 6 月第 1 版第 1 次印刷
规　　格：787mm×1092mm　16 开本
印　　张：18.25 印张
字　　数：219 千字
书　　号：ISBN 978－7－5328－6825－4
定　　价：28.80 元

(如印装质量有问题，请与印刷厂联系调换)
电话：0539—2925659

出版说明

“家庭是孩子的第一所学校。”“父母是孩子的第一任老师。”“好父母胜过好老师。”如今，这些教育名言已成为家长们的共识。因为成功的家庭教育是孩子走向成功的基础，所以，天下父母都想为孩子打牢这个基础，都希望孩子在人生道路上快乐前进，走向成功。

而在现实生活中，绝大多数的父母并不是教师。那么，怎样才能成为胜过“好老师”的“好父母”呢？怎样才能成为合格的“第一任老师”？怎样才能真正担当起孩子家庭教育的重任呢？

学习，父母需要学习。学习最先进的教育理念，学习一些教育学、心理学知识，学习教育孩子的方法和技巧，学习他人教育子女的成功经验。

罗丹说过，我们生活中不是缺少天才，而是我们的教育中缺少发现和认识天才的能力。

每个孩子都是潜在的天才，孩子身上都蕴藏着巨大的、不可估量的潜力，只要教育得法，看似普通的孩子，也能做出非凡的成就。

心理学的研究发现，0～13 岁是人一生中大脑发育最迅速的时期，是记忆力最佳时期，是一生中最可塑的阶段，也是奠定人的智能和性格的重要阶段。这个阶段，特别是学龄前，孩子与家长相处的时间最长，所以，家庭教育对孩子的成长与成才起着关键作用。父母不仅要爱孩子，还要用最适合的方法教育孩子。反之，错误的教育方法则会贻误孩子一生。适合的教育方法是最好的。用适合的方法教育自己的孩子，才是父母对孩子真正的爱，才能教出成功的孩子，才能成就孩子辉煌的一生。

所以说，教育孩子，方法最重要。

比如，很多孩子都喜欢“搞破坏”，父母应该怎样对待孩子的这种行为？如果父母见孩子“破坏”东西，不问青红皂白就是一巴掌，这一巴掌很可能把一个天才打成一个蠢才。如果对孩子的这种行为加以分析、引导、指导、教育、启发、鼓励，很可能培养出一个爱迪生或爱因斯坦。

比知识重要的是能力，比能力重要的是兴趣；好成绩不如好心态，好心态才有好未来。

在教育孩子时，父母应该树立这样的理念：父母给孩子的不能只是富裕的生活，或是英俊的外貌，最重要的是给孩子一个成功、快乐、幸福的人生。

其实，天下所有的父母都期望孩子有一个成功、快乐、幸福的人生。那么，怎样才能使期望变成现实呢？

请读一读《成功家教丛书》吧，您能从中找到答案。

本《丛书》得以出版除主编和作者的辛勤劳动外，还得到了常淑敏、刘庆芳、刘士祥、方圆、齐敦贤、吴若瑜、钱玉、孔令柱等专家的指导，以及快乐教育网、儿童发展教育研究中心、库金会超常教育（学校）研究所等机构的支持和帮助。在此表示真诚的感谢！

总　序

杜希福

许多家长都上过大学，在大学里学着不同的专业，以适应社会上不同的工作。但有一种几乎人人都要从事的工作，却没有相应的专业去对应，这就是如何做父母。

而孩子的教育又是那么敏感！伟大的儿童教育家洛克在《教育漫话》一书中说："教育上的错误比别的错误更不可轻犯。教育上的错误和错配了的药一样，第一次弄错了，决不能借第二次、第三次去补救，它的影响是终身洗刷不掉的。"

如何教育孩子，成为年轻父母及至整个家庭的首要问题。

没有办法，必须学习！

个人认为，根据事前、事中、事后来分，家长对家庭教育知识的学习可以分为三种时态，以对3～6岁幼儿教育的知识为例：

一是前导性学习。即在孩子3岁以前，家长就要系统地了解孩子3～6岁发展进程，并知道在不同的时期，孩子会有怎样的发展和怎样的需求。有了这些知识做基础，家长就可以优雅地欣赏孩子的发展，并在关键的时候帮孩子一把。

二是适时性学习。即孩子已经进入幼儿时期，他们的成长给家长提出了许多新问题。家长一边学习，一边指导孩子，尽管有点儿手忙脚乱，但总体上能赶得上孩子的发展。适时性的学习也有风险，当孩子稍稍度过了你所刚刚了解的发展时期，就可能耽误一点儿。

三是弥补性学习。即孩子已经进入小学，发生的问题却是幼儿时期的欠账，解决问题还得从幼儿时孩子发展的原因找起。为此，家长不得不再去了解孩子幼儿时期发展的心理特征，根据当时的发展缺陷来制定补救方案。

显而易见，家长最好参与前导性学习，这对于掌握孩子成长规律、系统把握家庭教育的阶段性工作是十分重要的。尽量不要用弥补性培训去解决已经存在的问题，那样，事倍功半就在所难免，出力不讨好、出力不管用也是非常可能的。

就学习的途径来说，可以分为向父母学习、向同伴学习、向老师学习和向书本学习几种情况。

向父母学习，是多数人的天性。一旦孩子有问题，我们都会想父母当年是怎样教育我们的。

向同伴学习，就是看别人怎样教育孩子，然后引入自己的家庭教育。

向老师学习，因为幼儿园和学校是有组织的教育机构，教师应该是教育的专业工作者，对于家庭教育具有特别的指导作用。家长应该与老师保持良好的关系，经常听听老师的意见。

向父母学习无可厚非，但今天孩子的成长环境与我们可不一样。向同伴学习可以弥补前者，但视野不够宽阔；大多数老师可以成为我们的老师，但个别老师的教育行为也值得商榷。

对于有作为的家长来说，向书本学习是必不可少的。因为书本里有专家对孩子成长规律的描述，有教育孩子应该遵循的基本规则，这些都具有较为普遍的指导性；书本里也有许多成功家教的经验，通过对成功事件的分析，从中找出影响成功的决定性因素，这对于我们都具有一定的借鉴意义。

本《丛书》的作者们通过长时间的努力，分四个专题介绍了家庭教育的知识和方法，提供了若干成功家教的实践案例，愿它能为您的家庭教育提供帮助。让我们的孩子健康成长，是我们共同的心愿！无论这个孩子是我的、您的，还是他的，他们都是中华民族的子孙！

前言

在对文化进行比较研究时，学者们趋向于认为，中国的文化具有典型的“家族主义”特点。可能正是因为这个特点，以及文化无所不在的渗透力和无时不在的影响力，使得古往今来的中国人“特别”关注“孩子”的成长。对有些家庭而言，孩子几乎成了家庭的“所有希望”或“唯一希望”。

爱子女，并尽心尽力帮助孩子成长，无疑对个人、家庭、社会、人类，都是一件好事情。但“爱”的力量是否可以必然地转化为“教育”的力量，良好的“心愿”是否必然地变为“科学”的行动，这就不得而知了。对有些人而言，教育的确是很难找到规律的。古今中外所有成功的人是否沿着“同一”的路径走过，不仅一般的家长难以说清，即便是研究该问题的世界级大师，恐怕也给不了“令人满意”的回答，因为每个人都是不同于别人的，每个家庭都是有别于其他家庭的。

那么，我们是在什么意义上向家长“宣传”“家庭教育的理论”和“推荐”“家庭教育的方法”呢？最简单的理解就是：让我们做得更好。

“做得更好”意味着遵循孩子发展的“心理规律”进行必要的设计。

“做得更好”意味着对孩子进行“因材施教”、“因事施教”、“因时施教”。

“做得更好”意味着将发展的长期目标与短期目标有机结合。

“做得更好”意味着把“尊重生命”、“谋取幸福”作为最高的追求……

我们认为，家庭教育具有学校教育和社会教育无法替代的作用；我们强调，中国的家庭教育应该凸显“科学性”、“人文性”；我们呼吁，家长应该有成为“合格教育者”和“优秀教育者”的愿望和行动。因为从时间上看，家庭教育是孩子最早接受到的教育；从内容上看，家庭教育是对孩子影响最广泛的教育，涉及到知识、能力、性格、品德等各个方面；从施教者来看，家庭教育具有“师生关系”上的先天优势，父母是与孩子关系最亲近的人；从过程上看，家庭教育无时无刻不在进行。

正因如此，我们认为，在孩子出生后的前几年，多多了解孩子的一般身心发展规律，仔细分析自家孩子所属的类型、特点、独特之处，多多学习教育孩子的科学方法，多多借鉴成功家长的教育经验，对孩子的教育多花费些心思、多付出些辛苦，具有“四两拨千斤”的功效。这种付出是天底下最划算的“投资”，孩子小时候的教育基础打好了，随着孩子的长大，家长的教育就会越来越轻松。

而如果把这件事做反了，在孩子小时候不注意学习和钻研教育孩子的科学方法，在对孩子的教育方式方法上简单、随意、前后矛盾，不但不能给孩子的人格发展、心理健康、智力开发打好基础，延误孩子各方面发展的关键期，甚而会给孩子的心理造成不同程度的伤害。这些延误和伤害随着孩子年龄的不断增长，会越来越显现出其难以挽回的后果。这样的孩子越长大，父母就会越辛苦。

没有天生会教育孩子的父母，只有会“用心”和不会“用心”教育孩子的父母。

作为《成功家教》丛书中的一本，我们更多地关注用“心”育“心”，更多地关注孩子心理是否健康。

前一个“心”至少有两层意思：一是要“用心”，即指在教育孩子的问题上舍得花心思，对孩子的成长上心；二是要“懂心”，即教育孩子一定要依据孩子心理发展的规律。

后一个“心”主要指：孩子的发展是一个综合、全面发展的过程。孩子要学习知识，但不可成为知识的奴隶、知识的仓库，不可成为“两耳不闻窗外事”的书呆子；孩子要有技能，但技能应根据生存和发展的需要逐渐形成；孩子要有能力，但仅有学习的能力是远远不够的，要有“生长的能力”，要有“爱的能力”，要有“合作的能力”，要有“创新的能力”；孩子要有学历，要有工作，要有住处，甚至要有车子，但最最重要的是要有“健康”，要有“人品”，要有“良好的性格”，因为“性格决定命运”，“性格即命运”。而只有“播下一种思想”，才能“收获一种行为”；只有“播下一种行为”，才能“收获一种习惯”；只有“播下一种习惯”，才能“收获一种性格”。

所以，培养孩子，首先和最重要的是要培养孩子健全的人格、健康的心理和完整的心智，也就是要“育心”。只有“用心”来“育心”，才是家庭教育最有效的“投资”，才能在孩子身上看到最丰厚的“产出”，才能找到孩子心理健康成长的“金钥匙”。

愿本书能为“好家长”“用心”培养出“好孩子”提供些帮助，愿所有的孩子都能拥有幸福的人生。

第一章　家教理念——教育孩子要“用心”去“育心”

◎ 这样的家教理念，您有吗？

一、养子防老

二、养育孩子无师自通

三、人大自然长

四、教育是学校的事、老师的事

五、教育就是教知识

六、让老人带孩子，省力又放心

◎ 树立正确的家教理念

一、好父母要学习“心理学”

二、把孩子看做是与自己平等的人

三、教育孩子要亲力亲为

四、家庭抚养更重要的是心理抚养

五、给孩子适度的爱

对一个由两人组成的小家庭而言，孩子呱呱一声落地，不仅意味着一个新生命的诞生，还意味着两个重要新角色的产生和一种重要新教育的开始。这两个新角色即是——父亲和母亲，而这种新教育即是——家庭教育。

家庭教育就广义而言，指的是家庭成员之间的相互影响与教育。这个家庭既指从出生到"成家"之前跟父母、兄弟姐妹组成的家庭，也指成年结婚后跟配偶、子女组成的家庭。而狭义的家庭教育，主要指的是孩子从出生到成年期间接受到的主要来自父母的教育。本书中讲的家庭教育主要指的是后者，即狭义的家庭教育。

从时间上看，家庭教育是孩子最早接受到的教育，对孩子的一生起奠基作用；从内容上看，家庭教育是对孩子影响最广泛的教育，涉及到知识、能力、性格、品德等各个方面；从施教者来看，家庭教育具有"师生关系"上先天的优势，父母是与孩子关系最亲近的人。由此，家庭教育的重要性及不可替代性不言而喻。

家教理念，主要指的是父母所持有的关于如何看待孩子、如何养育孩子等问题的观点，它是父母的教育思想和教育行为在头脑中的主观反映，对父母的教育动机、教育方式和教育行为等起着指导和制约作用。家教理念的不同，必然导致不同的家庭教育行为与效果。

日常生活中，我们很容易观察到失误甚至是失败的家教案例，比如：

> 豆豆的爸爸妈妈都是名企的白领，由于平日工作繁忙，没有时间带孩子，因此豆豆刚满六个月的时候，妈妈就强行给他断了奶，送到乡下的爷爷奶奶家由老人负责照料。
>
> 转眼豆豆六岁了，该上小学了，爸爸妈妈因为担心乡下的基础教育条件差，特意将豆豆接到城里，而且想办法托关系，让豆豆上了当地最好的小学。谁知，新学期刚进行了一个多月，班主任便把豆豆的爸爸妈妈"请"到了办公室。班

主任说，与班内同龄的小朋友相比，豆豆反应迟钝、注意力不集中、口头表达和阅读理解能力都很弱，学习成绩很不好。豆豆不爱参加集体活动，班上的同学也不喜欢与他交往，原因是“听不懂他说的什么”，更搞不懂“他想的什么”。班主任一方面担心豆豆在班级中的处境不利于孩子的发展，另一方面又担心豆豆的表现影响班级排名，因此劝豆豆的爸爸妈妈给孩子转学。豆豆的爸爸妈妈听到老师的建议感到很惊奇，带孩子去做智力测试，才知道豆豆的智力发展低于一般水平，且存在严重的学习障碍。

豆豆的爸爸妈妈很不解，两人都是名校毕业的大学生，孩子的先天素质应该不错，可为什么上学后却表现得这么不尽如人意呢？出于无奈，只好向家庭教育专家咨询，通过专家的分析，两人找到了问题的原因。原来，在0～6岁，孩子心理发展的关键期，父母教育的缺席使豆豆没有建立起良好的安全感和自信心。豆豆从小生活环境的相对封闭、生活内容的相对贫乏、爷爷奶奶的寡言少语没有给豆豆足够的感官刺激，结果豆豆的智力发展落后于生理年龄，更严重的是养成了胆小、孤僻、依赖、沉默、不自信的性格。

豆豆的爸爸妈妈很后悔，感觉特别对不起孩子，他们说如果早些了解孩子的心理需求和心理发展规律，早知道自己的缺席会造成孩子这么严重的状况，哪怕辞掉工作也要亲自带孩子的。他们决心在以后的生活中多学习儿童心理知识、多向家庭教育专家请教，以争取使豆豆的情况尽快改善。

英国的教育思想家洛克很早就提到过，家庭教育一定要慎重又慎重，不可以掉以轻心。他说：“教育上的错误和配错了药一样，第一次弄错了，决不能指望用第二次和第三次去补救，它们的影响是终生清洗不掉的。”

之所以会有错误的家教行为，归根结底是由于错误的家教理念在作怪。

正确的家教行为和理念并非“生而知之”，有意识地学习和借鉴成功家庭教育的方式方法固然重要，但家庭教育切忌“生搬硬套”。同样的做法，在张家“一通百通”，而在李家，却可能“南辕北辙”；对一个孩子适用的方法，到另一个孩子身上却可能见效甚微。因为，孩子不同，家长不同，家庭条件不同，家庭生态环境不同……

要想在这些不同中，教育好孩子，首要的即是要摒弃不正确的家教理念，树立正确而科学的家教理念。

这样的家教理念，您有吗？

一、养子防老

中国有句古话，说“养子防老”，意思是养育孩子，是为了自己能

老有所依、老有所养。在我国传统的农业社会，这是“迫不得已”的选择。可是，到了社会保障体系、金融市场等已经比较发达的今天，在看待孩子的问题上，如果还持“养子防老”的观念，那就是“自私”、甚至是“不道德”的了。

这是因为，如果养育孩子是为了在自己年老的时候让孩子回报自己的话，就会把孩子看做是自己的“私有物品”：

在对孩子的付出上，不是出于一种义务，而是一种索求回报的利益交换。

孩子没有独立的人格，父母不会平等地看待孩子。

在对待孩子的方式上，认为自己有“随意处置”的权力。

在父母眼中，孩子永远是孩子。

父母就是孩子的权威，孩子只能无条件地服从。

孩子没有自己的隐私，父母认为“连人都是自己的，孩子的东西父母还有什么不能看的！”

面对孩子生活中的选择，小到该穿什么衣服、该留什么发型，大到该选择什么专业、选择什么职业、选择什么样的伴侣，父母为什么总爱横加干涉？不管自己是否明确意识到，这都与父母的“养子防老”家教理念有关。干涉孩子穿什么衣服、留什么发型，是因为父母把孩子的形象与自己的形象联系在了一起，孩子邋遢，父母感到丢脸；孩子干净，父母可以作为炫耀的工具。干涉孩子专业、职业、伴侣的选择，是因为父母将孩子的生活与自己的生活捆绑在了一起，孩子未来的工作如果收入低，那么父母的晚年生活不仅指望不上孩子，孩子的境况还会成为父母的“心病”；而如果孩子的职业好、收入高，自己的晚年生活质量就能有所保障；不仅要求儿女听话、孝顺，儿媳、女婿也应该是服从自己的，所以孩子寻找伴侣，也被要求先过父母这一关。

二、养育孩子无师自通

不少父母认为生养后代是人类繁衍的一种本能，根本没必要学习。教育孩子是非常自然而且无师自通的事，投资和花精力学习“如何成为合格的父母”是十分荒唐和没必要的。而众所周知的是，仅靠本能来生存和繁衍是动物的本性，人们如果不借助“学习”这个工具来提高自己养育后代的技能，那与动物何异？

持“无师自通”养育观的父母在教育孩子方面，遇到困惑和烦恼时，既不虚心向别人咨询，也不通过书本或媒体去寻找答案，更不主动去接受家庭教育课的“培训”，结果往往会由于问题长期得不到解决，没有及时进行亡羊补牢或正确地疏导，阻碍了孩子身心的健康成长，有的甚至造成不可挽回的人生悲剧。

如果以前的家长可以靠“无师自通”养育了一个或多个孩子的话，那是因为那时的家庭教育可以很简单，可以“不去教”，孩子也能“活下来”。而如今的时代是日新月异的，人与人之间的竞争是激烈的。20年前随便一个中专毕业生都可以顺利分配到工作，今天的硕士生却要“摸爬滚打”几番，才可能找到一个勉强满意的工作。试想，如今的父母还持几十年前的家教理念能行吗？

三、人大自然长

“树大自然直，人大自然长。”这是某些父母的口头禅。有这种思想的父母，认为家庭教育是可有可无的事，似乎他们的责任就是给孩子吃饭穿衣、不让孩子的身体生病、不让孩子的生命出现意外，其他方面则可以不闻不问、任其发展、放任自流了。

有的孩子常在外面跟小朋友打架，父母从不介意；有的孩子偷了家里的钱，父母只是轻描淡写地说一顿了事；有的孩子很小就学着抽烟、喝酒，父母也不严格管教。遇到这些情况，父母最经常聊以自慰

的话就是：“孩子还小，等大了就好了。”

殊不知，孩子小时候不经意间犯的小错，如果不及时纠正，次数多了就会变成坏习惯，当坏习惯变成无意识行为的时候，就很容易铸成大错。学坏容易改好难，出了问题之后再来纠正太难了，父母再怎么反省都迟了，教育是没有回头路可走的。

一位15岁的少年犯是独生子，家庭生活比较富裕。他从小要什么有什么。父亲爱喝酒，几乎天天喝，儿子有时也试着尝两口酒，父亲从不加干涉，反而夸儿子“真行”。慢慢地，他七八岁时就会喝酒、乱花钱，父亲有时甚至大方到让他自己从口袋里掏钱，于是，小小年纪便学会了进夜总会。对此，父母不但不阻止，竟说什么“我们家有钱，不让他花让谁花呢?”由于他出手大方，那些行为不良的同学就围着他转。他又学会了吸烟、赌博。学习成绩下降后，开始，老师督促，父母还批评几句，几次管不了，也就索性不管了，反而说什么“能不能成才，不在于上多少学，你看现在的大学生不是照样有很多找不到工作的吗?”致使儿子常常逃学，考试吃“零蛋”，接下来发展到偷盗、抢劫，终于被关进了监狱。父母悔之晚矣。

可见，树大并非自然直。

四、教育是学校的事、老师的事

这种看法是在推卸责任。教育不应该在学校由教师开始，而应该在家里由父母开始。学校不是教育孩子的唯一场所。在如今的教育体制中，学校教育是学习书本知识的主要途径，而家庭则是施行早期智能开发、培养兴趣、引发求知欲、培养良好行为道德习惯和健康人格等的重要场所，具有开启鸿蒙的功能。

把教育孩子的希望全部寄托给学校，既不懂家庭教育的重要性，也没有家庭教育的紧迫感，是极不明智的做法。学校教育、家庭教育、社会教育各有不同，只有各尽其能、相互配合，才可以促成孩子健康、全面的发展。

五、教育就是教知识

有的父母认识到了家庭和父母在教育孩子方面的责任，也有意识地给孩子实施“家庭教育”，但在教育的内容上，却局限于教知识。有的父母在孩子两三岁的时候就开始拿小学的《语文》、《数学》课本，按照上面的内容教孩子，认识汉语拼音、识字、数字加减法、甚至学习英语单词等。殊不知，这种家庭教育是“捡了芝麻，丢了西瓜”。

且不说，孤立地教习这些书本知识的效果不好，在学习的时机上，也为时太早，违反了孩子学习的基本规律。因为孩子的学习是循序渐进的，是由具体到抽象、由简单到复杂。当孩子的经验累积到某一个阶段，才能形成抽象的字词和数理概念。孩子对知识的掌握有一定的过程，如果操之过急，这种硬生生的“教育”会破坏孩子的学习兴趣，使孩子还没有上学便对学习产生了厌烦和反抗情绪，这是最可怕的事情。

个别孩子可以早识字，不代表一定比其他孩子有出息。与学校

教育内容的重复，既是一种浪费，是一种“揠苗助长”的教育，也是不利于调动孩子学习积极性的教育。已经会了的东西，孩子还会在课堂上认真学吗？

其实，家庭教育的内容非常广泛，有更重要的工作可做、须做。从自己吃饭、自己穿衣、自己上厕所等自理能力的培养，按时作息、饭前便后洗手等生活习惯的养成，到注意力的保持、语言表达的丰富、想象力的呵护、创造力的开发、同情心的培养、安全感的保护、自信心的建立等等，都是家庭教育应该积极关注的内容。

六、让老人带孩子，省力又放心

如今的新生父母，大多是刚参加工作三五年、在事业上处于开创期、经济相对不怎么宽裕的群体。有了孩子后，没有足够的时间和精力来自己带孩子，请保姆吧，对自己来说是笔不小的开支，会在一定程度上影响到自己的生活质量，另一方面又对保姆不太放心，担心保姆对孩子的照顾不尽心，贻误孩子的良好发展。这时候，如果有可利用的爷爷奶奶或外公外婆“资源”，这两方面的问题似乎就都可以“解决”了。而如果爷爷奶奶或外公外婆主动“请缨”的话，那更是“一拍即合”、“两全其美”了！

然而，这也是一种不可取的家教理念。这是因为：

第一，老人的教育观念相对陈旧、传统、故步自封，与现实标准有一定的差距，不太容易接受新事物，往往不能很快跟上社会发展和观念更新的步伐。例如：

> 当孩子正兴致勃勃地“拆卸”一辆玩具汽车时，爷爷奶奶很可能会上前制止或批评。他们认为，一辆完好的玩具车是不可以被“破坏”的，并把孩子的这种行为当成是一种不良行为。其实这正是孩子探究事物特点的创新行为的表现。

大部分老人受教育的程度偏低，知识面较窄，接受的又是几十年前的教育，而且老人由于带过几个孩子，很容易觉得自己是“过来人”，“吃的盐比年轻人吃的米都多”。因此，往往用经验代替科学。比如：

> 一个长得很漂亮的小姑娘，可就是牙齿上长满了黑色的斑点。原来，每天晚上睡觉的时候，奶奶都给孩子喝糖水，孩子越喝越爱喝，一来二去，牙齿上就长满了黑斑点。而孩子的奶奶说，“别信书上的说法，小孩子的乳牙反正是要掉的，再长新的不一样白白净净吗？再说了，我小时没吃几块糖，这牙不也掉光了？”殊不知，乳牙的好坏直接影响恒牙的发育。

第二，过分疼爱易使孩子养成不健康的性格和品行，诸如任性、自私、为所欲为等。老人往往格外疼爱孩子，并且容易无原则地迁就和溺爱。再者老人心理上会有些顾忌——若出差错，怕儿女怪罪。于是老人处处依着孩子，对孩子不合理的欲望常会无原则地满足。时间一长，孩子会觉得自己是家庭的“主宰”——人人都得听自己的，稍不如意就会大哭大闹。老人又怕孩子哭坏身体，于是便对孩子百依百顺。这样一来，孩子发现通过哭闹、发脾气能达到自己的目的，于是孩子就会通过发脾气和哭闹来要挟家长、来满足自己的非分要求。因此，过分的溺爱和迁就容易使孩子产生“自我中心”意识，形成自私、任性等不良个性。

> 毛毛主要由爷爷奶奶照看。有一次，毛毛在二楼客厅玩小汽车，玩了一会儿，毛毛想到楼下玩，就吩咐爷爷：“爷爷你帮我把车子拿到一楼，我想下去玩”。爷爷二话不说，抓起小汽车就跟毛毛下楼。到了楼下毛毛玩了一会，又想上楼玩，于是又对爷爷说：“爷爷你帮我拿车子，我想上楼玩！”爷爷抓起车子又跟着毛毛上楼。一上一下折腾了好几次，毛毛觉得很有趣。玩罢小汽车，毛毛又要“骑大马”，让爷爷跪在地上当马骑。之前爷孙俩已经玩过几次了，每次爷爷都很“顺从”。这次爷爷上下楼几次下来，累得实在不轻，就跟毛毛“请假”，谁知毛毛一点都不体谅爷爷，还学奶奶骂爷爷是“老没用的”！

第三，容易导致亲子关系疏远。老人爱孙子与父母爱孩子，既有相似之处，也有不同之处。相同处都是出于对孩子的爱，不同处是爱的形式不同。父母爱孩子偏于“严”，老人爱孙子偏于“慈”“宽”“容”。连父母对孩子的正当管教，祖辈有时也会横加袒护与阻拦。在孩子幼小的心里，他们认为，谁不打他不骂他，谁事事依着他，那就是对他好。这一方面会导致孩子认为祖父母对自己的爱理所应当，因而不加珍惜；另一方面，父母对他的要求严，对于不合理的要求不予以满足，他们就认为父母对他不好、不爱他，对父母产生抵触心理，与父母的情感便会疏远。

这种情况易使孩子产生情感和人格的偏差，导致产生诸如心理和行为障碍、对人对物缺乏爱心、易产生暴力倾向和行为等问题，非常不利于孩子的健康成长。现代心理学研究表明，孩子对父母的情感需求，是其他任何感情所不能取代的。

当然，如果老人懂得这些道理，或本身受过好的教育，帮助子女一起带孩子也未尝不可，只是一定要尽量不主动包办，不主动要求让孩子远离父母独自跟自己生活。

树立正确的家教理念

一、好父母要学习"心理学"

心理学，作为一门研究人的心理现象与行为的科学，是与人们的日常生活关系最为密切的科学。心理学有很多的分支学科，包括基础心理学、发展心理学、教育心理学、社会心理学、管理心理学等等。家庭教育作为一种父母影响孩子的教育，要想做好，必须以发展心理学和教育心理学为依据。发展心理学是揭示人类个体从出生到死亡的心理发展变化规律的，父母要学习的主要是婴幼儿心理学和儿童心理学。教育心理学则是揭示在教育过程中教育者和受教育者心理活动现象及其产生和变化规律的，父母要学习的主要是家庭教育心理学。

人们如果在做父母之前，或在做父母之初，认真研习婴幼儿心理学、儿童心理学、家庭教育心理学等，在对待孩子的教育问题上，就会有据可依、有规律可循。

有这样一对夫妻，在要孩子之前，两人就一起阅读过很多本关于家庭教育心理学的书籍，还一起报名参加过“准爸爸、准妈妈”培训班，在课堂上，夫妻两人是最善于思考和最喜欢与老师交流的学生。妻子怀孕后，两人为了提前进入“父母角色”，时常以孩子的身份戏称对方“爸爸”、“妈妈”。在孩子出生之后，面对孩子成长过程中出现的种种问题，他们没有像一般家长那样不知所措，而是从容应对。所以，在每个成长阶段，他们的孩子都要比同龄的孩子更加健康、更加优秀。每当其他家长向他们请教教子经验时，他们给出的建议都是：多读几本家庭教育心理学的书籍，多学习一点“孩子教育心理学”。

二、把孩子看做是与自己平等的人

“养子防老”、“孩子是父母的附属品”的旧观念我们应该坚决摒弃，取而代之的应该是“把孩子看做是与自己平等的人”。与父亲母亲一样，孩子也是一条独立的生命，也是一个独立的个体。

如此看待孩子，才会尊重孩子的天性，主动了解孩子的脾气秉性，尊重孩子的兴趣爱好，尊重孩子的隐私。在对孩子的教育上，才会重视孩子的全面发展和综合素质的培养。如此看待孩子，才会设身处地为孩子着想，注意运用孩子喜欢接受的教育方式来教育孩子，就不会有家庭“语言暴力”、“身体暴力”的产生。

有一位孩子的爸爸，每每遇到孩子犯错误的时候，总是喜欢冷嘲热讽孩子，动不动还喜欢给孩子“一点颜色看看”。在爸爸的“威胁”下，孩子特别胆小，每次不小心犯了错误，第一反应总是用惊恐的眼神看着爸爸。这位爸爸看到孩子这个样子，偶尔也会心疼，但每次还是“控制不住自己”地打孩子。

“控制不住自己”、“自己脾气不好”，这其实都是借口，根本原因是没有把孩子看做是与自己平等的人，是恃强凌弱。试问一下这位爸爸，在平时与自己的领导、同事的交往中，当领导、同事的言行不顺自己的心意的时候，他是不是也“控制不住自己”地去打领导、打同事呢？答案是肯定不会，为什么？是因为他知道如果自己这样做，就侵犯了他们，是会受到处理的。而之所以会“控制不住地”打孩子，就是没有认识到孩子的人格也是不容侵犯的。

三、教育孩子要亲力亲为

现代家庭教育中一个奇怪的现象是，父母可以为孩子付出生命，却不肯为孩子多付出时间和心思。

每当成人利益与儿童利益发生冲突时，成人总是选择的主动者，是强势的一方，孩子总是选择的被动方，是弱势方，所以做出牺牲和让步的总是孩子。有很多的父母，为了自己所谓的“事业”，或者为了当前的享乐，牺牲与孩子相处的时间，在对待孩子的教育上推卸责任。

把养育孩子的责任推出去，这种教养方式对儿童的损害可能不会立即呈现，但你的孩子不会白白做出牺牲和让步，任何不良的成长过程都将会在孩子的生命中留下痕迹，成为日后影响孩子生命质量的一个病灶，同时也会给整个家庭带来好多麻烦。

要认真对待和孩子相处这回事，不要以“工作”、“事业”为借口，不肯为孩子花费精力。我们努力工作原本就是为了创造更美好的未来，最后却在“家庭的未来”、“祖国的未来”——儿童的教育上出了麻烦，于家于国，这样“事业”的意义又是什么？

既然给了孩子生命，就意味着做父母的承诺了给孩子应有的教育。我们一直认为，在孩子婴幼儿时期多付出一些辛苦，往往有四两拨千斤的功效。这种“付出”是天下最划算的“投资”。如果把这件事做反了，在孩子小时候不注意，不把教育孩子当回事，到孩子长大了，不知会有多少麻烦。有谁能把一张乱涂乱画的纸擦干净呢？

退一步说，如果出于迫不得已的客观原因，必须要和孩子经常分离，也一定要想办法尽量减轻和降低孩子在感情上的失落。比如，可以提前让带孩子的爷爷奶奶或其他临时抚养人，先到孩子熟悉的环境，与孩子待上一段时间，等建立好感情和依存关系，再带走，就可以减少孩子离开父母和熟悉环境的不安全感。分别的日子里要经常给孩子打电话，多和孩子沟通，定期去看孩子，让孩子感受到父母时刻在关心着他，尽量减少孩子的失落感。

【小贴士】 父亲对孩子心理成长的意义

心理研究认为父亲在儿童成长中发挥着独特的影响力。子女在智力、情绪表达和适应社会能力方面的成长，一位尽责父亲对子女的照顾较母亲对子女的照顾可增加25%～30%的正面成效。

研究发现，父亲对儿童成长产生的影响主要有以下几个方面：

（一）帮助孩子确定自己的性别角色

帮助男孩获得男性角色。模仿是儿童性别角色认同的基本途径。父亲提供一种男人的基本模式。从父亲身上，男孩子开始懂得男人应该怎样待人接物和处理问题。研究表明，男孩在4岁前失去父亲，会使他们缺乏攻击性，在性别角色中倾向于女性化的表现——喜欢非身体性的、非竞赛性的活动，如看书、看电视、听故事、猜谜语等。

我国的托幼机构和小学，男性教师所占比例很小，教师队伍几乎是清一色的“娘子军”，导致孩子在十几岁之前在学校教育中受成人女性影响较大，受成人男性影响较小，而男孩在家庭中如果再得不到父亲足够的指导与关爱，就会造成性格明显女性化。

帮助女孩了解异性特征。与父亲缺少交流和接触，对女孩也有损失。许多研究证实，5岁前失去父亲的女性，难以了解男性如何生活及其与女性的区别，在青春期与男性交往时，常常会表现出焦虑、羞怯和无所适从。

（二）帮助孩子形成积极的个性品质

不同的教养方式形成孩子不同的个性品质。父亲从本能上采取与母亲不同的养育方法，母亲更多地搂抱宝宝，与

宝宝进行一些温和的活动；父亲则更多地通过身体运动与宝宝玩耍，做一些较剧烈的、冒险性的活动等，如把孩子高高地举起，或让孩子骑在肩上。一些活动量大的活动，如游泳、骑车、爬攀登架，一般都是父亲领着小孩。在这些游戏或活动中，有父亲陪伴和指导，孩子就能玩得更积极、更科学和更安全。相对而言，母亲更多的是关注孩子的安全和健康，往往对他的活动范围作较多的限制。

因此，常与父亲接触的孩子，显示出勇敢、强悍、意志坚强等特征，有更强的生命激情。古代斯巴达人为了培养刚强、勇猛、健壮的孩子，总是让孩子自小就跟随父亲生活。专家们发现，由父亲承担养育责任的孩子，在面对新环境，如去幼儿园时的焦虑感较低。并且研究表明，父亲对女孩也有行为表率作用。女孩从父亲身上可以受到勇于冒险、进取、刚强、独立等品质的熏陶。这种潜移默化对婴幼儿期的孩子十分重要。目前越来越多的资料显示，没有父爱的孩子大多缺乏自信、意志薄弱，常表现出自卑的消极情绪情感和性格特征。这类儿童抑郁、孤独、任性与依赖行为等较为普遍，有些心理学家将其称之为“缺乏父爱综合症”。

（三）提高孩子的交往能力

父亲与孩子接触越多，孩子的交往能力越强。调查发现，五个月大的婴儿如果与父亲有较多的接触，当他被陌生人围绕时会有较好的适应性。比起那些与父亲接触不多的婴儿，他们比较不怕生，对陌生人会有更多的语音回应，也比较愿意让陌生人抱。一项跟踪研究发现，五岁的时候有父亲存在而且受到父亲照料的小孩，比五岁时就缺乏父爱的孩子，长大后更具同情心，有更好的社交关系。

另有一项心理学比较研究表明，一天与父亲接触不少于2小时的男孩子，比起那些一星期内接触不到6小时者，人际关系更融洽，能从事的活动更开放，并具有进取精神甚至冒险性。这其中相当一部分原因是由于父亲的参与，增强了儿童的安全感和自信心，因此也容易与他人友好相处。

（四）促进孩子的认知发展

美国耶鲁大学一项研究表明，由男人带大的孩子，智商更高些，他们在学校能取得更好的成绩，在社会上更容易成功。因为孩子从母亲和父亲处得到的认知上的收获是不完全相同的。从母亲那儿孩子

可以更多学到语言、日常生活知识、物体的一般使用方法；但从父亲那里，则可以学到更丰富、广阔的知识，更广泛地认识自然、社会，并通过操作和探索变换多样的活动，逐步培养起动手操作能力、探索精神。父亲较多地参与和孩子的交往，能日益提高孩子的认知技能、成就动机和对自己能力、操作的自信心。

美国医学专家海兹灵顿等人最近报告，早期父爱缺乏会阻碍儿童的认知发展，他们发现5～6岁的儿童在父母离异而缺失父爱两年后，在认知方面和完整家庭的孩子之间存在明显差异。完整家庭中的儿童在智力测验中，积木、迷津和算术得分明显较高，而且能达到较高操作分数和较高的全量表智商分数。

综上所述，父亲对儿童成长具有独特的影响力。然而，在现实生活中，通常是母亲在家庭教育中承担着更多的教育责任，父亲却常常忽视了自身在家庭教育中的角色，未意识到自身的家庭教育责任，对儿童的教育影响甚微。因此，父亲应该意识到自己对孩子教育的参与对孩子心理成长的不可替代的重要作用，多花些时间陪陪孩子，这对孩子的性别角色、个性品质、交往能力、认知能力等的发展都有好处。

四、家庭抚养更重要的是心理抚养

家庭抚养包括身体抚养和心理抚养。身体抚养又包括身体营养和身体锻炼两方面。在物质文化发达的今天，父母一般都很注意孩子的身体营养，在这方面一般问题不大。而在身体锻炼方面，则普遍做得差一些。中国的父母往往比较在意孩子的体形、体态这些体育中低层次的内容，却往往忽略体能锻炼，以致孩子的户外运动少、待在家里看电视多，肥胖症相应增多。

而在家庭抚养或者说家庭教育中占比重最大的应该是心理抚养。心理抚养首先要形成孩子健全的人格和健康的心理。培养孩子学习、生存、发展和独立创造幸福生活的能力，为孩子毕生生活、事业发展作好奠基工作。具体应该包括认知、个性、社会性、情绪情感、品德、人格品质等各方面。

在认知的发展上，不能单纯、孤立地教给孩子知识，而应该重视训练孩子各种感官的感知能力、做事情聚精会神的注意能力、明察秋毫的观察能力、天马行空的想象能力、善于分析问题解决问题的思维能力和能言善辩的言语能力等，注意开拓孩子的文化、审美视野，激发和保护孩子的学习兴趣。

在人格品质上，要关注孩子的安全感、自信心、好奇心、独立性、责任心、同情心、耐挫性等品质的培养与呵护。在社会性的培养上，教育孩子自我服务，自己的事情自己做，并引导孩子学会与同伴合作、分享、互助。

在情绪情感方面，要让孩子认识并体验高兴、喜欢、热情、害怕、吃惊、厌恶、气愤等各种情绪和情感，鼓励孩子用适当的方式把内心的体验表达出来。除了关心亲人之外，家长还要利用生活中的一切机会，让孩子学会关心和同情他人，培养孩子的同情心和感恩心等等。

【小贴士】 猴子也需要“养心”

让孩子吃饱喝足，只满足他的生理需要，孩子就能健康成长了吗？就能够让他与父母建立起至真的亲情了吗？心理学家对猴子依恋的研究可以帮我们找到问题的答案。

20世纪50年代末，美国威斯康星大学动物心理学家哈洛和他的同事们把一只刚出生的婴猴放进一个隔离的笼子中养育，并用两个假猴子替代真母猴。这两个代母猴分别是用铁丝和绒布做的，实验者在“铁丝母猴”胸前特别安置了一个可以提供奶水的橡皮奶头。按哈洛的说法就是“一

个是柔软、温暖的母亲，另一个是有着无限耐心、可以24小时提供奶水的母亲”。刚开始，婴猴多围着“铁丝母猴”，但没过几天，令人惊讶的事情就发生了：婴猴只在饥饿的时候才到“铁丝母猴”那里喝几口奶水，其他更多的时间是与“绒布母猴”待在一起；婴猴在遭到不熟悉的物体，如一只木制的大蜘蛛的威胁时，会跑到“绒布母猴”身边并紧紧抱住它，似乎“绒布母猴”会给婴猴更多的安全感。

哈洛从这个“代母养育实验”中还观察到了另外一些问题：那些由“绒布母猴”抚养大的猴子不能和其他猴子一起玩耍，性格极其孤僻，甚至性成熟后不能进行交配。于是，哈洛对实验进行了改进，为婴猴制作了一个可以摇摆的“绒布母猴”，并保证它每天都会有一个半小时的时间和真正的猴子在一起玩耍。改进后的实验表明，这样哺育大的猴子基本上正常了。

哈洛等人的实验研究结果，用他的话说，就是“证明了爱存在三个必要条件：触摸、运动、玩耍。如果你能提供这三个条件，那就能满足一个灵长类动物的全部需要。”

哈洛等人的研究发现，给了我们很多有意义的启示，它对改变传统的育儿观产生了积极的影响。父母对孩子的养育不能仅仅停留在喂饱层次，要使孩子健康成长，一定要为他提供触觉、视觉、听觉等多种感觉通道的积极刺激，让孩子能够感到父母的存在，并能从他们那里得到安全感。父母对孩子发出的信号要敏感地作出回应，使孩子感受到自己的存在价值；做亲子游戏时，父母应保持愉快的情绪与孩子玩耍，全身心地投入其中。

五、给孩子适度的爱

做父母的谁不希望自己的子女成才？可有些父母为培养子女儿

乎倾注了全部心血，但孩子的表现却令人失望。这时，身为家长的你，有没有思考过：你对孩子的爱是否过度了？

凡事都有个限度，对孩子的教育和保护也是如此。担心孩子的安全，便不让孩子接触任何带有危险性的事物；担心孩子受到社会不良风气的污染，就把孩子关在家里，不让孩子外出交朋友；不舍得孩子吃苦，便不让孩子做任何家务劳动。这种过分的爱会导致孩子的生理、心理机能退化，危害非常大。

> 贝贝是家里的独生女，家人对她的关爱无微不至。上初中了，从收拾书包到洗袜子，所有生活上的细节都由父母包办，这不仅使她失去了锻炼的机会，也让她对独立做事失去自信。在班里，无论是学习、值日还是文体活动，贝贝不仅总比同学们慢半拍，还经常闹笑话。同学拿她开玩笑，她总是把头一缩，不懂得反抗。回到家，却把同学欺负自己的事情告诉父母，让父母再到学校来为她讨回公道。时间长了，贝贝逐渐养成了在学校自卑、懦弱，在家却霸道、不讲道理的古怪性格。

给孩子适度的爱，就要给孩子足够的自由。让他自己去爬、去走、去吃饭、去探索世界。当孩子有能力做一件事情的时候，就给他足够的空间。不要担心他是否会把自己和周围的东西弄成一团糟，也不必过分担心他是否会受伤。当孩子慢慢地长大、有能力去应付一些事情的时候，那就让他自己去做，至少要让他去试一试，不要一味地把他放在你的保护伞里；而当孩子犯错、偏离正确方向的时候，则要及时进行管教。管教与放手同样都是爱的方式。

给孩子适度的爱，还意味着父母不要将自己变成孩子的附属品，给自己要留一定的空间。只有这样，在对待孩子的教育问题上，才能够把握自己心态的平衡，在对孩子的教育上才能更加理性。

第二章 人格健全——孩子幸福人生的根基和旨归

◎ 什么是健全的人格

一、正确的自我意识，整体协调一致

二、人际关系和谐，社会化良好

三、有效地工作，富有创造力

◎ 如何培养孩子健全的人格

一、婴儿期（0~1岁）：发展孩子的信任感与“希望”

二、婴儿后期（2~3岁）：发展孩子的自主性与自我控制感

三、学龄前期（4~5岁）：发展孩子的主动性

四、儿童期（6~11岁）：发展孩子的勤奋感与“能力”品质

五、青少年期（12~20岁）：发展孩子的自我同一性

石头是个两岁10个月的小男孩。石头爸和石头妈是大学同班同学，有一天，两人一起去参加毕业十年大学同学聚会。一阵寒暄之后，大家的话题都不约而同地集中到了孩子身上。从孩子多大、男孩女孩、是否调皮、语言表达如何、难忘的生活趣事一直聊到多大上幼儿园合适等等，好不热闹！突然，有个同学提出了一个话题“你希望自己的孩子将来成为什么样的人?”，引起了大家一致的兴趣，大家七嘴八舌议论起来。

“当然是要超过我们的人!”

“不是政坛上的高官也得是商界的精英啊!”

“我最希望的是他做一名医生，在我们的家族中还没有做医生的呢，我觉得医生就是白衣天使，可以救死扶伤。如果家里有个医生，一家人就不会对生病这件事情担惊受怕了，起码可以比别的没有医生的家庭了解得更透彻些，即便家里有了病人，也能得到比较好的照顾。”

“原来还真没想过这个问题，我希望女儿将来做空姐什么的吧！做医生很辛苦的哦!”

“我希望我的宝宝可以成为一个企业家，像他外公那样出色，得到大家的认可!”

“我想让宝宝成为翻译官。”

“希望以后孩子学一个能挣钱的专业啊！医生，会计，律师，这是我希望的。”

“孩子做什么我想我不会去过多干涉，主要看他自己的兴趣和特长了，不管干什么，最主要的是希望孩子能够幸福。”

诚然，如以上父母所讨论的那样，每个家长都希望自己的孩子以后能成才，能有所成就，而更重要的是希望孩子能有个幸福人生。换

句话说，这也是众多家长的共同教育目标。如何达到这一目标呢？心理学家认为，最根本的是要培养孩子健全的人格。

健全人格是构建幸福人生大厦的根基，没有它，壮丽与辉煌将无从谈起；健全人格是人生的风帆，有了它，才能驶向理想的彼岸；健全人格也是铸就孩子幸福人生的旨归，唯有它，才能达到个体内在的和谐及其与外界客体和环境的和谐统一。

然而，现实怎样呢？大多数家长更关心孩子的学习。甚至有些家长对孩子只强调智力教育，忽略人格培养，结果造成了一些令人担忧的问题。

> 据报道，北京幼教专家曾到朝阳区某幼儿园对学龄前儿童进行心理测试。测试的第一个题目是："如果你在路边见到一只要死的小猫，会怎么办？"孩子大多数抢答道："踢死它！""拿砖头砸死它！""踩死它！"只有个别孩子主张救活小猫。专家接着问："假设你玩得好好的，这时有个小朋友打你一下，你会怎么样？"孩子们纷纷表示："打他""揍他"。专家的第三个题目是："要是有个小朋友发烧了，冷得直哆嗦，你愿意把自己的衣服借给小朋友穿吗？"半数以上孩子都不愿意。

再看一个例子：

> 媛媛不仅人长得文静、漂亮，而且从小学到初中，学习都很好，老师和同学都很喜欢她。但上了高中以后，家长渐渐发现媛媛与别的孩子有些不一样。首先，在家里，有一点儿小事不如意，媛媛就又哭又闹；在学校里，媛媛与同学也相处不好，老师给媛媛调了几次座位都不行，与同学的关系越来越紧张。换了新班级，媛媛竟向老师提出由自己选定前、后、左、右的座位名单，这当然是办不到的。一个高中学生为什么会这样不懂道理呢？

原来是人格缺陷造成了媛媛的心理障碍。在家里，从小媛媛的家长就只注意孩子的智力开发；在学校里，由于学习成绩好，老师对媛媛也是百般照顾。这种片面的关注和照顾使媛媛的适应性越来越差。在学校，媛媛无法与同学正常相处，缺乏正确处理同学关系的能力。媛媛明白自己同别人不一样，但没有能力改变现状，因而感到心烦意乱、焦躁不安，回家就向父母发泄。

美国精神病学家 E·凡林特发现，用唯智力型的方法培养的孩子，往往小时候能表现出中上水平的智力，有的甚至被称为“神童”。但以后就慢慢黯然失色、悄无声息了。因为这些孩子没有健全的人格品质，影响了他们的全面成长。墨子说：“志不强者，智不达。”爱因斯坦也说：“优秀的性格和钢铁般的意志比智慧和博学更重要……智力的成就在很大程度上依赖于性格的伟大。”

一个孩子很聪明，但如果粗心、怕吃苦、缺乏意志、适应性差，那么在生活中不可避免地不断经受的挫败将不会让他感到生活的幸福。而另一个孩子即使智力一般，但如果他自信、努力、宽容、有责任感、人际和谐，那么不管他的“成就”如何，他都很有可能生活得幸福。所以，家庭教育是“做人”的教育，是“心灵”的教育。拥有健全的人格，是孩子成就幸福人生的根基和旨归。

什么是健全的人格

心理学中讲的人格的内涵不同于日常生活中的含义。在心理学中，人格是个人在各种交互作用中形成的内在动力组织和其相应的行为模式的统一体。内在的动力组织，包括稳定的动机、习惯性的情

感体验和思维方式、稳定的态度、信念和价值观等等；外在的行为模式，即在各种情境中表现出来的独特一贯的行为风格。这个“统一体”包括个体独具的、有别于他人的、稳定而统一的各种特质或特点。

人格是人的心理面貌的集中反映，人格特征对人的身心健康、活动效率、潜能开发以及社会适应状况都有显著的影响。健全人格是一种状态，是各种人格特征的协调组合。根据国内外的研究，可以从三个方面概括健全人格的特点。

一、正确的自我意识，整体协调一致

具有健全人格的人对自己能有恰当的评价，充满自信，扬长避短。在日常学习生活中，能有效地调节自己的行为使之与环境保持平衡。个体的性格和气质、需要和动机、兴趣和爱好、智慧和才能、人生观和世界观、理想和信念彼此协调一致，都向共同的方向发展。缺乏自我意识的人常常表现出自我冲突、自我矛盾，或者自视清高、妄自尊大，或者自轻、自贱、妄自菲薄。如果人格的各个方面不能和谐发展，就会出现认识扭曲、情绪变态、行为失控等问题。

有一个很典型的例子。

天津某高校一个成绩优秀的学生王虎，毕业后不到一年内连续换了三家用人单位。他辞职不是因为工作环境不理想、工资待遇不高，而是因为单位领导和同事对他在工作中的表现提出了一些批评意见，王虎感到很丢面子、无法接受，便选择辞职。现在他成了“啃老族”，拒绝继续找工作，整日待在家里，靠父母的退休金混日子。

面对这一切，王虎的父母痛苦、困惑不已，他们想不通，自己含辛茹苦把孩子拉扯大，含在嘴里怕化了，捧在手里怕摔了，除了学习什么也不让他干，就巴望着他把书念好，考个好大学，找份好工作，可最后怎么落得个这样的结果呢？

人们都说“可怜天下父母心”，但“可怜之人，必有可恨之处”。没有父母是不希望自己的孩子好的，但很多父母却“用好心干了坏事”，王虎的父母就是一个例子，他们只是单纯注重孩子的知识教育而忽视了孩子的人格教育，那么必然造成孩子的人格不健全。王虎的问题就在于没有形成正确的自我意识，具体表现为：自我评价不客观；虚荣、爱面子；无法面对别人对自己的消极评价；无力消解负面情绪。

二、人际关系和谐，社会化良好

人格健全者在人际交往中显示出自尊与他尊、理解与信任、同情与人道等优良品质。在日常交往中既不随波逐流，也不孤芳自赏，能够使自己与朋友、同事、同学协调一致，并且能够与人发展良好的友谊。友谊使人开朗、热情和坦诚，而缺乏友谊的人，在情绪上往往有很大困扰，轻则产生恐惧、焦虑、孤独，重则产生多疑、嫉妒、敌对、攻击的心态和行为。比如：

> 晓敏幼年时父母离异，跟随母亲生活，性格孤僻、怪异，不善于交往，在班级内几乎没有朋友，和家长、老师经常处于敌对状态。晓敏的妈妈从小就跟她说，是爸爸抛弃了她和妈妈，所以晓敏内心不相信任何人，以致自我封闭。面对生活中老师和同学的关心，晓敏总认为是大家在可怜她，不但不领情，而且其态度还很蛮横。

有一些家长则走上了另一个极端，即让孩子过早地世故化，怂恿、鼓励孩子吹吹拍拍、拉拉扯扯，认为社会上不过就是这一套，早点儿学会，将来在社会上才能吃得开。但结果同样是造成孩子的人格不健全。例如：

> 一个高中女生小梅，从小聪明活泼，能说会道，待人接物从不怵头，家长认为她能力强，将来在社会上能吃得开。但最近她苦恼不堪，因为她争强好胜，容不得别的同学在学

习、能力、人缘方面比她强，她暗中说别的同学的坏话，给其制造不好的影响。不料，她诬陷别人的谎话被一个同学无意中当众揭穿，同学们再也不愿意和她交往了。

此案例呈现了“儿童成人化”，即儿童过早或过度社会化带来的弊端。家长过早地影响、鼓励孩子从世俗的角度理解人际关系，追求表面化的“左右逢源”，导致孩子缺乏辨别是非、善恶、美丑的能力，一方面以自我为中心，为达到目的不择手段，妒忌心强，容不得别人的进步；另一方面又脆弱、自闭，遇到问题不会冷静地分析处理，一味地抱怨、愤恨，甚至产生报复心理。这种表面上的圆滑老到，恰恰反映了孩子缺乏爱心和宽容、不懂得谦让与协作等的人格不健全特征。如此步入社会，得到的将不是人们的真诚认可，而是猜忌、冷落、拒绝。由此可见，健全人格的培养在孩子的成长过程中是多么重要。

三、有效地工作，富有创造力

人格健全者在学习、工作中被强烈的创造动机和热情所推动，并能和他们的能力有效结合，从而使他们勇于创造、善于创造，经常有所发现、有所发明、有所革新、有所建树。他们的成功，往往又为他们带来满足和愉悦，并形成新的兴趣和动机，使他们的生活内容更加充实。

综上所述，我们可以用更通俗的语言表述现代社会中具有健全人格的儿童青少年的特征：能比较客观地认识自我和外部世界；对世界抱开放的态度；对所承担的学习和其他活动有胜任感；

能发挥潜能；对父母、朋友有表达爱的能力；有安全感；喜欢创造；有能力管理自己的生活；有自由感。

健全人格是一种状态，这种状态并不是固定不变的，它无时无刻不在发展变化之中。人格的不断发展过程其实就是人格的逐步健全过程。

作为一个有机体，婴儿是谈不上具备健全人格的。随着年龄的增长，为适应人类社会生活环境和条件，他们将接受各种教育影响。人们将一定的社会道德规范以及社会发展对人的素质的要求转化为教育和训练的目标，施加于儿童青少年身上，通过不懈的努力，促使他们掌握并内化。

然而，随着孩子的成长，面对生活中原来不曾处理过的问题，孩子的人格结构和特点随之不断发生改变。只有及时调整人格结构中不适合新情况的部分，不断充实人格结构的内容、发展新的人格特征，才能使自己的人格特征逐渐完善，人格逐渐健全。人的一生处在不断适应环境、不断适应变化之中。因此，健全人格的过程伴随人的一生。

【小贴士】 心理学中关于健全人格的标准

“自我实现者”模型

美国人本主义心理学家、人类潜能运动的先驱者马斯洛，将人格健全者称之为“自我实现者”。他对众多“自我实现者”进行深入研究，发现这些人都满足了自己的自我实现的需要，所有的能力都得到了运用，所有的潜能都得以发挥。马斯洛从他们身上归纳出了15个特点：

1. 能比较有效地感知现实，并与现实关系融洽。

2. 自我接受程度、接受他人程度、接受人类现实程度很

高。他们不羞于成为他们自己。对自己和他人有缺点不感到沮丧或震惊。

3. 自发性、单一性和自然性。与一般人相比，自我实现的人在较大程度上自发地呈现他们的思想、情感和行为；他们选择那些能使他们感到自由和自然的人作为伙伴。

4. 问题中心。都是注意问题而不是他们自己。他们不是完全的自我意识、自我问题的人，因此，他们将注意放在任务、职责或使命上。

5. 隐私的要求。自我实现的人可能喜欢独处，在他们感兴趣的事物上高度集中和沉思。

6. 高度自治。自我实现的人在遭到拒绝或不受欢迎时，能正确面对自己，保持起初的自我。即使很难做到，他们也会追寻自己的兴趣、实现自己的计划，并保持其整合。

7. 高品位的鉴赏力。他们能在许多相同的经验中看到不同的东西。

8. 常有“高峰体验”。自我实现的人会经历“神秘的”或“海洋似的”周期性的体验——作为一个人的边界消失了的那种情感和变成整个人类或整个自然一部分的那种体验。

9. 兄弟般的情感。即隶属于整个人类的那种情感。他们与整个人类有一种认同感，他们不仅关心他们的家庭成员，而且关心来自不同文化背景的人。

10. 与几个朋友或所爱的人存在密切的关系。马斯洛发现，自我实现的人，虽然不十分受欢迎，但确实能够至少与一两个人建立起密切、友爱的关系。

11. 民主性格结构。自我实现的人判断人和跟他人友好，不会出于种族、地位、宗教或其他群体成员特征原因，而是出于个人原因。

12. 强烈的道德感、区分善良和邪恶。自我实现的人有强烈的道德感。虽然他们正确和错误的观念不完全是传统的，但他们行为的选择总是涉及道德意义。

13. 无恶意的幽默。自我实现的人有幽默感，针对人类共同的弱点来使人发笑，而不是通过虐待、说脏话和反权威来使人发笑。

14. 创造。自我实现的人在他们生活的领域富有创造

性，不随波逐流。

15. 抗文化侵略。自我实现的人被他们的文化深深地打上烙印，能避免彻底洗脑；他们能采取批评的态度来对待他们社会中的文化不一致或不公平。

“成熟者”模型

美国人格心理学家奥尔波特在哈佛大学长期研究人格健全水平较高的人，并把他们称做“成熟者”。他从他们身上归纳出七个特点：

1. 有自我扩展的能力；

2. 与他人热情交往，关系融洽；

3. 情绪上有安全感，自我接纳；

4. 具有现实知觉；

5. 客观地看待自己；

6. 有多种技能，并专注于事业；

7. 行为的一致性。

“功能充分发挥者”模型

美国人本主义心理学家罗杰斯认为，“功能充分发挥者”在许多方面像是一个婴儿，这是一个纯洁的自我，真正的善。他认为幸福不意味一个人所有的生物需要都得到满足，幸福的真谛在于积极参与现实的倾向，在于持续的奋斗，而不是它的结果。罗杰斯把“功能充分发挥者”概括为如下五种特征：

1. 他们的社会经验都能正确地符号化地进入意识领域；

2. 协调的自我；

3. 以自己的内在评价机制来评价经验；

4. 关注自我；

5. 乐意给他人以无条件的关怀，能与其他人高度协调。

黄希庭先生的观点

黄希庭是我国著名的心理学家，长期致力于对人格的研究并卓有建树。他认为一个人格健全的人应该是：

对世界抱开放的态度，乐于学习和工作，不断吸取新经验；

以正面的眼光看待他人，有良好的人际关系和团队精神；

以正面的态度看待自己，能自知、自尊和自我悦纳；

以正面的态度看待现在和未来，追求现实而高尚的生活目标；

以正面的态度对待挫折，能调控情绪，心境良好。

总之，以正面的态度对待世界、他人、自己、过去、现在、将来、顺境、逆境，是一个自立、自信、自尊、自强、幸福的进取者。

如何培养孩子健全的人格

培养孩子健全的人格，不是一蹴而就的事情，须根据孩子人格发展的不同阶段，有针对性地耐心培养。在心理学中，关于人格发展的阶段理论，最著名也是最广为接受的是美国心理学家埃里克森的人

格发展阶段理论。埃里克森认为，人格的发展是一个连续的、渐进的过程，可将之分为 8 个阶段。每一个阶段都有一个主要的心理冲突，冲突得到积极解决，人格中就能获得一种美德，就能从前一个阶段顺利地向下一个阶段发展，否则会出现心理危机和情绪障碍，影响人格的健全。

孩子从出生到青年期，主要经历信任对不信任、自主对羞怯和疑虑、主动对内疚、勤奋对自卑、自我同一性对角色混乱五种心理冲突。冲突的解决能够在人格中形成希望、意志、目的、能力、忠诚的美德。

一、婴儿期(0～1 岁)：发展孩子的信任感与“希望”

这是新生命降临后的第一个阶段，孩子主要面临的是“信任对不信任”的心理冲突。这时的婴儿最为孱弱，需要积极的爱抚、关怀和照料，对成人依赖性很大。如果父母和家人能够爱抚孩子，有规律地照料孩子，满足他们的基本需要，就能使婴儿对主要照看人（主要是母亲）产生安全型依恋。只有发展出婴儿安全型的依恋，婴儿才会建立起对环境与周围人的信任感与安全感，才能对未来充满希望，形成"希望"的美德。早期建立起安全感的孩子，容易适应环境，在进入托儿所、幼儿园时，面对新环境，不惊恐、担忧，能对环境产生兴趣。信任感和安全感还能帮助孩子与周围人建立良好的人际关系，然后在愉快安定、合作友好的人际关系（特别是良好的师生关系）中，开始积极主动地探索学习。

而如果孩子的基本需要没有得到满足，没有得到充分的关照，孩子对主要照看人形成回避型或矛盾型依恋，孩子就会产生不安全感和对周围环境与他人的不信任感，就会出现退缩和对世界的不信任，无法建立良好人际关系，对活动不感兴趣，不敢希望未来，缺乏成长的动力。

【小贴士】 婴儿依恋的类型

心理学中，对婴儿的依恋类型做出详细分类的是心理学家艾斯沃斯。她利用陌生情境法研究婴儿的依恋类型，认为婴儿依恋存在三种情形：

第一类为安全型

这类婴儿与母亲在一起时能安心地玩弄玩具，并不总是依偎在母亲的身边，只是偶尔需要接触或靠近母亲，更多的是用眼睛看母亲、对母亲有距离地交谈或对母亲微笑。母亲在场时婴儿感到足够的安全，能在陌生的环境中积极地探索和操作，对陌生人的反应也比较积极。当母亲离开时，其探索行为会受影响，明显地表现出一种苦恼和不安。

当母亲又回来时，他们会立即寻求与母亲的接触，且很容易抚慰，平静下来继续做游戏，这类婴儿约占65%～70%。

第二类为回避型

这类婴儿对母亲是否在场都无所谓。母亲离开时他们并不表示反抗，很少有紧张、不安的表现。母亲回来时，也往往不予理会，表示忽略而不是高兴，自己玩自己的，有时也会欢迎母亲的回来，但是非常短暂，接近一下就走开了。因此，实际上这类婴儿对母亲并未形成特别密切的感情联结。所以，有人也把这类婴儿称作"无依恋的婴儿"，这类婴儿约占20%。

第三类为矛盾型

这类婴儿每当母亲将要离开时就显得很警惕，对母亲的离开表现得非常苦恼、极度反抗，任何一次短暂的分离都会引起大喊大叫。但是当母亲回来时，他对母亲的态度又是矛盾的，既寻求与母亲的接触，但同时又反抗与母亲的接触，当母亲亲近他（如抱他）时，他会生气地拒绝、推开母亲。但是要他重新回去做游戏似乎又不太容易，不时地朝母亲这里看。所以，这种类型又常被称为"矛盾性依恋"，这类婴儿约占10%。

还有一类婴儿的行为不同于前三种，他们的行为明显地缺乏一致性或可理解的策略结构。儿童在与母亲分离或重聚时表现出一组混乱无序的情绪与行为反应。据此，梅思和所罗门两位心理学家提出依恋的第四种类型：解体型，这类婴儿约占5%～10%。

要帮助孩子顺利解决"信任对不信任"冲突，发展与母亲的安全型依恋，帮助孩子建立信任感和"希望"美德，父母可从以下几个方面着手：

（一）满足宝宝的基本需求

宝宝通过自己的需求与社会发生联系。他用哭声、表情、姿态以及语言来表达自己的需求。宝宝的需求，首先是吃、喝、拉、撒、睡等生理方面的需求。年轻的爸爸妈妈要尽快适应自己的新角色，熟悉自己家宝宝的生理规律以及表达不同生理需求的信号。有心的妈妈会发现，宝宝在尿了、拉了或饿了的时候，哭声、表情是有区别的。

石头出生后不久，妈妈就发现，在一天中，石头小便的间隔时间是不同的。在早上吃过奶后，一般在七八点钟，每隔十五至二十分钟就会小便一次，要不停地给他换尿布，九点钟以后，小便的间隔时间就会长一些，大约能到一个小时甚至一个多小时。当石头尿了的时候，只是轻轻地哼唧，如果妈妈及时给他换尿布，他就会高兴地手舞足蹈。当石头

要大便的时候，他会攥紧小拳头、绷紧小肚皮，表情也比较严肃，从喉咙深处发出用劲的声音。

不同宝宝的生理规律和表达生理需求的方式都会有些差异，但如果爸爸妈妈用心观察，都是能识别出来的。宝宝的生理需求能够得到适时适当的满足，是宝宝与爸爸妈妈和周围环境建立信任感的基础。

在此还要特别提倡妈妈要坚持母乳喂养。母乳是宝宝的天然食品，能够满足六个月以内宝宝的几乎所有的营养需求，而且还会使宝宝的身体抵抗力增强。因此，如果条件允许，建议妈妈能够母乳喂养宝宝12～18个月。另外，妈妈母乳喂养的过程除了能够满足宝宝的生理需求外，还能让宝宝感觉到妈妈的拥抱、爱抚，满足宝宝的情感需求。

（二）多与宝宝进行情感交流

婴儿不仅有生理需要，而且还有情感的需要，主要是被关注和交流的需要。婴儿情感需要的满足主要是通过情感交流，只有架起这座桥梁才能建立起良好的母婴依恋关系。美国心理学家约翰·鲍利研究表明，缺乏情感依恋的婴儿，即使得到良好的身体健康方面的照料，也会出现发育迟缓、失去活力、衰萎甚至死亡的现象，有力地证明了情感交流的重要性。

新生宝宝天生就拥有很

多能力，看、听、触觉、味觉、嗅觉、运动和模仿等等，这就使宝宝具有了与父母交流的可能。尽管他们暂时不会说话，可千万不要以为“宝宝什么都不懂”，从而忽视与初生宝宝的交流。爸爸妈妈坚持每天与宝宝多交流，将对宝宝日后的语言交流和人际交往能力的发展具有非常重要的促进作用。

对一岁以内的婴儿，爸爸妈妈可以通过对视、倾听、说话、拥抱等方法，满足宝宝最初感情交流的需要。

1. 在觉醒状态下与宝宝眼对眼的注视是互相交往的开始

当新生儿看到母亲亲切的面孔时，他的眼睛不再东张西望，不再发呆或昏昏欲睡，他会极力张大眼睛，把注意力集中在妈妈脸上。当妈妈抱起新生宝宝面对面注视时，妈妈可以用温柔的语言和宝宝在注视中亲切地交流，你可以和宝宝这样说话：“宝宝看到妈妈了吗?”、“宝宝笑一笑”……这时宝宝可能会像很懂事似的凝视着你，听妈妈喃喃说话。他们有时会闻到奶香，寻找奶头获得食物，有时还会张开小嘴露出短暂微笑。因为经过了胎内十个月的交往，宝宝知道妈妈是自己最可亲的对象。

在与宝宝眼对眼注视时，最佳距离为20～30 cm。妈妈还可以一边说话，一边慢慢移动自己的面部，让宝宝的头和眼球随你而转动。这个动作虽然不难，却有着重大的意义——能够锻炼宝宝的敏感性，通过如此的训练有助于宝宝的智力开发和感觉发展。

2. 不失时机地与宝宝交谈，传递亲人的声音

每次给宝宝喂奶、换尿布、洗澡时，妈妈都要抓紧时机与宝宝谈话。“宝宝吃奶了”、“宝宝乖”、“我们现在开始洗澡喽”……以此传递母亲的声音，增进母子间的交流。虽然宝宝不会说话，但他们天生就具有听觉能力，宝宝能感知到妈妈的语言。有的宝宝在出生后感受到胎内曾听到的声音时，就会改变吸吮的速度，所以宝宝出生后要尽量给他们创造一个丰富的投入感情的语言环境，利用各种机会给宝

宝以丰富多彩的情感生活。在每日的照料中，每一个动作都是一个很好的语言交流的机会，妈妈要抓住这些情境，把你的爱意通过语言传递给你的小宝贝。

3. 肌肤相亲、温柔抚触是一种爱的交流

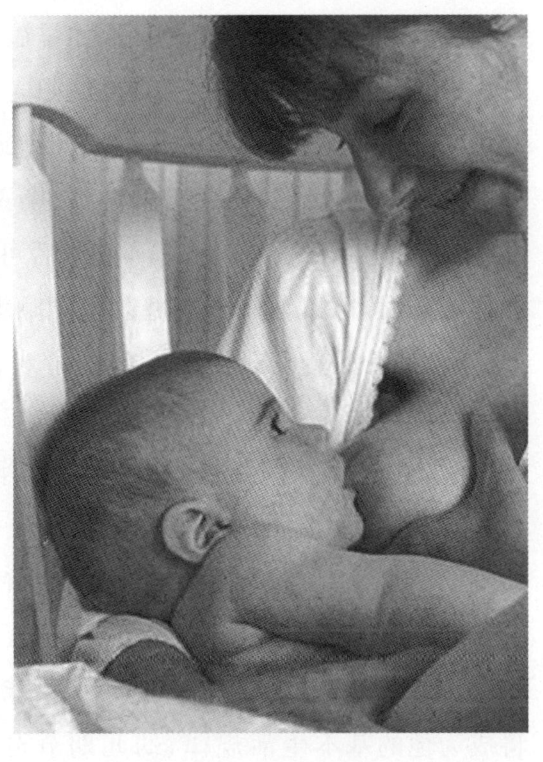

哺乳时尽量与宝宝肌肤相亲，使宝宝感受到妈妈的怀抱是他最安全的场所。他会安静地满足这种依恋，并形成早期记忆。吃母乳的婴儿，只要妈妈每次用固定的姿势抱他，宝宝就会主动寻找乳头。爸爸妈妈轻轻抚摸宝宝的小手，传递爱意的同时还能让宝宝感受到皮肤的触觉，有利于他们的抓握反射，提高宝宝的灵敏度。这对今后宝宝的经验积累、心理发展和形成良好的人际关系是十分有益的。

（三）让孩子过有规律的生活

生活有规律会给孩子带来稳定感与安全感。孩子每日的生活作息时间应保持相对固定，这样可以使他习惯每天在某个特定的时间做相同的事情，并能知道下一个时间该做什么事情。如果经常变换生活环境、变化日常作息时间，就会使孩子感到不安。

婴儿刚出生的时候，基本没有什么生活规律，日夜不分，睡眠短暂，随醒随吃。但是随着他的长大，父母要从吃、睡和大小便等方面逐步培养其生活的规律性，为其长远发育成长打好基础，这是新手爸妈的一项必要任务，也是一项不轻松的任务。

一般来说，当宝宝长到 3 个月大左右时，已经渐渐能够区分白天和黑夜，这时即可以开始有意识地帮助宝宝养成固定的生活规律了，可以试着按照下面的方法进行。

1. 每天早晨在同一时间(比如早晨 6 点～7 点之间)叫醒宝宝。

2. 起床后，让宝宝感受早晨的阳光，帮助宝宝认识“早晨”。对于起不来的宝宝，可以在起床前一点点地调亮房间的光线。

3. 进行早晨的“仪式”，如洗脸、换衣服等。

4. 晴朗的日子里，在午前或午后可以适量地安排户外散步。不方便散步时，可以在阳台或庭院里晒晒太阳，帮助宝宝认识“白天”。

5. 白天尽量安排活泼一些的游戏，夜晚则尽量安排安静些的游戏。

6. 晚饭和辅食尽量要在晚上 7 点半之前完毕。

7. 进行睡觉前的“仪式”，如换睡衣、刷牙、讲故事、聊天等。养成睡觉前的这些习惯，帮助宝宝认识“夜晚”。

8. 夜晚睡觉时关闭不必要的电器，使寝室保持黑暗、安静。

一般来说，在宝宝 3 岁之前，如果能一直保持一定的生活规律，这将成为他的基本生活规律，幼儿期节奏混乱的生活状况也将得到控制和减少。相反，如果不能从小帮助宝宝形成一定的生活规律，长大后即使再想调整也为时已晚了。

二、婴儿后期(2～3 岁)：发展孩子的自主性与自我控制感

一岁以后的孩子学会了爬行、走路、说话，也有自己的“小主意”，开始有了独立自主的要求，有了自己行动的自主意愿，如想要自己穿衣、吃饭、走路、拿玩具等，开始去探索周围的世界。孩子的意愿常常会与父母的意愿产生冲突，因此这一时期被称为“第一反抗期”。

这时，如果父母及家人能有足够的理智和耐心，允许他们独立地

去干一些力所能及的事情，并且表扬他们完成的工作，就能培养他们的意志力，使他们获得一种自主感，形成自我控制和意志的良好品质，这是自尊和自信形成的基础。反之，如果成人过分保护他们，处处包办代替，什么也不需要他们动手，或过分严厉，这也不准那也不许，稍有差错就粗暴地斥责、甚至加以体罚，就会使孩子产生自我怀疑与羞耻之感，形成自我疑虑。

那么，如何帮助 2～3 岁的孩子顺利解决“自主对羞怯和疑虑”的冲突，使他们在自主的活动中发展自我控制和意志力品质呢？父母要重点做到以下几点：

（一）尊重、鼓励孩子主动探索

会爬、会走后的孩子好奇心非常强，凡是手可以够得着的东西，他都要拿过来，能拧的拧，能撕的撕，还要放到嘴里尝一尝。他会把餐巾纸一张一张地抽出来，把花掐断，把鱼缸里的小鱼捞出来，把书撕坏，按电视机的按钮，牵拉电话线，捅电源插孔……孩子喜欢探索的精神应该受到鼓励，他不停地触摸各种东西，不断地尝试新事物，在这个过程中，孩子懂得了事物间的因果关系，也促进了记忆的发展。因此，家长应正确对待孩子的探索行为，正面教宝宝认知事物，多加鼓励，尽量避免使用禁止语。

调查显示，亚洲的父母最多每天会对孩子说数百个“不”（不要动、不要戳、不要跑、不要哭、不要调皮等）。父母也希望自己的孩子有探索精神，但这些不绝于耳的“不、不、不”，会切断孩子对周围环境的认知，甚至会使孩子变得呆头呆脑。在这个应该获得大量刺激的重要阶段，“不行”、“不能”这样的话，比任何事情更能打击孩子的探索精神，很容易形成孩子意识中的一部分，使孩子产生羞怯感。这类词的使用，应该仅限于孩子的行为会给他自己或他人带来危险或者会对他性格的形成产生不良影响时。如果想禁止孩子做什么事，最好的办法是把他引向其他的玩具或游戏。

一个安全又可以让孩子自由活动的空间是很必要的。当孩子想用剪刀时，父母应该一边教他，一边在旁边看护；对于有危险的事情，可给予适当的负面刺激，如当孩子去动热水瓶时，家长可溅一点点热水在他手上，给他一些感性认识，或用夸张的表情和肢体动作告诫孩子；最大限度地减少不安全因素，将剪刀、热水瓶、药品等放在孩子不容易触摸到的地方，把容易引起孩子误用的东西锁起来。在保证孩子安全的基础上，尽量让宝宝在主动探索外部世界的过程中，发展他的自主性和自我控制感。

(二) 养成孩子的生活自理能力

当孩子要求摆脱依赖、希望自己动手、特别是处于"第一反抗期"时，要尊重孩子的自主意识，千万不要包办一切，要信任孩子的力量，让出部分主动权给孩子，有意识地引导孩子做各种力所能及的生活

小事，培养其独立生活能力。

1. 自己吃饭

孩子想要自己吃饭时，就由他自行尝试，千万不要因为怕孩子弄脏衣服而限制他自己吃饭的尝试，这时家长可以给孩子准备两件围兜似的“吃饭衣”。孩子在练习自己吃饭时常常会弄得满脸、满手、满地都是，这是很正常的，不要因此而责怪他、剥夺他学习的机会，这时家长需要做的只是打扫孩子吃饭后的“烂摊子”即可。

2. 自己脱衣、穿衣

孩子在一岁半左右，就可以教他自己脱袜子、脱鞋、脱裤子，两岁左右就可以练习自己穿袜子、穿鞋、穿裤子和外套了。孩子在最初学习的时候，可能会穿得不规范，这时家长大可不必大惊小怪，打击孩子的积极性。

> 每天早上，托比在衣柜里找衣服、鞋子，并自己穿上。托比只有三岁，还搞不清裤子的正反面，分不清鞋子的左右脚。有一次，托比把裤子穿反了，奶奶赶紧上前想帮他换，却被妈妈制止了。她说：“如果他觉得不舒服，会自己脱下来，重新穿好；如果他没觉得有什么不舒服，那就随他的便。”那一整天，托比反穿着裤子跑来跑去。
>
> 又一次，托比和邻居家的小朋友玩，不一会儿就气喘吁吁地跑回家，对妈妈说：“妈妈，露西说我把裤子穿反了，真的吗?”露西是邻居家的小姑娘，今年5岁。妈妈笑着说：“是的，你要不要换回来?”托比点点头，自己脱下裤子，仔细看了看，重新穿上。从那以后，托比再也没穿反过裤子。

3. 自己上厕所

孩子到两岁左右的时候，就有能力自己上厕所了。爸爸妈妈可以选择一个春末夏初的季节，把孩子的开裆裤改为合裆裤。因为这时候天气暖和，孩子可以只穿一条单裤，无论是脱还是穿都比较容易，而且可以有整个夏天来让孩子适应、习惯、巩固；等到秋天的时候，天气慢慢转凉，孩子逐渐加厚衣服，随着脱衣、穿衣难度的不断增加，孩子生活自理的能力也随之不断提高。

（三）给孩子自己选择的机会，并尊重他的选择

我们经常认为，听话的孩子就是最好的孩子，叫他做什么他就做什么，叫他怎样做他就怎样做，因此可以省去父母的操心。有的父母也习惯为孩子设想一切、安排一切，孩子稍有不从，就脸色一变，横加指责，甚至唠叨起来没完。殊不知，这会造成孩子唯命是从、没有主见、不会主动探索、甚至不会主动思考。当现实生活要求孩子必须做出决定的时候，孩子就会缩手缩脚、信心不足。

选择能力，是人的重要能力之一。给孩子选择的机会，既能培养孩子的选择能力，也能增强孩子的自主意识和自信心。给孩子选择的机会，要循序渐进。可以从给孩子提供两到三个选项，逐渐过渡到不提供选项、让孩子自由选择。

1. 对吃水果的选择

吃水果的时候，可以准备两种以上的水果，让孩子自己选择吃苹果、香蕉还是葡萄。与此同时，家长也要给孩子做出表率，选择一样并把它吃完，给孩子树立自己选择并对自己的选择负责的榜样。

2. 对穿衣的选择

给孩子买衣服的时候,可以带着孩子,征求孩子的意见。每日穿衣的时候,在保证厚薄合适的前提下,对于衣服的样式、颜色都可以让孩子自己选择。

3. 对玩具的选择

每个孩子都有自己特别喜欢的玩具的类型,有的孩子天生喜欢车,公共汽车、小轿车、面包车、大卡车、跑车、搅拌车、工程车、挖掘机、推土机、油罐车、自行车、三轮车,每一样都能吸引他的注意。有的孩子特别喜欢球,气球、足球、篮球,整天球不离手。还有的孩子喜欢工具,什么铲子、勺子、耙子、扳手、螺丝刀等。对于孩子的这些偏爱,家长尽量不要硬性干预,给他自己决定想要的玩具的权利。

4. 对游戏的地点、方式和小伙伴的选择

在楼下玩还是去小花园玩,去挖土、玩沙子还是玩球,和东东玩还是和彤彤玩,在安全的前提下可以让孩子自己选择,至于是否会弄脏衣服、弄脏小手,则不要过多限制孩子,只要在孩子游戏结束后及时帮孩子清理换洗就可以了。

(四) 给孩子依靠自己的力量解决问题的机会

孩子长到两三岁的时候，非常希望与小朋友一起玩耍。父母这时应尽量让孩子走出家门广交小朋友，使孩子在与人交往的过程中体验合作的乐趣，掌握与同伴相处的技巧。

在现实生活中，有些父母虽知道要这样做，但对孩子照顾太多，尤其当自己的孩子与别的孩子发生争执时，表现出极大的“小家子气”，或站在自己孩子一边训斥别的孩子，或把孩子拉回家私下交代：“他再打你，你也打他。”“他打你一下，你打他两下。”“以后不跟他玩了。”等等。总之，自己的孩子是不能吃亏的。这种“小家子气”的教育方法，看似爱护孩子，最终将会造成孩子心理脆弱，缺乏合作精神，难以与人相处。家长应切忌这样做。

还有的父母为了表现出自己的“大度”，当孩子间产生冲突的时候，无论什么情况，总是让自家孩子做出让步，这也是一种不合适的做法。这会让孩子感到委屈，认为自己表现不好或爸爸妈妈不爱自己，遇到问题时不懂得反抗，只会一味无原则地退让，不懂得为自己争取应得的利益，还会影响亲子关系，产生对父母和周围人的不信任。长此以往会使孩子形成胆小、自卑、懦弱或逆反、残暴的不良人格特征。

家长应该尊重孩子在学习、游戏及社交活动中的主动性、独立性，当自己家孩子与小朋友在玩耍中产生冲突的时候，别急着介入他们的争执之中，而应让孩子自己去解决。让他们体验依靠自己的力量以及独立思考完成和解决问题的喜悦和自豪，从而树立自信心，培养独立精神。

（五）用恰当的方式控制孩子不合理的行为

尊重孩子的自主探索意识和行为，还要避免走向另一个极端，即放纵孩子。当孩子表现出不合理的言行的时候，不要简单地说“不行！”“不可以！”、“不能那样做！”“就是不可以！”也不要粗暴地打骂孩子，而是要用恰当的方式进行控制。

1. 转移孩子的注意力

特别是对于年龄比较小的孩子，这是一种虽然简单但非常有效的控制孩子行为的方式。比如当孩子摇摇晃晃地向墙上的电源插口走去时，作为爸爸妈妈不要马上赶过去一把将他抱开，这么做会引起他的反感，让他大发脾气。你可以叫他的名字，或者根据你对宝宝的了解说一个可以吸引他的注意力的词或句子，然后迅速地把他的注意力转移到另一个安全的东西上去。举例来说：

在琳琳小的时候，每当她快要开始淘气的时候，爸爸妈妈就会赶紧向她叫道："琳琳！"听到有人叫自己的名字会让她感到意外，使她暂时忘记了原先的目标。她会回答道："哎？"然后爸爸妈妈就赶紧转移她的兴趣。

2. 适时引导孩子的行为

孩子的头脑里充满着数以百计的词语联想。比如在壮壮的成长日记中，爸爸妈妈记录了这么一个联想模式：

当我们对 16 个月大的壮壮说"走吧"的时候，他就会拿起我们带他出门的时候装纸巾、食品和水的小包跑到门口去。在对他的教养中，我们就利用了这个联想能力来分散他的注意力：当我们看到壮壮快要开始淘气的时候，我们就会对他说"走吧"。这个提示信号诱导他的思维和肢体改变了方向。我们把许多这样的提示词语（比如"皮球"、"猫咪"、"走吧"等等）记录下来，做成了一个表格，用它们对壮壮的行为进行"重新引导"。当然，光这么说还不行，你还必须继续做下去，带他出去走一走，或者去玩一会儿皮球，或者去找猫咪；如果只说不做，你的孩子就会变得不信任你，你也就失去了一个有用的引导手段。

3. 给孩子讲清规则并坚持原则

在控制孩子不合理的行为时，父母要坚持原则，让孩了了解生活中的规矩和限制，向孩子解释他们所要遵循的规则所包含的理由。只有这样才能使孩子既学会自主，又能服从一定的规定与要求，以便将来能遵守社会的秩序和法规。这样做还能使孩子感到自己有能力理解规则，从而增强自信。

涵涵是个两岁的小女孩，平时在家里总也闲不着。有一天，她突然对家里的橱子发生了兴趣，这个大大的家伙里面都是什么呀？她用小手费了半天的劲，终于把橱子的门拉开了。哇，这么多衣服啊，衣服里面会不会藏着好玩的玩具呢？找找看！不一会儿的功夫，涵涵就把衣服扔了一地。爸爸看到了，并没有训斥涵涵，而是告诉涵涵："这个橱子里装的都是妈妈的衣服，你把妈妈的衣服弄乱了，妈妈上班的时候就找不到自己的衣服了，妈妈该多着急啊！你看，那个橱子，那个是爸爸的，装的都是爸爸的衣服！你要不要也去看一下？"说着，爸爸领着涵涵到了爸爸的橱子跟前，并亲自打开了自己的橱子给涵涵看，"哇，都是爸爸的衣服！"涵涵高兴地对爸爸说。"涵涵，在我们家里，有些东西是爸爸妈妈的，你在动之前要先得到爸爸妈妈的允许，比如爸爸的书和妈妈的电脑。还有些东西是涵涵的，涵涵可以动，爸爸妈妈想要动的时候也要先得到涵涵的允许，比如涵涵的毛毛狗。这样吧，爸爸也给涵涵准备一个橱子，专门装你的玩具好不好？""好！"。

石头两岁半的时候，有一天傍晚，石头和妈妈在小区院子里玩，远远地见到爸爸开着车要出门，就拉着妈妈要去上车跟爸爸一起出门。石头妈妈跟石头说："爸爸出门是因为有事情要办，不方便带石头去，爸爸办完事后就回来了，我们上电门那里去玩会儿好不好？"石头平时很喜欢看小区门口的电动感应门，平日每次看到门自己开啊关的，总是很兴

奋。听到妈妈的建议，很高兴地回答到“好！走！”在往电动感应门走的时候，一边走，一边跟妈妈说：“爸爸晚上有事！”“嗯，对呀，爸爸办完事就回来了，等星期天爸爸有空的时候专门开车带石头和妈妈去植物园玩好不好啊？”“好！”

三、学龄前期(4～5岁)：发展孩子的主动性

这个阶段孩子的肌肉运动能力与言语能力发展很快，能参加跑、跳、骑小车等运动，能说连贯的话，还能把自己的活动扩展到超出家庭的范围。除了模仿行为外，孩子对周围的环境充满了好奇心，常常问这、问那，动这、动那，想象更为丰富、生动，自我意识越来越强。他们有旺盛的精力、很强的求知欲。

如果父母对于孩子的好奇心以及探索行为不横加阻挠，让他们有更多机会去自由参加各种活动，耐心解答他们提出的各种问题，而不是指责，那么孩子的主动性就会得到进一步的发展，形成主动的品质。这种主动进取的品质，是孩子进取心、自信心、好奇心、创造力形成的基础，对孩子以后的好学上进、乐观自信以及创造性思维都会有积极的强化作用，成年后易形成计划性、积极性、果断性等人格特质。

反之，如果父母对孩子采取否定与压制的态度，经常讥笑、限制或否定孩子的主动行为和想象，就会使孩子认为自己的行为是不好的，提出的问题是笨拙的，在父母面前是讨厌的，觉得自己总在做错事，致使孩子产生内疚感与失败感。这种内疚感和失败感对于孩子今后的发展会产生消极的影响。

（一）创设环境：孩子主动性发展的活动空间

父母要为孩子主动性的发展创设一个自由和谐、轻松愉快的活动环境，给予孩子主动探索与尝试的机会，这是孩子主动探究和学习的前提。成人不要根据自己的意愿限制孩子的活动空间和时间，也不要过于严格地规定活动要求，以免限制孩子的主动想象与探究行为。对于那些没有危害性的事情，应鼓励孩子按照自己的意愿去做，指导和帮助孩子实现自己的愿望，不应盲目随意地限制或替代孩子。

成人可以为孩子提供不完全环境，给孩子留有一定的视觉空间和思维空间，并通过观察、启发和鼓励等手段，引导、促使孩子进行主动探索、发现和获取知识。成人也可以设计开放性的问题，引导孩子自由讨论，鼓励孩子表达不同的看法。这样做有助于激发孩子的求知欲、调动孩子主动参与活动的积极性，从而使孩子形成主动探索的习惯。

1. 让孩子多参与一些日常事务

日常生活中要尽量多地为孩子创造锻炼的机会和情境，使孩子认识到每一个家庭成员都有分担家务劳动和关心家人的责任，让他们不仅学会关心自己，自己的事情自己做，而且学会关心家人，从小事做起，帮爸爸妈妈做事。家长不能剥夺孩子尝试的权利、事事包办代替，以免他产生怯懦和依附的性格。

有一位母亲看到5岁的孩子对洗碗感兴趣，就为孩子准备了一个小板凳，对孩子说："我知道你特别爱干活，想自己洗碗，可是水龙头太高，你够不到，妈妈给你准备了小板凳……"孩子兴奋地喊着："谢谢妈妈！"马上就登上小板凳高兴地学着大人的样子去洗碗了。

2. 鼓励孩子独立解决游戏和学习中遇到的困难

当孩子请求帮助时，父母应具体分析孩子面临问题的难度，如果孩子的现成知识、经验能够解决或稍加努力便能解决的，成人切莫动

辄帮助。正确的方法是鼓励孩子“再想一想”、“再试一试”、“我相信你能……”如果确有一定难度时，成人也应以建议的口气提出解决方案，如“你认为这样合适吗?”等，让他通过自己的思考决定是否采纳建议，当孩子通过自己的努力获得成功时，要及时地给予表扬和赞许。

3. 引导孩子尝试自己安排时间

不少家长以为，孩子还小，不懂得安排自己的活动。但如果父母完全包办了孩子的时间安排，孩子只是去执行，那么只能限制孩子的主动性。

有一位父亲，在孩子3岁多的时候，就每天给孩子一段他可以自由支配的时间，只要不出危险，孩子可以自己安排做他愿意做的事：玩，看电视，画画，拼图，或者什么也不干……无聊了，他最终还是会主动来找父母，父母就给孩子一些指导性的建议。长此以往，孩子便逐渐懂得了珍惜时间，学会了安排时间。

【小贴士】 如何装修和布置家庭环境才能有助于发展孩子的主动性?

现代家庭对住房的装修越来越讲究，往往对地板、墙、天花板等进行全方位的装饰。但是，许多家庭在住房装修中却忽视了一个至关重要的问题，那就是如何在美化家居环境的同时，为孩子的学习和活动提供一个科学与合理的空间，并在家具的摆设、空间的安排方面对孩子更具教育价值。

这一点对于有年幼孩子的家庭来说，更应积极关注与思考。比如，有一对夫妻，由于经商赚了不少钱，在新购置的住房里进行了高级装修，铺上柚木地板，做上天花吊顶，墙用进口涂料。装修好的住房的确豪华气派，可搬进新房后不久，五岁多的孩子就吵着要搬回旧房子去住。

做父母的感到十分纳闷：为什么孩子不喜欢漂亮的新家，而要回到旧家呢？

原来，由于新房装修十分精致，搬进新房以后，父母就对孩子作了一番十分详细的交代，诸如不能在墙上乱涂乱画，不能在地板上骑单车和敲打玩具，不能随便带小朋友来家里跑跑跳跳等。起初，孩子对新房觉得新奇，还是挺喜欢的，但这种喜欢随着新奇感的消失也逐渐没有了。大约半个月后的一天，孩子从幼儿园回来，就搬出玩具大车在柚木地板上开动起来，结果在地板上划下了不少的斑痕。父亲一气之下打了他，从那天起，孩子便天天吵着要回老房子，并声明一点也不喜欢新房子。

我们认为，为培养孩子的主动性，在布置家庭环境时可以这样做：留一块孩子的“自由之地”。这块“自由之地”主要是提供给孩子玩和学习之用的。有经验的家长，往往找出一块墙或墙上的一块空白处，让孩子涂写，一旦这个地方被孩子涂写满了，就用原有的原料重新涂刷一次。这样做一方面不会让孩子满屋子乱画乱写，影响家居的整洁和美感，另一方面又不至于使孩子天生爱涂鸦的习性遭到压抑。另外，为了使孩子有一个尽情玩耍的地方，可以留出一个房间或是房间里的一块较宽大的地方，专门给孩子玩玩具和进行其他活动。

（二）鼓励游戏：孩子主动性发展的主要途径

在这一阶段，埃里克森特别强调游戏对学前儿童人格的影响。他认为此阶段儿童的主要活动是游戏，故又将此阶段称为游戏期。这个阶段的孩子身体活动更为灵巧、口语表达能力增强，更重要的是，这个阶段是儿童思维、尤其是表象性思维发展最快的时期，想象

力极为生动丰富，所以，他们喜欢童话故事、拟人化的游戏活动，并倾向于通过自己的想象去解释周围的世界和模仿成人的社会性活动。

同时，埃里克森认为游戏还是学前儿童情感和思想的一种健康的发泄方式，可为孩子提供一个“安全岛”，发展他们的主动性，克服其羞怯、疑虑和内疚感。在游戏中，儿童可以“复活”他们的快乐经验，也能治疗自己精神的创伤。他们通过表演角色，在假想的情境中体验情感、控制或转移情绪，从而把快乐的经验或个人的苦恼、困难，在想象中发泄出来。这显然有益于此阶段孩子心理的健康和健全人格的养成。

国家级某科研单位男青年小苏，年仅25岁，已经工作了七年。他趁参加学术交流会议的机会，请假来进行心理咨询。他说：“我是科技大学少年班毕业的，从小在家长和教师的赞扬声中长大。可是工作后我感到力不从心，患了神经衰弱，体质又差，自信心大大受挫。承担重点科研项目感到压力很大，成天忧心忡忡。研究所领导要提拔我做研究室负责人，我不敢接受，觉得自己能力和精力都不能胜任。

为什么会这样？是我无能、不求进取吗？绝不是！恰恰是从小太用功了，我从没参加过男孩子打仗、上树之类的游戏，家里不让我做任何家务。结果呢？我成了深度近视，我在同龄人中个子最矮。我的学生时代，只有躺在床上时，才感到时间是我自己的，我的'自由'在枕头上，经常在睡觉前胡思乱想，所以睡眠越来越困难，神经衰弱就是这样得的。如果让我重新选择童年，我决不再做最好的学生，我宁愿轻松学习，尽情地玩个够！"

而现实生活中，许多孩子不会主动地玩，原因可能有多种：

① 在孩子小的时候，母亲对孩子过度照顾，事事插手：这样做有危险，要禁止；那样做不卫生，不能做。孩子能够自主去做的事情很少。

② 由于望子成龙心切，许多孩子从上幼儿园起就上各种业余班，能够自由玩耍的时间不多。

③ 在城市，邻里互相串门机会少，孩子们也很少交往，待在家里看电视、玩游戏机，减少了游戏的机会。

时间长了，竟发展到不会玩、不知道玩什么的地步。有时父母或老师告诉孩子们自己玩游戏，结果有些孩子站在那里，不知如何玩，问大人："玩什么呢？"

没有孩子是天生不喜欢游戏的，有些孩子之所以不愿做游戏或不会做游戏，主要是由于家长对其限制太多造成的。真正的游戏是孩子发自内心愿意做的，并伴有快乐的心情。有些父母和幼儿园老师习惯于告诉孩子："我们画画！""我们唱歌！"或者递给孩子一些玩具："你们玩这个。"然后发出指示、提出要求，才让孩子开始玩，把孩子的时间安排得满满的。长此以往，很不利于发展孩子的主动性。

为了更好地发挥游戏在孩子主动性培养中的特殊作用，家长应注意以下几点：

1. 爸爸妈妈一起参与，跟孩子做亲子游戏

在游戏过程中，爸爸妈妈不应把自己作为领导者或指导者，而应是与孩子地位平等的参与者。在玩具的选择、游戏规则的商定中，要注意听取、尊重孩子的意见。

2. 多带孩子到户外，鼓励孩子与其他小朋友一起做游戏

家长不要轻易地打断孩子的游戏，更不能包办代替或导演孩子的游戏，否则会不同程度地剥夺孩子游戏的自主权。孩子游戏的情节、内容往往是孩子自己经验的再现，游戏中出现矛盾、纠纷要以孩子的方式来解决，游戏中的环境布置也应是孩子自己的事情，游戏中的规则可由孩子根据游戏需要来确定，而不是外界强加的，这样孩子才愿意自觉遵守。游戏中只有让孩子根据自己的愿望和想法与玩具材料发生互动，才能使活动的方式方法具有灵活性，才有可能使孩子真正产生兴趣和自主体验，才能使孩子以自己的方式、速度将外部经验内化成自己的经验。这样，孩子会感到自己是有能力的人，可获得主动感和成就感，从而为他们养成主动、自信的心理素质奠定基础。

3. 留给孩子自己游戏的时间和空间

家长可以为孩子提供适宜的玩具。好的玩具必须是能给孩子以充分的动手、动脑机会、能充分发挥孩子主动性的玩具，比如积木。在此基础上，家长还可鼓励孩子自制玩具，这也是培养孩子主动性、积极性和创造性的有效途径。

（三）积极评价：孩子主动性发展的外在动力

孩子的自我意识的一个显著特点是他律性，3岁以前，孩子对自己的评价往往只能简单地重复成人对自己的评价，3岁以后，他们对自己的评价能力有所提高，但成人对他如何评价，在他们对自己的评价中仍有很大的作用。因此，父母要对孩子的主动性行为进行积极评价，从而促进孩子主动性的发展。

积极评价包括爱抚、点头、微笑、表扬、鼓励等，评价要恰如其分。埃里克森说："空洞的表扬和假意的鼓励是愚弄不了儿童的。""他们自我的特性只有在真正的成就被诚心诚意、表里如一地承认时，才获得真正的力量。"表扬、鼓励要以现实为基础，这样不仅能使孩子体验到快乐，而且能使孩子产生自尊、自信的情感体验，激起积极向上的愿望。这样，孩子便能以主动自信的方式对待所面临的一切事物，并表现出强烈的进取心。积极评价，不仅能使孩子的主动性行为在被强化的基础上形成习惯，还能培养孩子形成明辨是非的道德感。

此外，父母要给孩子尝试错误的自由，一定要以宽容的态度对待孩子在主动探索过程中的失误和失败。当孩子做事失败时，要学会赏识他们做出的努力，仍然给予积极的鼓励。如"我知道你确实努力去做了"、"我知道这工作十分辛苦"等，帮助孩子应付挫折、依然保持自信。

（四）家园合作：营造良好成长环境

按照我国目前的教育现状，处于此阶段的孩子（4～5岁），正是上幼儿园的年龄。他们一周中的大部分时间在幼儿园度过。因此，父

母能否为孩子选择一所好的幼儿园很重要。

> 一位家长告知幼儿园的园长，下半年要给4岁的儿子转学，理由是不满意幼儿园不教写字。那位家长说，自己有很多朋友，大家平时经常聚会，朋友的孩子同自己的孩子都差不多大，但是朋友的孩子好象懂得很多知识，能写出好多复杂的字，而自己的孩子却什么都不会，只知道玩。她说她很着急，也觉得自己很没面子。

现在很多家长都同这位家长一样，只看重表面上的东西，如写字、算术等可以量化的指标。他们将早期教育等同于早期智力开发，等同于提前进行读、写、算等技能训练和学业知识传授，以孩子能识多少字、算小学几年级的算术题为标准来评定幼儿园的好坏。于是有些幼儿园为了迎合家长的需要，不顾孩子生理、心理特点，违背素质教育原则，强行向孩子灌输知识。

而事实上，学前教育小学化的做法从根本上忽视了孩子的生理及心理特点，剥夺了孩子的童真童趣和游戏玩耍的权利，甚至扼杀了孩子的天性。这种做法，将会严重影响孩子的健康成长。

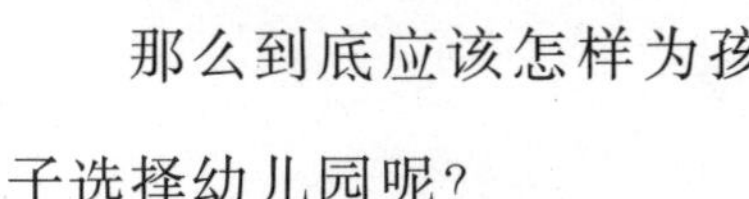

那么到底应该怎样为孩子选择幼儿园呢？

1. 家长在给孩子选择幼儿园时应走出以下误区：

(1) 不顾路途远，不怕价格高，想办法进一级一类幼儿园

国家依据幼儿园的规模、设施、管理水平、师资水平、保教质量、卫生保健等，将幼儿园划分为一级一类，一级二类，二级一类等。一级一类为最好。一级园虽然好，但也不是家长的唯一选择标准，家长

应该综合考虑，路途远近和收费水平应该是很重要的考虑因素。

(2) 把学外语当作首选条件

学习外语不是幼儿园的必修课。《幼儿园教育指导纲要》中也没有相应的规定。条件允许可以学，条件不允许也可以不学，不是非学不可的。家长会说英语，孩子学习英语效果会更好；家长不懂英语，孩子学过后多半会忘记，效果并不很好。在我国还没有形成幼儿园、小学的阶梯式的英语教学模式，学会更好，不学也没有什么不好的影响。

(3) 过于关注"特长教育"

现在很多幼儿园都打出了特色园的招牌，如双语幼儿园、音乐、体育、艺术幼儿园等，他们所做的培养孩子特长的承诺也确实令不少父母动心。但这些特色园也存在良莠不齐的现象，因此父母应慎重选择。况且，学前阶段重在全面发展，对孩子兴趣的培养不能过早定向、盲目跟风，过多地偏重一个项目必然影响其他潜能的发现和发展，即使培养专长，对 3 至 4 岁的孩子也不能要求太高。家长要重视孩子的启蒙教育，不能以技能技巧为标准来说好坏。

2. 可从以下几个方面来考察选择幼儿园：

(1) 是否近便优先考虑

选择幼儿园重要的考虑内容之一是"近便性"，也就是幼儿园离家或上班的地方近，接送孩子方便。在这方面可借鉴"他人经验"，可以问问邻居、朋友，看一看附近有没有不错的幼儿园。在"近便性"的基础上，父母还要考虑收费方面是否能承受。

(2) 师资水平最重要

父母之所以把孩子送到幼儿园，是希望孩子得到良好的启蒙教育。好的幼儿教师应该是接受过专业培训、掌握现代教育技能和理念、善于和孩子及家长交流、能把教育孩子的经验与家长分享的。这样的幼儿教师不仅能保证孩子在幼儿园所受启蒙教育的质量，还能帮助家长提升家庭教育的水平。

(3) 个性化教育优先选择

幼儿园都有其特定的教学目标和教育方法。所选择的幼儿园是否能根据每个孩子的个性进行因材施教，这对孩子的成长很重要。幼儿园对教育课程的安排是不是符合教育部门的规定，是不是有自己独特的教育内容和方式，在课程中有哪些科研成果，这都是衡量教育水平的标准。家长对幼儿园所有教学、游戏和生活方面的安排说明一定要清楚，从中可以了解一个幼儿园的总体实力。

(4) 环境规划与安全不容忽视

在选择幼儿园时，环境是最容易看到的，家长在与园方联络后，可以去幼儿园走一圈，看看园舍建筑是否稳固，楼梯与设备是不是专为孩子设计，楼梯、桌角、柱子与游戏设施是否有防护的装备，是否可以保护孩子的安全。为符合孩子喜爱活动的特性，幼儿园的空间要宽阔，能让孩子尽情地跑跳玩耍。此外，消防设备、饮水、用电安全也是家长要注意的。家长在参观幼儿园时要记住去厕所、厨房走一走，看看是否符合卫生的要求，和活动室的距离是否恰当。

当然，孩子饮水用的杯子有没有污垢、毛巾干不干净等这些看似不起眼的小细节都是不错的评量点。教室里有没有孩子的作品、玩具是否够孩子使用都应注意。图书、教具的陈列最好采用开放式，以方便孩子拿取；顺便看看孩子对这些用品是否可以自由使用，有没有受到限制。

孩子进入幼儿园以后，家长需改变“孩子进了幼儿园，一切交给教师去管”的片面想法，多了解孩子在园发展情况，多与幼儿园老师和管理人员沟通，主动向幼儿园反映孩子在家的表现和自己所做的努力，处理好自己与幼儿园的关系，为孩子营造一个家、园一致的成长环境。

四、儿童期(6～11岁)：发展孩子的勤奋感与“能力”品质

这个阶段的孩子大多数在上小学，学习成为他们的主要活动。

他们的智力不断发展，特别是逻辑思维能力发展迅速，提出的问题不但广泛，而且有一定的深度，参加的活动已扩展到学校以外的社会。

这一阶段最重要的是让孩子体验“以稳定的注意和孜孜不倦的勤奋来完成工作的乐趣”，让孩子获得一种为他在社会中满怀信心地同别人一起寻求各种劳动职业做准备的勤奋感。作为家长应该关注、肯定、鼓励、表扬孩子勤奋学习的过程，帮助孩子对取得的成绩和出现的问题正确归因(心理学用语，是指人们判断和解释自己或他人的行为结果的原因的过程。)，采用妥当的方法帮助孩子克服学习中的具体困难，而不单单把眼光集中在具体的学习分数上，孩子就会有一种成就感和勤奋感。这种成就感和勤奋感，是孩子学习兴趣、学习动力的来源，对孩子以后的学习会有积极的强化作用。

反之，如果家长不关注、肯定、鼓励、表扬孩子勤奋学习的过程，不引导孩子对取得的成绩或出现的问题正确归因，而是简单地把学习中取得的成绩归因于孩子聪明，出现的问题归因于孩子笨，孩子就不会有勤奋感，就会对自己丧失信心，从而形成“自己无能”的想法，产生自卑感。

(一) 看重孩子的努力，不过于看重“分数”

案例一：学校门口，佳佳兴冲冲地对来接她的妈妈说：“我数学考了98分！”妈妈马上问谁谁考了多少，听到人家考了100分，随即表达不满：“人家能考100分，你怎么就考不了？”佳佳原本兴奋的神情一下子消失得无影无踪，一脸委屈和沮丧。

案例二：今天学校公布了期中考试成绩。阳阳一进门，爸爸就迫不及待地问：“怎么样？考了多少分？”阳阳一边放书包，一边回过头来说：“爸，还可以，就是……”爸爸脸上的笑容一下子不见了，转身坐到沙发上，打断了儿子的话：“我不要‘就是’，我的要求是不能低于95分，你只要告诉我结

果!”阳阳显得有些不安了,躲闪着爸爸的目光:“除了数学,都高于95分。就是数学题太难了,我考了88分……那也是我们班的前15名,我们班还有人不及格呢……”

爸爸火了:“就知道比下面的,没点儿上进心!你们班有没有考95分以上的?”看到儿子轻轻地点了点头,他的声音更是提高了几分:“别人能考95分,你怎么就不能?题太难,别人怎么不觉得难?看来,还是你不努力!告诉你多少回了,要想考上重点初中,就必须得用功,知道吗?每门功课都不能低于95分,是你最后的目标,你给我记住了!”

阳阳小声嘟囔着:“不是我说数学难,老师也这么说。我怎么不努力了,连老师都说我进步了……”

爸爸根本不听他的解释:“你还狡辩!”爸爸“噌”地一下站起来,一巴掌抡在儿子的肩膀上:“我告诉你,不管题目难不难,也不管老师说没说你进步了,我要看到成绩!就你这也叫进步?差远了!要是考不上重点初中,就考不上重点高中,以后就考不上好大学,那你也就没什么前途了,知道吗?这个星期六、星期日哪儿都不许去,在家把模拟统考的题目重新做一遍。”

自从被打以后,阳阳越来越不喜欢学习了。他心想,反正在爸爸的心目中我已经是一个不爱学习的孩子了,不如干脆就不学了。于是他的成绩越来越糟糕了。

与佳佳妈妈、阳阳爸爸一样,有很多的家长有“高分情结”,认为只有考高分才是好的,高分就是孩子学习的目标。把眼睛只盯在孩子的学习成绩上,孩子考好了就高兴,就笑逐颜开,就认为孩子前途无量;考得差一点就生气,就怒发冲冠,就认为孩子不成器。正因为家长有此认识,难怪学生中会出现“分,分,分,学生的命根”的哀叹。

其实分数本是对孩子学习情况的一个检验,是老师、家长和孩子自己反馈信息的一个渠道、一种手段，只是测评孩子学业的一个参考，分数的高低并不能用来评判孩子的一切。

考试是一项比较单一的检测，这基本上是对孩子学到的书本知识的抽查。客观来讲，孩子考试得高分的几率并不高，如果孩子得不到高分，就抹杀孩子在学习上的努力和勤奋，那么只会造成孩子的自卑，情况也就会越来越糟。

首先，过于看重分数，会让孩子惧怕考试。有的孩子平时学习成绩很好，但一到临近考试就紧张，担心考不好。越害怕越容易出错，也就越考不好。而父母并没有注意到这一点，一味地在考前给孩子施加压力，造成孩子心理上的恶性循环，从而影响了孩子的健康成长。

其次，过于看重分数，会造成孩子厌学。大部分孩子都有积极向上的愿望。即使学习差的孩子在内心深处也有考第一的愿望。其实，一些平时成绩相当不错的孩子，也不能保证每次都考高分。即使

是平常学得很好的功课，如果发挥不佳或者其他原因，也可能会考得一塌糊涂。这时，如果父母只关心孩子的考试成绩，不问青红皂白，轻则辱骂一番，重则痛打一通，如此一来，就会使孩子感到委屈、自卑。长此以往，孩子就会自暴自弃，甚至产生厌学情绪。

再次，过于看重分数，容易造成孩子与家长的对立。特别是低年级的孩子，他不知道父母注重分数是让他好好学习，出发点是好的，他只知道自己没有考高分，会被爸爸妈妈训骂；而得了高分，则会受到父母的表扬和奖励，即使这样，他也不会感觉到父母是爱他，而有可能会认为父母只是喜欢他的高分，很容易造成父母与孩子间的感情对立。

美国教育家斯宾塞曾经说过："身为父母，千万不能太看重孩子的考试分数，而应该注重孩子思维能力、学习方法的培养，尽量留住孩子最宝贵的兴趣与好奇心。绝对不能用考试分数去判断一个孩子的优劣，更不能让孩子有以此为荣辱的意识。"

那么，父母又该如何对待孩子的学习呢？

不盯分数，看学习效果

作为父母，在督促孩子学习的时候，不要只盯着孩子的考试分数，更应该看孩子实际的学习效果，多进行精神鼓励。如果孩子考试成绩不理想，要帮助孩子认真分析，找出失误的原因，并鼓励孩子继续努力，这样孩子才会情绪稳定、自信心增强，身心各方面才会健康发展。孩子不仅需要掌握基础知识，还要掌握基本技能和基本方法，这些都需要父母配合老师对孩子加以积极地引导。

承认孩子存在差异

实际上，现在的孩子都明白学习的重要性和竞争的压力。但每个孩子由于智力的因素、老师的教学水平以及自身学习习惯、学习方法和理解能力等的不同，学习成绩总会有差异。父母要做的是认真了解情况，听听孩子的解释，不能武断地得出孩子学习不努力、不用功的结论。要以尊重、平等的态度和孩子一起分析、解决学习中遇到的问题，帮助孩子掌握适合的、有效的学习方法，制订适当的目标。

孩子成绩不好时给予宽容和鼓励

每个孩子都有不足之处，更不可能每个孩子都考第一名，总有孩子会落在后面。当孩子在考试中没有取得预期的好成绩时，他已经非常难过了。这时候，父母不要在孩子的伤口上再撒一把盐，而要拿出自己的宽容和安慰。

即使孩子有厌学情绪，成绩非常糟糕，父母也要忍住一时气愤，调整好心态，给孩子最大的宽容和鼓励，想办法使孩子的目光转向他的长处，增强孩子的自信心。只要有了自信，孩子自然而然就会对学习感兴趣，在父母的宽容中找到安慰和继续努力的力量。

例如，首届全国十大杰出母亲提名奖获得者、曾被评为全国好家长的李晓凡对待儿子学习的态度就很值得我们借鉴。

> 有人说我儿子的作文写得好，我从小就注重孩子的语言表达能力的培养，把他喜欢的画片剪下来，贴在纸上，让他写上一句或几句话，我把它称作“画配诗”游戏。等到上小学之后，我就鼓励他，写作文要敢于与别人不同，特别对每一次考试的作文，我从不把眼睛盯在分数上，而是重视他能力的提高和创新意识的培养。我鼓励他大胆想象，尽管有的时候写偏了题目，没有拿到高分，我也不埋怨他，而是找出闪光的段落和语句加以表扬，给予肯定。我就是这样不断地挖掘孩子的内在潜力，在孩子的心里埋下高水平成就动机的种子，让他形成一种争取成功的内驱力。久而久之，他的思路开阔，语言表达能力增强，终于写出了优秀的作文。

（二）让孩子学会积极归因

在学校情境中，学生常提出诸如此类的归因问题，如：“我为什么

成功(或失败)?”“为什么我的语文总是考不过人家?”“我这次考得好是运气好,复习过的内容碰巧都考到了。”“我这次又没考好,我脑子太笨,我可能不是学习的料。”“我考得好是因为我很努力,我平时准备得充分。”等等。

根据心理学家韦纳的观点,人们对行为成败原因的分析可归纳为以下六个原因:

① 能力,评估自己对该项工作是否胜任;

② 努力,个人反省检讨在工作过程中曾否尽力而为;

③ 工作难度,凭个人经验判定该项工作的困难程度;

④ 运气,个人自认为此次成败是否与运气有关;

⑤ 身心状况,工作过程中个人当时身体及心情状况是否影响工作成效;

⑥ 其他,个人自觉此次成败原因中,除上述五项外,还有其他什么影响因素(如别人帮助或评分不公等)。

作为一般人对成败归因的解释或类别,韦纳把上述六项因素按各自的性质,分别纳入以下三个维度之内:

① 因素来源:指当事人认为影响其成败因素的来源,是个人原因(内控),抑或来自外在环境(外控)。在这一维度上,能力、努力及身心状况三项属于内控,其他各项则属于外控。

② 稳定性:指当事人认为影响其成败的因素,在性质上是否稳定,是否在类似情境下具有一致性。在这个维度上,六因素中能力与工作难度两项是不随情境改变的,是比较稳定的。其他各项则均为不稳定者。

③ 可控制性:指当事人认为影响其成败的因素,在性质上能否由个人意愿所决定。在这一维度上,六因素中只有努力一项是可以凭个人意愿控制的,其他各项均非个人自控的。

韦纳认为,个体对当前的成功和失败的归因会对以后的行为产生重大的影响。

> 李明和张亮在一次英语测试中都考了80分,高出了他们平时的成绩(60～70分)。英语老师表扬了他们,说这是他们努力学习的结果,希望以后他们继续努力。老师的表扬使李明同学很受鼓舞,他也认同老师的分析,以前自己英语成绩总是上不去,是自己没有用心、不够努力,把时间都浪费在玩游戏、打篮球上了。从这以后他更加用心学英语,他认为自己通过努力完全可以学得更好;而张亮同学听了老师的表扬却不以为然,他觉得这次测验考得比平时好是因为自己运气好,考试的内容他正好都复习到了,下次的运气可没这么好。他觉得自己的能力很有限,努力也没用。因此他后来并没有在英语这门学科上多下工夫。转眼期末考试到了,这次李明的英语考出了85分的好成绩,而张亮的英语成绩却又回到了以前的60多分的水平。由于李明和张亮对上次的英语测验成绩做了不同的归因,结果对后继的英语学习产生了完全不同的影响。

这个事例说明,适宜的归因将对孩子的学习活动产生积极的影响,而不恰当的、错误的归因则会对学习活动产生消极影响。家长在孩子日常的生活和学习活动中,要帮助孩子进行积极地归因指导,让他们在实践中逐步形成积极的归因方式,这有助于他们养成乐观、自信、勤奋和坚持不懈的好品质。积极的归因方式可以从以下两个方面培养:

1. 可控归因

无论是在成功还是失败的情境中,引导学生进行可控归因都是必要的。比如孩子一次考试取得了好成绩,我们就告诉他:“那是因为你很努力,你比别人都刻苦”。而不要说:“你运气好,你比别人聪明”。如果孩子考试失败了,我们就告诉他:“因为你努力不够,学习

方法不对，或准备不充分”。而千万不要说：“你脑子笨、你不是读书的料”(即使某个孩子脑子真的不灵活，我们也不能实话实说)。因为“努力”是孩子自己可以控制的，而“智力和运气”是孩子自己无法控制的。进行可控归因有利于维持和激发孩子的学习动机和学习热情。

2. 分化的归因模式

成功时引导孩子进行内在的稳定的归因，如“基础好，很聪明，很努力”；而失败时进行外部的可变的归因，如“题目太难，发挥失常，不够努力”。这样做的好处是，成功时让他们肯定自己，对未来的学习充满信心；失败时则能维护自尊，且不至于丧失对未来的希望。

五、青少年期(12～20岁)：发展孩子的自我同一性

进入青春期，青少年的心理和身体都经历着“疾风怒涛”般的变化。这种变化，首先震撼了青少年自身。青少年对自身的关注变得

敏感，诸如“我是谁”、“我想成为什么样的人”等问题几乎引起每个青少年的思索。这是孩子关于“自我同一性”的思考。

“自我同一性”本意是证明身份，指个体尝试着把与自己有关的各方面结合起来，形成一个协调一致、不同于他人的独具“同一风格”的自我。

同一性并不是在青少年时期才出现的，早在幼年时期，儿童已经形成了自我感知。但是，青少年时期却是个体第一次有意识地回答“我是谁”的问题。这一阶段的心理冲突是：同一性对角色混乱。

青少年必须仔细思考全部积累起来的有关他们自己及社会的知识去回答“我是谁”的问题，并借此作出种种尝试性的选择，将自身动力、能力、信仰和历史进行组织，纳入一个连贯一致的自我形象中。它包括对各种选择的深思熟虑，特别是关于工作、价值观、意识形态和承诺等方面的内容。如果青少年无法将这些方面和各种选择整合起来，或者说他们感到根本没有能力选择，那么角色混乱就发生了。

青少年的自我同一性至少包括三个方面的体验。首先，他感到自己是一个独特的个体，虽然可能和别人共同完成任务，但他是可以和别人分离的。其次，自我本身是统一的，自我有一种发展的连续感和相同感，现在的我是由童年的我发展而来的，我将来还会发展，但我还是我。最后，自我设想的“我”和自己体察到的社会人眼中的“我”是一致的。相信自己的目标以及为达到这个目标所采取的手段是能被社会承认的。

同一性既是青少年期前各个阶段不断进化而成的结果，又决定了青少年期后各生命阶段的发展，是人格发展的核心结构，成为家庭人格教育的最终指向。

（一）展示社会文化的多样性

家庭通过展示社会文化的多样性，可为儿童提供增强自我一致性和连续性的储备。家庭是社会结构中一个独特的社会文化场所，

社会中宏观的政治、经济、历史、文化通过家庭的折射影响个体社会化进程，构成个体成长经验的一部分，会同生物成熟与心理发展经验一起影响着生命各阶段的发展及其可能出现的冲突。

社会历史文化本身是丰富、多元、流动的，如果家庭能有意识地接受这种多样性，并以适合的方式呈现给儿童，则多样性所蕴含的适应的潜能和生成性的特征，会使儿童更易于在过去、现在、将来三种时空状态下寻找到一种内在的连续感和一致性，在动态生命发展阶段间建立起良好的有意义的衔接，以更丰富的信息储备和更多的选择空间灵活建构后继的知识经验，积极应对可能的冲突与危机，维持发展的平衡。

而多样性的缺失意味着一种封闭、单一的文化传递，会使个体在遭遇生物、社会与心理复杂事件的发展中，无法提取有意义的信息，无法寻找到前后一致性经验的支持而产生出“我再也搞不清楚我是谁了”的混乱，或滋生出一种非理性的抗拒与固着，导致同一性发展危机。

就像在生活中经常看到的，一些从单纯而相对封闭的家庭成长起来的孩子，一旦需要自己独立面对新的复杂环境，如离家求学或置身陌生生活环境时，就会突然感到经验或文化的断裂，无所适从，迷失自我，陷入混乱的自我状态。

（二）为儿童自居作用的实现提供强有力的保障

自居作用是精神分析理论的重要概念，是指“把自己亲近的人或尊重的人作为行为榜样进行模仿或内投自身的过程”。埃里克森十分重视同一性形成过程中的自居作用，认为同一性的形成是对儿童期的各种自居作用的有选择地抛弃与同化，并将其吸收为一个新的整体。

在整个儿童期，个体都在通过认同各种人，先是父母，然后是其他人，从而预期自己长大后成为什么样的人，建立起一种预期层次。

只有在这一预期层次中“感到有一种不断前进的连续性”，才会体验到内部同一感。家庭在同一性形成过程中的重要任务，就是为儿童一系列自居作用的实现提供一种强有力的支持和保障。

1. 来自父母自身人格特征的保障

作为儿童最初的自居对象和教育者，父母自身的人格特征、人生观、价值观和生活态度等一系列的品质，在面对儿童成长时具有更多的人格教育意义，具有潜移默化的影响。如果这些观念错误或混乱，都会干扰儿童的自居作用，影响同一性的形成。

2. 来自家庭及其文化相对稳定性的保障

埃里克森认为任何来自社会文化的或家庭的动荡和剧变都可能破坏一个儿童的预期层次的内在一致性，使其无法在生活中求取证实，损害到同一性，如父母离异、家庭突变、社会巨大变革等都会给个体造成一种分裂感和剥离感，造就出“迷失自我的个体”。因此，家庭

及其文化的稳定，一方面为儿童预期层次的建立与实现及自居作用的同化，提供一个保护性环境；另一方面家庭作为社会历史文化的中介，可以缓解和调和由社会变革带来的不稳定因素，甚至克服社会的影响，保持自己的文化特色及固有的文化连续性，为个体同一性的形成提供一个相对稳定的文化环境与空间。

3. 来自父母适当期望的保障

自我同一性中包含“有信心使自己成为一个与他人期望相符合的人”，作为个体成长中的重要他人，父母的期望过高，会使孩子认为“我无论如何也无法成为他们所期望的那样的人”，这种获得同一性的可能被瓦解导致的结果，就是使个体走向反面——形成消极同一性。正如埃里克森所言：“在另一些个案中，消极同一性是出于想寻找和保持一个适当的地位，以对抗有病态野心的父母和权威人士的过分要求不得当的结果”。而父母适当的期望可以引导儿童的发展目标，增强和鼓励其信心，最终使其“有勇气成为一个独立的个体，能够选择和指导自己的未来”。

第三章 心理健康——孩子幸福人生的基石和保证

◎ 您的孩子心理健康吗?

一、智力发展水平在正常范围之内

二、能比较正确地认识自己

三、情绪稳定、乐观

四、具有一定的心理自控能力和心理耐受力

五、行为协调，反应适度

六、乐于与人交往，人际关系和谐

七、对环境有较强的适应能力

◎ 如何促进孩子的心理健康

一、家庭结构——请给孩子一个完整的家

二、家庭环境——请给孩子一个温馨的家

三、教养方式——请给孩子一个民主的家

四、亲子关系——请给孩子一个亲近的家

五、家庭功能——请给孩子一个真正的家

让孩子健康快乐地成长，拥有幸福美好的人生，是每位家长最大的心愿。而“健康”则是幸福人生的重要基础和保证。传统意义上的“健康”主要指的是身体健康，而1989年世界卫生组织发布了“健康”新概念：健康不仅是没有疾病，而是包括躯体健康、心理健康、社会适应良好和道德健康四个方面。这是世界公认的健康标准。随着科学技术的发展，一些严重威胁儿童身体健康的疾病逐渐得到了控制并能够很好地治愈，然而儿童的心理问题却日益突出。

一项对我国22个省、市青少年心理健康的调查显示：我国有4000万青少年处于心理亚健康状态；另有调查显示，我国约有13%的青少年存在明显的心理行为问题，并且近年来发病率继续呈快速上升趋势。目前，中国卫生部在联合召开的中国学生常见病会议上指出，心理问题已成为现阶段影响中国青少年健康的新问题之一。

心理学研究表明，心理健康状况虽然在一定程度上受到先天遗传因素的影响，但更大程度上却是后天环境影响和教育的结果。家庭是孩子出生后接触的第一个环境，也是孩子心理健康发展的关键期所处的最重要的环境。因此，家长应该特别重视孩子的心理健康，有意识地培养孩子健康的心理素质。

您的孩子心理健康吗？

玲玲今天又哭了，原因很简单，就是妈妈不让她吃太多的冰激凌，她今天已经吃了四个了，可她还是要吃。妈妈给她讲了很多道理，比如说对身体不好啊，吃完饭后再吃等等，可她就是不听，非得现在吃。据玲玲的妈妈讲，玲玲平时就是这样，稍有不如意就大哭大闹，直到满足自己的心愿

为止。

其实不光玲玲，现在很多孩子都这样，特别在独生子女中这种现象更为普遍。一般家长把这种行为归结为任性。因为是普遍现象，所以很多家长就认为，孩子的任性属于正常现象。但心理学专家却认为，任性属于一种问题行为，这是孩子心理不健康的前兆，如果不及时加以纠正，会发展成为心理问题，导致孩子心理的不健康。

那么如何判断孩子的心理是否健康呢？

人的生理健康有标准，心理健康也是有标准的。不过人的心理健康的标准不及生理健康的标准那么具体与客观。了解与掌握心理健康的标准对于增强与维护孩子的健康有重要意义。家长掌握了孩子的健康标准，以此为依据对照孩子，可对孩子的心理健康状况进行大体的诊断。如果发现孩子心理状况的某个或某几个方面与心理健康标准有一定距离，就可以有针对性地加以指导和进行必要的心理干预，以达到心理健康水平。

迄今为止，美国心理学家马斯洛和米特尔曼提出的心理健康的十条标准被认为是“最经典的标准”。

(1) 充分的安全感。

(2) 充分了解自己，并对自己的能力作适当的估价。

(3) 生活的目标切合实际。

(4) 与现实的环境保持接触。

(5) 能保持人格的完整与和谐。

(6) 具有从经验中学习的能力。

(7) 能保持良好的人际关系。

(8) 适度地情绪表达与控制。

(9) 在不违背社会规范的条件下，对个人的基本需要作恰当的满足。

(10) 在不违背社会规范的条件下，能作有限的个性发挥。

关于儿童青少年的心理健康标准,主要可从以下几个方面来判断:

一、智力发展水平在正常范围之内

智力是人的观察力、记忆力、想象力、思维力和注意力等认知能力的综合。正常的智力水平是孩子进行日常生活和学习的基本心理条件之一,智力发展正常与否是衡量学生心理健康程度的重要标志。个体之间的智力发展虽然存在一定差异,但有比较宽广的正常范围。智力水平一般用智力商数(IQ)来表示,它是测量个体智力发展水平的一种指标,在标准化的智力测验上,智商值低于70界定为智力低下。智力低下属心理发育异常,常伴有适应能力低下,是造成儿童学业水平低下的主要原因之一。少数儿童具有超常智力或特殊才能,其智商在130分以上,这部分儿童如果心理发展不平衡,也可能伴有适应能力缺陷。

二、能比较正确地认识自己

比较正确的自我评价是孩子心理健康的重要条件。孩子是在与现实环境、与他人的相互关系中,在自己的实践活动中认识自己的。一个心理健康的孩子对自己的认识比较接近现实,有"自知之明"。能悦纳自己的优点,也不回避自己的弱点,善于进行正确的"自我接纳",有自己的理想,对未来充满信心。

三、情绪稳定、乐观

情绪是人对客观事物的态度和体验,是人脑对客观事物与主体需要之间关系的反映。保持稳定乐观的情绪,并懂得适度控制、表达情绪是心理健康的主要表现之一。

孩子情绪的发展是一个循序渐进的过程。学前阶段孩子的情绪特点以外显性、易变性、冲动性为主,同时也开始有了初步的情绪调

节和控制能力(如疼痛时可忍住不哭)。孩子到了小学阶段,与学前儿童相比,情绪情感比较稳定,并且能够在一定程度上控制自己的情绪。青春期少男少女的情绪相比较于小学儿童而言,稳定性有所降低,但情绪控制和调节能力却进一步有所发展。

在情绪的类型上,心理健康的孩子,无论是哪个年龄段,都没有过分畏惧、惊恐、焦虑的表现。

四、具有一定的心理自控能力和心理耐受力

心理健康的儿童青少年具有一定的有效控制自己的心理活动的能力,其注意集中水平高,记忆和意识活动有效水平也高。而自控能力较差者,其注意集中水平低,缺乏专注性,其记忆和意识活动有效水平也低,往往导致学习水平低下。

对压力、失败、挫折的心理承受能力即为心理耐受力。因为儿童青少年正处于心理发育和个性形成时期,其可塑性强,应及早培养他们不怕苦、不怕累、耐受失败、挫折的坚强意志力,不断提高心理承受能力,以有利于心理健康。

五、行为协调，反应适度

健康的儿童青少年，其心理活动和行为方式应是和谐统一的，对外部刺激的反应是适度的，表现为既不异常敏感也不异常迟钝，具有一定的应变能力。以协调的行为对环境变化作出适度的反应，是儿童青少年健康发展的基本条件之一。这种适应能力除与他们的神经系统活动的强弱与灵活性有关外，还受生活经历和学习锻炼的影响。

六、乐于与人交往，人际关系和谐

与同伴正常的交往既是维持心理健康的重要条件，也是获得心理健康的必要途径。心理不健康的孩子，其人际关系往往是失调的，表现出孤独、冷漠、无同情心、任性、攻击他人，不能与同伴和睦相处。而心理健康的孩子乐于与人交往，有积极、良好的人际关系。尊重他人，理解他人，善于学习他人的长处补己之短，并能用友善、宽容的态度与别人相处。他们在别人面前能做到真诚坦率，从而容易得到别人的信任，并建立起融洽的人际关系。能够融入群体，是群体中受欢迎的成员。

七、对环境有较强的适应能力

从某种意义上说，心理是适应环境的工具，人为了个体生存和种族延续，为了自我发展和完善，就必须适应环境。因此，较强的环境适应能力是心理健康的重要特征，不能有效处理与周围环境的关系是导致心理障碍

的重要原因。心理健康的小学生能和集体保持良好的接触和同步关系，当发现自己的需要和愿望与社会需要发生矛盾时，能够进行自我调节，而不是逃避现实，与社会需要背道而驰。

如何促进孩子的心理健康

家庭环境对子女心理健康的水平有极其重要的影响和作用，这已成为心理健康领域的共识。对于从小在家庭中长大且大部分时间是在家庭中度过的儿童青少年来说，家庭对其心理健康尤其具有重要的意义，因为正是在这一时期奠定了他一生心理健康的基础。孩子行为问题的发生与家庭因素密切相关，儿童期的家庭经历是心理健康的关键。对精神疾病的研究表明，52％的病人在儿童时期和青少年时代都有十分不利的家庭生活环境。

心理学中已有的许多研究已经发现影响孩子心理健康的各种家庭环境因素，包括家庭结构、家庭气氛、父母教养方式与态度、亲子关系、家庭功能等。同时，这些方面也成为在家庭教育中培养孩子良好心理素质的有效着手点。

一、家庭结构——请给孩子一个完整的家

家庭结构是指家庭中的人员组成。在家庭结构与心理健康的关系上，家庭结构的完整与否对心理健康的影响是研究者的关注焦点之一。家庭结构的稳定状况对孩子的健康成长起着重要作用。

心理学研究结果表明：生活在不完整家庭中（父母一方或双方由于死亡、离婚等原因而造成的一方或双方不在的家庭）的孩子，有心理健康问题者占13.8％，而完整家庭中有问题的孩子只占0.2％，这

充分说明了健全、完整的家庭结构对孩子心理健康发展的重要作用。

在不完整的家庭结构中，父母离异造成的单亲家庭是对孩子心理健康状况影响最大，也是最值得关注的问题。由于传统的婚姻和家庭价值观日渐削弱，离婚率不断上升，单亲家庭增多已成为一个严重的社会问题。父母离婚是当代儿童面临的最严重、最复杂的精神健康危机。

儿童心理学家李·索克说："对于孩子来说，父母离婚带来的创伤仅次于死亡。"生活在离婚家庭的孩子将面临着学业、情感及交往的诸多困难与障碍。

迄今为止，国外关于单亲家庭孩子的研究已得出如下结论：

(1) 与完整家庭相比，单亲家庭孩子的中学辍学率更高；

(2) 单亲家庭孩子更容易受朋友压力的影响而产生偏差行为；

(3) 单亲家庭孩子学业成就较低；

(4) 单亲家庭、尤其是父亲空缺家庭的孩子更容易犯罪；

(5) 单亲家庭的孩子有更多的社会和心理问题。

在我国，也有许多研究证实了家庭结构异常对学生行为问题的

影响。王玉凤等对北京2432名儿童调查发现,在不同家庭类型中,以单亲家庭儿童行为问题检出率最高(19.4%,差异显著)。郑希付对不同家庭状况子女的心理异常水平的调查发现,正常家庭子女的异常水平最低,其他依次是父母分居、父母再婚,父母离异家庭子女的异常水平最高。

(一) 父母离异孩子容易出现的心理问题

前苏联著名教育家马卡连柯曾指出,缺乏母爱的儿童是有缺陷的儿童。完全没有母爱或缺乏母爱,会使孩子心理上缺少安全感,产生情绪、人格上的障碍。这类孩子易孤僻、冷漠、粗暴、内向等。而如果没有父亲的存在,母爱会向溺爱型发展,并失去家庭的稳定和减弱家庭的教育职能。

另一位社会心理学家瑟先科也对此问题做过专门研究。他指出:"不完整家庭是一个只有局部的、不完整关系的小群体,其中不存在传统的关系体系,即母亲—父亲、父亲—子女、母亲—子女、子女—祖父母等。不完整家庭中的心理气氛受到破坏,其突出的特点是家庭成员很少与外界往来,几乎与周围世界隔绝。不完整家庭中多半是由母亲带着一两个孩子生活。在这样的家庭里,母亲被迫担当起许多原本不属于她的职能和角色。""骨肉联系的分割使代际关系复杂化,不利于成长中一代的社会化,不利于文化传统与精神传统的继承,不利于培养后代同他人和睦相处与合作的能力,也不利于培养利他主义、人道主义、集体主义等品质与特性。"

根据调查,父母离异家庭的子女在心理上容易在如下几个方面出现问题。

1. 情绪问题

离异家庭孩子在情绪方面较多表现出孤独、抑郁、悲伤、烦躁、恐惧、情绪不稳定等。这些情绪问题一方面来源于不完整的家庭结构、冷漠的家庭氛围、情绪烦躁的父母;另一方面也来源于搬家、转学等原因造成的同伴支持的缺失、周围环境的改变以及社会的歧视等。

另外，离异家庭父母的不幸经历可能会影响他们对孩子的态度，导致其较多的不良教养方式。例如，有些单亲家庭的家长出于补偿心理对孩子过分溺爱，一切包办；还有的家长为了给自己争口气，对孩子要求过分严格，造成孩子巨大的心理压力。上述这些情况会导致孩子经常处于抑郁、恐惧的情绪状态中。

2. 人格问题

父母离异造成的情绪问题可能会随着时间的流逝而有所改善，但父母离异对孩子人格产生的影响会在较长时期内延续下去，甚至会持续一生。离异家庭孩子可能出现的人格问题有自卑、猜疑、孤僻、怯懦、粗暴、冷漠等。

家庭的解体、经济条件的降低及离异父母对子女的互相推诿，使孩子经常表现出闷闷不乐、容易悲伤、情绪低沉。从父母感情破裂到正式离婚，家庭往往长期处在冷战或争吵中，父母的冲突、离异可能使孩子成为被同学、邻居同情或嘲笑的对象。于是，有些孩子害怕与熟人接触，逃避情感交流，逐渐变得胆小、孤僻、自卑，逐渐走向自我封闭，严重者甚至发展为自闭症。

另有一些孩子或对父母的离异充满憎恨，不满父母之间的冲突和对自己的忽略；或站在父母之中的一方，憎恨另一方。这种憎恨久而久之会扩展到对其他人、学校和社会生活不感兴趣，甚至对社会不满，形成冷漠的个性品质。此外，单亲家庭孩子与正常家庭孩子相比，具有多疑、嫉妒心理，表现为对别人的议论非常敏感，总怀疑别人在议论自己，猜疑别人是不是在说自己的坏话，猜疑老师是不是不信任自己；对于在学业、家庭条件或者某项活动中优于自己的同学产生嫉妒。这种心理的产生与自卑心理有关，由于父母离异，孩子在潜意识里体验着自卑，担心别人看不起自己，所以容易猜疑和嫉妒。

四年级学生曹扬随母亲生活将近三年，虽然才是个11

岁的孩子，可他至今仍十分清晰地记得几年前父母闹离婚时发生的一些事。“那时候爸爸和妈妈几乎每天都要吵架，吵得厉害时就打起来了。”给他留下最深印象的是，“有一次爸爸晚上10点多才回家，一回来只问了我一声‘怎么功课还没做完’就去睡觉，可妈妈不让他睡，要他把话说清楚。爸说他没有什么可说清楚的，就是不想跟妈一起过。妈一听这话就发了火，骂爸爸多赚了几个臭钱有什么了不起，想离婚没那么容易，会让他不得好死，说着拿起桌上的一只热水瓶朝爸爸扔过去。爸爸躲过那只热水瓶后揪住妈妈的头发，于是两人又扭打在一起。也正是从这天开始，爸爸晚上再也没有回来睡过觉，直到他们离婚，法院把我判给妈妈。”

小曹扬说，他讨厌爸爸，也讨厌妈妈，他们两个都不是好人。

据曹扬的班主任老师说，曹扬在上一、二年级时是个很不错的孩子，可从二年级下半学期的最后一段时间起，他开始变得十分孤僻，不跟班里任何一名同学玩耍。有一次班里一个淘气出了名的学生惹了他，把他的文具盒扔在地上并用脚踩坏了。他当时没有什么反应，可是在后面一节算术课时老师发现他失踪了，直到快下课时他才拿着一只大茶杯进来。老师虽看见那只大茶杯里装的是热水，但未及时反应过来，他已把一茶杯的热水浇在那个毁了他文具盒的同学头上。此事后来虽勉强得到解决，但从此以后曹扬变得更为怪僻，只要同学中有谁惹了他，他总会想尽办法报复，而且其手段一次比一次让人害怕。有一次他把一小瓶汽油浇在一个欺侮过他、抢了他准备交午餐费的几十块钱的高年级学生身上，然后准备用火机点着。幸好此事被及时制止，才未产生悲剧性后果。学校曾考虑过送他去工读学校，但考虑到一方面他年龄太小，另一方面则鉴于他采取这些报复手段都是由于他遭到欺侮，除此之外，平时无任何不良行为，所以与他母亲联系后决定为他进行心理治疗，同时亦告诫学校所有学生，千万不要去欺侮曹扬同学。

3. 人际关系问题

父母离异对孩子人际理解的影响具有长期性和消极性，这极大地阻碍了孩子建立良好的同伴关系和师生关系。研究表明，离异家庭孩子比完整家庭孩子更容易出现缺乏同伴或朋友、同伴关系紧张或过于依赖同伴、师生关系紧张、对人戒备心太重、嫉妒同伴等问题，这使离异家庭孩子在人际关系方面表现出极大的不适应。

天真活泼、性格开朗的高一女生丽丽，突然变得沉默寡言、蔫头耷脑，整天无精打采，显得焦虑、孤僻，特别是不愿意与女生相处，还说："结婚的女人没有一个好东西。"这就怪了！以前丽丽不这样啊！细心的班主任经多方了解情况，才知道她的母亲由于工作关系，和本单位的一个男人好上了，正在和她父亲闹离婚呢！她父亲为了维持家庭，特别是不愿伤害孩子，就尽量忍耐着，但她的母亲为达到离婚的目的，整天吵闹、辱骂，甚至打她的父亲。在这样的家庭中生活，丽丽非常苦闷，而且还非常憎恨结婚的女性，健康的心灵受到了极大的伤害。

父母离异对孩子成年后建立亲密的恋爱关系也会产生不良影响。对 404 对 19～35 岁青年情侣的研究发现，来自离异家庭的女性对伴侣缺乏信任和满意度，更多地存在矛盾情绪和冲突。虽然来自离异家庭的男性和完整家庭的男性之间不存在差异，但是前者因为自己父母的婚姻状况，往往认为双方关系是暂时的。

4. 行为问题

根据社会学习理论的观点，父母正式离婚之前频繁、强烈的婚姻

冲突让孩子目睹了许多攻击行为，甚至家庭暴力，这有可能导致离异家庭孩子表现出各种攻击行为、违纪行为，甚至越轨和犯罪行为。另外，由于长期的婚姻冲突，父母可能身心疲惫，经常忽略孩子的需要，对孩子的教育行为常会因情绪影响而简单、粗暴，引起孩子的郁闷、压抑等消极情绪。当这些情绪不能得到合理宣泄时，就可能表现为性情暴躁，遇事易冲动，攻击性强，出现打架、骂人、斗殴等行为。

有调查表明，反抗、攻击特点比较突出和遇事冲动不计后果的人数，单亲家庭孩子与正常家庭孩子相比，分别高4%和16%。父母离异也让孩子身心经历了严重地打击和伤害，使承受不住家庭压力的孩子表现出退缩、自残、酗酒、自杀、离家出走等问题行为。有研究者对父母离异后孩子酗酒的问题进行了考察，发现父母刚离异的孩子与父母离异四年以上的孩子，喝酒的频率和数量都超过了完整家庭的孩子。

5. 学业问题

父母离婚前的婚姻冲突以及父母的离异都是孩子成长中影响较大的压力事件，孩子需要长期调动大量的心理能源来应对这一系列事件，因而对其正常的学习、生活带来较大干扰。有调查表明，上课经常走神的离异家庭孩子比完整家庭孩子高5.9%；觉得自己很不幸的离异家庭孩子比正常家庭孩子多9.8%；有44.8%的离异家庭孩子曾有过离家出走、离开学校的念头，比正常家庭孩子高出10.8%。由于自卑而缺乏自信，离异家庭孩子的自我效能感较低，学业成绩也越来越差，这又加剧了其自卑情绪，导致更糟糕的学业成绩。除此之外，离异家庭孩子还表现出厌学、考试焦虑等不适应现象。

总之，离婚可能导致孩子的各种心理与行为问题。此外，离异家庭对孩子还有一种特殊的影响值得注意。孩子在成长过程中，要学习特定性别角色应该具有的行为方式和人格特点，也就是说，男孩应该有“男子气”，女孩应该有“女子样”。而这种学习的主要对象之一就是自己的同性别父母,男孩以自己的父亲为学习榜样,而女孩则努力模仿母亲的行为。离异家庭的孩子往往缺少这种模仿对象,可以想象,如果一个男孩从很小就跟着妈妈生活,长大后很可能缺乏男子汉的阳刚之气;如果一个女孩长期跟着爸爸生活,长大后可能会大大咧咧,缺乏女性的柔美。这样的孩子容易遭到同伴的嘲笑,自尊心受到伤害,成为同性恋者的可能性就会增大。

(二) 离异父母容易出现的教育误区

教育孩子是父母双方的责任和义务,缺少了任何一方,都可能造成教育功能的不全。离异家庭难以给孩子带来更多的安全感,也无法给孩子更多的情感满足,孩子更无法从缺失的家长身上学习到更多的东西。比如,与母亲生活在一起的男孩,从小缺少了父亲的榜样作用,这对于他的性别认同有不良的影响;而与母亲生活在一起的女儿,也可能因为生活中缺少男性,而不会与异性相处。这些不良影响可能持续到他们长大成人。

如果说离异造成的家庭功能的缺失是客观存在的问题,那么以下四点误区则是离异父母的主观原因造成的。

1. 家庭气氛缺少温暖

在婚姻解体前后,许多家庭的气氛非常紧张,夫妇之间就像敌人一般,家庭战争可谓一触即发。轻则恶语相向,重则大打出手,家里的一切东西都变成发泄的工具,孩子也难以幸免。有些夫妇不在孩子面前争吵,采用冷战的方式互不理睬。这种看上去无声无息的安静之下隐含着冰冷的气氛,每个孩子都能强烈地感觉到家庭内部难以消融的冰霜。婚姻破裂之后,孩子的心灵本来就蒙上了一层灰色,如果带孩子的一方沉浸在自己的痛苦情绪中不能自拔,就无法给予孩子足够的温暖和关爱,进而使孩子的痛苦越来越深。有些父母把孩子寄养在学校或其他亲戚家中,天天忙于工作,或者忙着寻找新的伴侣,根本没有时间和精力顾及孩子的生活和学习。这样的做法会

使孩子强烈地感到自己是多余的人，会有失落感和无家可归感。

2. 把孩子当成私有财产

有些父母离异后，抚养孩子的一方把孩子当成了自己的私有财产，孩子成了报复对方的工具。有的父母不准孩子再提到对方，限制他们之间的接触，同时用各种办法阻挠孩子与对方亲属来往。孩子本来生活在由父母双方构成的两个大家庭体系里，忽然出现的变故容易导致孩子的情感世界一片空白，孩子无法明白，也无法理解。对于那些与对方及其亲属有着深厚感情的孩子来说，这种限制无疑会给他们带来沉重的打击，容易导致他们的心理失衡。

某15岁男中学生，父母离婚后由父亲抚养。父亲对母亲心存怨恨，百般阻挠孩子与母亲见面。在离异前，孩子的生活一直由母亲照料，母子感情深厚。突然发生的变化使他不知所措，非常痛苦。他常常一个人躲在房间里流眼泪，不仅学习成绩严重下滑，人也变得封闭、退缩、不自信。

3. 在孩子面前说对方的坏话

有些抚养者经常对孩子说：

“你爸爸（妈妈）太狠心了。”

“你爸爸（妈妈）不好，不配当你的爸爸（妈妈）。”

“你爸爸（妈妈）自私、虚伪。”

也有些父母甚至会对孩子说：

“他（她）不要你了。”

“男人（女人）没有一个好东西。”等等

这样的语言也许可以发泄心中一时的怨恨与愤怒，但是对孩子心灵造成的伤害却极其深刻，缺乏判断能力的孩子真的会以为曾经最深爱自己的爸爸（妈妈）是个不能信赖的人。这种矛盾的感受容易使孩子对世界的看法发生动摇：连最亲的爸爸（妈妈）都会不要我，那么谁还会对我好？谁还可以信赖？这种观念如果根植于孩子心中，他们就会对所有人都怀疑，无法建立良好的人际关系。

> 某21岁女大学生，容貌秀美，母亲从她小学时就对她痛诉移情别恋父亲的万般恶劣行径。虽然有许多异性追求，她却始终很难与任何一个人保持长久的关系。她难以相信别人真的喜欢她，也无法相信对方会一直爱她。这样的人即便结婚，也会发生对丈夫不信任或任意猜忌、疑心重等问题。

4. 过分关注、补偿孩子

许多单身母亲把自己全部的精力都给了孩子，把对未来的一切希望都寄托在孩子身上，其生活的重心一切都是孩子。当孩子未能或无法达到要求时，母亲的心理很容易失衡，而孩子感到辜负了家长的期望，会有很强的负罪感，对心理健康很不利。

有些家长认为孩子可怜，生怕孩子受委屈，处处维护孩子的利益，竭尽全力满足孩子的一切愿望。当孩子提出不恰当的要求或者表现出不恰当的行为时，总是过分偏袒，不能用恰当的教育方法去约束孩子的行为。这样的做法，容易使孩子形成许多不良心理特征，如任性、自私、不体谅他人等，这会严重影响孩子的健康发展。

（三）给离异父母的建议

很多人认为"父母离婚对孩子的成长一定不好！"其实，影响子女心理健康最重要的因素并不是离婚本身，而是父母处理离婚的方式。事实上，许多完整家庭的孩子也存在很多问题，离异家庭的孩子也有许多发展得很好。如果父母处理得当，即使父母离婚，孩子也能够克服暂时的不适应，从而找到健康的成长之策。

1. 调整心态，帮助孩子形成正确的认识

父母首先要注意调整好自己的心态，保持稳定的情绪，只有这样才能更好地帮助孩子。父母可以根据孩子的性格、气质、年龄等特点，用孩子能够理解的语言、能够接受的方式，平静地向孩子说清楚

家庭所发生的变化。如果隐瞒事实，反而会增加孩子的不安，失去对家长的信任。作为家庭的一员，孩子有权利知道与自己有关的事实，这有助于孩子勇敢地面对现实。

在解释离婚的原因时，要尽量客观，不要简单地将错误归于某一方。不要一味地说对方的坏话，不要向孩子指责对方的无情和不负责任，不要在孩子心中培育仇恨的情绪，不要将自己的创伤作为孩子成长的借鉴。孩子需要从更客观的角度去看待世界。只有当孩子拥有一个理解、宽容的胸怀时，他(她)才会拥有一个广阔的未来。

2. 关注孩子的心理感受

一般来说，孩子在父母离婚后会出现不同程度的心理变化，对于新情况感到不适应，有不安全、不确定的感觉。如果没有人关心孩子的感受、给他以温暖和安全感，那么离婚就会对孩子造成严重的伤害，甚至给他们稚嫩的心灵留下难以愈合的伤口。此时，父母亲要放下手边的事情，陪孩子度过最艰难的时刻，给予孩子积极的情感支持，将离婚的影响降到最低。

3. 给孩子创造一个爱的氛围

心理学研究表明，影响孩子心理健康的决定因素不是家庭成员的改变，而是家庭气氛。一个持续冲突的家庭对孩子的负面影响有可能大于较早离婚的家庭。父母在离婚的时候，要把孩子的成长和发展放在首位，不要把孩子作为讨价还价的筹码，不要把孩子当作出气筒，要选择能够使孩子健康成长或与孩子合得来的一方生活。不管谁带孩子，父母双方都要承担起教育孩子的责任，为孩子的健康成长打下坚实的基础。不要在孩子面前“争宠”，也不要让孩子从此见不到父亲或母亲，给孩子与对方接触与交流的时间，让孩子感觉到父母对他(她)的疼爱和从前一样，这样可以降低孩子的焦虑。如果有可能，应该让孩子与父母同时团聚，让孩子相信父母的婚姻不是因自己而发生变化，父母会永远爱他(她)。

4. 帮助孩子处理好与学校及各方面的关系

离婚家庭孩子的心理压力，很大一部分来自于同学。父母要鼓励孩子与同学们一起学习，一起玩耍，保持原来的人际交往。父母要经常与学校保持联系，了解孩子的情况，请老师给予恰当的关注。除了与同学的交往，父母还要帮助孩子创造各种人际交往的机会，鼓励孩子参加各种活动。与不同背景的人交往，有利于孩子心理的健康发展。只要父母树立正确的态度，一切从孩子的角度出发，给予孩子更多的温暖和爱护，离异家庭的孩子也能够健康成长。

二、家庭环境——请给孩子一个温馨的家

家庭是由家庭全体成员及成员间的互动关系组成的一个动态系统。大部分心理学家认为，环境因素比先天生物因素对人的心理健康影响更大。其中，影响孩子心理健康水平的家庭环境因素主要有：家庭心理氛围、家庭物质环境和父母素质等。

（一）家庭心理氛围

家庭心理氛围，主要是指在家庭这个特殊环境中的整体情绪特点，根据其在从紧张到和睦这个连续体上的位置，可以区分为不同的类型。

和睦的家庭心理氛围能够给孩子以安全感，有益于孩子的心理健康。而紧张的家庭心理氛围，不仅不利于孩子心理的健康发展，还会给孩子带来心理的困扰和伤害，形成孤僻、冷漠、焦虑的不良情绪，进而损害孩子的心理健康。

1. 紧张的家庭氛围对孩子心理健康的损害

心理氛围紧张家庭的特征是充满冲突、攻击，其人际关系表现为冷漠、非支持性以及忽略性。愤怒和攻击是家庭环境中的有害因素。具有高水平的冲突、攻击和敌意特征的家庭通常会表现出缺乏容忍、温暖和支持。家庭中的冲突和攻击会使孩子患心理和生理疾病的可能性加大，包括攻击、行为混乱、行为不良、反社会行为、焦虑、抑郁和自杀。

心理氛围紧张的家庭对孩子心理健康的损害主要表现在以下三个方面：

(1) 情绪问题

冷漠、非支持性和忽略型家庭不利于孩子正常情绪的发展。在这种家庭里，父母对孩子的支持较少，批评和干扰较多，对孩子的消极情感也较多，孩子从亲子交往中体验到的兴奋和乐趣较少。

这种消极的交往方式对两岁以下孩子情感的发展影响更大，因为两岁之前正是孩子新的情感类型形成的时期，消极的交往方式不利于孩子积极情感类型的发生。

冲突和攻击型家庭同样也不利于孩子健康情绪的发展。研究发现，冲突和暴力家庭长期的紧张状态会影响孩子神经的发育并造成敏感的紧张反应系统。高水平冲突的家庭使孩子对生气极为敏感，他们会表现出更多的悲伤、愤怒、焦虑和害怕。

家庭紧张对孩子来说是非常有害的，孩子得不到关注和照料，情感需要得不到满足，从而抑制了孩子的成熟，孩子情绪的不成熟和被忽视构成了反社会行为或犯罪行为的基础。

(2) 行为问题

高敌意和高攻击水平家庭的孩子比同龄人更缺乏积极的交流技巧，更容易采取攻击和反社会行为。研究发现，来自攻击型家庭的男孩更容易遭到同伴的排斥和攻击；而在充满问题和冲突家庭中长大的女孩会对亲密有回避的态度。

对青少年犯罪问题的研究者，经过多年的调查和研究，提出了“家庭紧张是犯罪行为的基本原因”的论点：那些犯罪青少年的家庭中，存在着比非犯罪青少年家庭普遍得多的不健康的情绪气氛，即家庭紧张。这种家庭紧张主要表现为敌意、憎恨、怨气、不停的责骂、争吵或身体障碍等。

在冲突型家庭中，家长处理事情的方式偏向于简单、粗暴，即便对子女有较高的期望，但缺乏科学的教育方法，与子女沟通少，一旦不能达到自己的要求，轻则言语辱骂，重则身体惩罚。如此一来，很容易使孩子的心灵受到创伤，在家里感受不到温暖，便转而向外寻求关怀，很容易受坏人影响，走上犯罪道路。

(3) 物质滥用和危险性行为

研究发现，处于心理氛围紧张家庭中的孩子更容易出现酒精滥用、吸毒和危险性行为。之所以会出现这种情况，是因为危险性关系和物质滥用会弥补来自氛围紧张家庭孩子的生理、社会、情感功能上的不足。饮酒、吸烟和其他药物滥用存在着相关性。

另外，生理心理学研究发现，长期生活在氛围紧张的家庭中，会导致孩子的血清素激活功能失调。而大量的研究表明，吸烟、饮酒、吸毒与增加血清素激活相关。物质滥用在一定程度上能够缓解由于血清素激活功能失调所引起的敌意和抑郁的情绪。因此，可以说危

险性关系、吸烟和物质滥用是对氛围紧张家庭所引起的消极结果的一种适应。

处于支持型家庭的孩子会更愿意满足和效仿自己的父母,会从内心认同父母的行为准则。一项研究表明,从父母处得到支持会降低青少年对不当行为的容忍度,会对物质滥用产生直接的影响,也会降低被物质滥用的同伴同化的可能性。

2. 如何营造和睦的家庭心理氛围

事实表明,团结、祥和、温馨的家庭氛围有利于孩子的心理健康成长。在一项调查中发现,具有健康心理的孩子中有87.3%都在家庭是否和谐的问卷中填写了"是"。和谐的家庭使孩子具有乐观开朗的性格,他们在家庭环境的渲染中都能保持良好的心态,对人对事具有清醒、客观的认识,处处表现出积极进取的精神,对自己有正确的评价,能与人合作,乐于助人,情绪乐观、稳定,心胸豁达。

家长可从以下几个方面着手,营造一个和睦的家庭氛围。

(1) 一个和睦的家庭,需要用爱来营造

爱的教育是父母对孩子进行的最有效的教育。爱孩子是父母的天性,孩子最需要的心理营养素就是"爱"。作为父母,需努力给孩子营造爱的氛围。"爱"的范畴很广,包括父母之间的相爱,对孩子的疼爱,对朋友的友爱,对老人的敬爱,对邻居的关爱等。

爱是人类追求的目标,也是人类最美好的情感。作为父母,需努力给孩子营造这种爱的氛围。如果孩子生活在互相承认和友好的环境中,他就能学会在这个世界上去付出和寻找爱,因为"爱人者,人恒爱之"。

(2) 家庭成员之间互相尊重爱护、以礼相待

老人要体谅小辈,小辈要孝敬老人。婆媳不和与夫妻冲突是家庭的常见矛盾,要尽量避免在孩子面前发生。家庭内出现矛盾和分歧时,切忌急躁、粗暴,尽可能热心肠、冷处理,把复杂的问题简单化。

家庭氛围安定和睦、融洽温暖、民主平等、愉快欢乐，这样才能给孩子留下和谐完整的印象，从而给孩子以信任感、安全感和幸福感。

（3）充分了解孩子，调节期望水平

家长对孩子的过高要求与期待容易造成紧张的家庭气氛。一些家长把自己未实现的理想寄托在孩子身上，望子成龙、望女成凤，一旦孩子达不到要求便粗暴斥责甚至拳脚相加，这样做既可能造成孩子性格软弱，也可能使其产生抵触情绪、逆反心理，形成残忍型人格。另一方面如果对孩子关心不够，要求过低，久而久之，会使他们对学习失去兴趣，缺乏上进心和求知欲，进而影响孩子树立远大理想。

期望是成功的动力之一。对孩子期望过高或过低都是不妥当的。家长应从实际出发，了解孩子的心理特点和能力，尊重他们的志向、兴趣，为孩子提出经过努力可以达到的目标，并在实现目标的过程中，不断予以鼓励和帮助，促进孩子的心理健康发展。

（4）言传身教，以身作则

作为父母，要尊重孩子的独立人格，作风民主、和蔼可亲，这对孩子身心的健康成长将产生有利的深刻影响。父母在家庭生活中扮演

的角色最直接地影响着孩子的心理健康。在家庭生活中，父母对子女既是长辈，也是教师和朋友，切忌把社会角色带进家门。父母时刻要意识到身旁有双天真无邪的眼睛在瞅着自己，在生活和工作中要处处以身作则，凡要求孩子做到的，自己首先做到，多示范，少说教。

(5) 多与孩子沟通，做孩子的知心朋友

父母要把孩子作为平等的人，而不是把孩子看做是一个“缩小了的成人”(捷克教育家夸美纽斯语)，尊重孩子的爱好，关心孩子的兴趣、能力和志趣，和孩子一起游戏一起学习，共享经验和成果，增进父母和孩子之间的感情和相互了解。

(二) 家庭物质环境

影响孩子心理健康的家庭环境因素，除了家庭心理氛围外，还包含家庭物质环境。家庭物质环境主要是由家庭的社会经济地位决定的，是家庭社会生态学一个重要的维度。大量的心理学文献指出，低社会经济地位与消极的身体和心理疾病相关。

有研究指出，在美国，下等劳动阶层的家庭为学校带来了大量“问题”学生，包括学校中的差生、逃学生、斗殴学生和违法学生。在我国，王玉凤等对 2432 名学龄儿童的调查发现，父母受教育程度低、社会条件较差的家庭，其儿童行为问题检出率，相比较于受过较好教育、社会条件优越的家庭者高出一倍。

家庭物质环境与家庭心理气氛是相关的。低社会经济地位可能是造成家庭心理氛围紧张的原因，而且更重要的是，在心理氛围紧张的家庭中长大的孩子，成年后更有可能遭遇低的社会经济地位。这是因为，在心理氛围紧张的家庭中长大的孩子与低学校成就、低学历、低收入、高离婚率、低工作地位等相关，大量的发展心理学、社会学、大众健康学的文献证明了这一点。

然而，我们必须注意的是，低家庭社会经济地位并不一定与心理健康问题有关，而是以接下来我们要讲到的家庭教养方式和亲子关系为中介的。也就是说，低社会经济地位家庭的父母更有可能采用不当的教养方式，后者则导致了孩子更多的心理问题。

低社会经济地位家庭的父母，可能因整天忙于长时间的繁重体力劳动而没有太多时间和精力教育子女；可能因受教育程度低，不懂教育子女的方法而常常采用不当的教养方式；可能因家庭经济压力大而无法以循循善诱的方式教育子女，而倾向于以直接、快速的方法要求子女服从他们的命令，使用暴力的可能性比一般家庭高。低社会经济地位也不太可能为孩子提供更广阔的教育资源。

国内学者研究发现，父母的社会经济地位主要由其职业、受教育水平和经济收入所决定。父母的经济地位不同，其教养行为与教养观念也存在差异，主要表现在：

(1) 社会经济地位低的父母强调孩子要顺从他人、尊重他人、爱整洁、少惹麻烦；而社会经济地位高的父母则重视培养孩子的积极情感、创造性、理想、独立性、好奇心和自我控制能力。

(2) 社会经济地位低的父母较多控制孩子，对孩子使用权威，对孩子的事情武断专横且经常进行体罚；社会经济地位高的父母敏感性和反应性较高，对孩子比较民主，能够通过角色转换理解孩子，对孩子的惩罚也多是心理惩罚。

(3) 社会经济地位高的父母和孩子的言语交流较多，喜欢给孩子讲道理，言语的结构也比较复杂，对孩子的情感投入较多。

那么，要想避免低社会经济地位对孩子心理健康造成的消极影响，就要改变对孩子的教养方式。有效的教养会使孩子远离低社会经济地位所造成的消极影响。

Cowen、Wyman、Wor 和 Parker(1990)的研究发现有一种具有“紧张顺应力”的儿童，他们成功地经历了一系列长期的问题(包括贫困、家庭混乱、生病和暴力)，其特征是在婴儿时期没有与最初的照料者分开过，在学前和小学期间拥有积极的亲子关系，其家长拥有强烈

的教养效能感，对孩子的教养方式是积极的，对孩子的教育是符合孩子年龄特点的，家长之间对孩子的要求是一致的。

(三) 父母的素质

父母的素质包括文化素质和心理素质。

1. 父母的文化素质

很多研究都表明父母的文化素质与子女的心理健康有较大关系。父母受教育程度、自身修养与孩子心理发展成正相关。一般说来，若父母的文化素质高，教育水平相对较高，他们会用自己的知识和强烈的求知欲去影响和教育子女，培养他们顽强的进取精神。

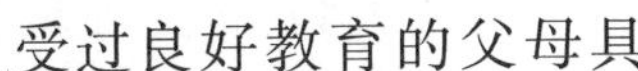

受过良好教育的父母具有良好的学习习惯，并且有能力辅导孩子的学习。孩子在这样的环境中长大，耳濡目染，受到良好的熏陶，大多数容易形成良好的学习习惯，有强烈的求知欲，学习成绩会好一些。

另外，父母的文化素质还通过教养方式间接影响孩子的心理发展与健康状况。我国研究者发现，受教育程度是影响父母行为的重要因素，受教育程度低的母亲在教养方式中的溺爱、忽视、专制、惩罚、成就要求及教育的不一致等趋向性高于受教育程度高的母亲，而受教育程度高的母亲则更具有民主性。

2. 父母的心理素质

有专家研究表明，约有 2/3 的孩子的心理问题与家长本身有关，可以说是家长的心理问题在孩子身上的折射。视野狭窄、是非模糊的家长容易溺爱孩子;而缺乏责任感的父母容易漠视孩子的精神与情感需要。另一方面,父母的言传身教对孩子有着不可替代的榜样与示范作用,如果家长本身有不良嗜好,有弄虚作假、精神颓废等不健康心理表现,其表率作用的负效应也是可想而知的。

有关研究表明,父母自身的心理健康状况对子女的心理健康发展具有十分显著的影响。具体表现有以下几方面:

(1) 父母的消极情绪对子女的不良影响

父母的情绪状态是影响子女心理健康发展的重要因素。父母对孩子的冷漠、忽视、敌意或吝于表达关爱的情感,会使子女在情感发展上充满焦虑和不安全感,对他人易生敌意,易于侵犯攻击他人、违反社会规范,自我控制力及社会适应力均差。他们在家里也会表现出冷漠、戒备的态度,甚至可能为保护自己而伤害家人。

父母的情绪不稳定也是影响子女心理健康的原因之一。美国一些儿童辅导和社会工作者认为,父母的情绪不稳定是导致子女缺乏关爱的最主要的原因,其直接的后遗症是子女长大以后会表现得冷漠无情且适应不良。而间接的后果则是,等这些孩子为人父母后,其心理失调和不稳定的个性又会造成对其子女的疏忽,从而陷入一个恶性循环的怪圈。

(2) 父母的心理障碍对子女的不良影响

这里所说的心理障碍是指那些比较严重的精神障碍,如精神分裂症、神经官能症、情感性精神病等。研究表明,父母患有上述精神疾病时,其子女患有各种精神疾患的比例也偏高。其中最常见的表现是抑郁和焦虑,另外也可能产生社交和学校功能障碍。

研究发现,抑郁的母亲比一般母亲对子女更具敌意及拒绝,更少刺激,因而会扰乱子女的健康发展。另有文献指出,父母有抑郁症、恐惧症或酗酒行为,其子女患焦虑症的比例会增高,同时会影响他们

的情绪功能及认知能力。在探讨轻度精神疾病父母对子女影响的研究中，发现父母一方患有神经官能症时，其子女有适应不良或精神障碍问题的比例可达到30%～40%。

（3）家长偏低的自我价值感对子女的不良影响

孩子自我价值感的形成主要是受到父母的影响，如果父母因为自己过低的自我价值感而在子女的教育过程中表现出漫不经心，期望过低或过高，过分挑剔，经常性的埋怨、责备等倾向，就可能使孩子产生种种消极的体验：感到自己没有出息，认为自己没有价值，不值得父母花费时间和精力来照顾和教育。孩子一旦形成这样一种负面的自我价值感，就会在社会适应的过程中遭到许多不必要的挫折而影响其心理健康的发展。

3. 努力提高自身的素质

（1）提高文化素养，做爱学习的父母

诚然，提高文化素养并不是让家长们再刻意地回到学校去获取一张文凭，那不现实，也无意义。但家长能做到的是在教育孩子的过程中，时时关注当前的教育动态，学习教育和心理知识，掌握一些科

学的教育理念、经验、方法，从而为孩子提供均衡的培育，促进孩子身心和谐发展，为孩子提供一个可持续发展的家教环境，实现孩子成才、家长素质提高这样一个良性循环。

父母注重提高自己的文化素养，不仅可以更好地指导孩子的智力发展，提高自己的育儿水平，还可以与孩子一起成长，开阔自己的视野，提高自己的生活品质。更重要的是，以自己的学习习惯和学习热情，给孩子以良好的影响，培养孩子的学习习惯，激励孩子的学习热情。家长与孩子互相切磋，还可促进良好的家庭风气。

(2) 注重言传身教，做有修养的父母

家长是孩子的第一任老师，也是最初的、最直接的模仿对象。为人师表必须言正身端。俗话说："榜样的力量是无穷的。"孩子的学习和模仿能力很强，家长的模范言行对子女有巨大的影响。父母与人相处的方式、对待事物的态度、兴趣爱好、甚至走路的姿态和说话的语调，都是孩子学习模仿的对象。同样，家长的不良言行也会对子女产生巨大的影响。"近朱者赤，近墨者黑"，就是这个道理。

> 一位小学生的父亲向心理医生诉苦，说孩子老是在外面打架惹事，几乎每天都有其他孩子或父母亲找到家里告状。他说，孩子从小做错事，在外面打架，回家都要挨揍。可是越揍他，孩子在外面打得越厉害。医生询问这位父亲才知道，这位父亲不仅经常打孩子，也经常打妻子。医生告诉这位父亲，孩子的行为正是从小从父亲那里学来的，是父亲的"言传身教"，使孩子错误地认为，"打"是解决人际问题的有效方法。

在现实生活中，有的父母对孩子缺乏耐心，看见孩子做错事，不是耐心地讲道理，而是大发脾气。有的父母情绪不稳定，时而高兴，时而发脾气，对待孩子的态度因自己的情绪变化而变化。这些父母

往往人际关系较差，敌对感较高，不能以正确的方式表达自己的情感，缺乏情感交流和沟通能力等等。这些不良的心理状况和不健康的行为，都可能被他们的孩子学习和仿效，甚至成为他们人际交往的方式、对待事物的态度和解决问题的手段，这对孩子的健康发展非常不利。

因此，在孩子的成长过程中，父母应该保持健康的心理状态，做到心胸豁达、乐观向上、积极进取，注重自己的一言一行，成为孩子的表率，这对孩子身心健康的发展具有很积极的影响。

另外，还要注意的是，作为父母确实需要花费大量的时间、精力和心思来照顾、教育孩子，但这并不意味着，父母必须把自己的全部身心都放在孩子身上。工作、爱好、身体锻炼、交往等等，一样都不能少。我们要做的是必须把时间安排好。特别是在对待工作的问题上，以照顾孩子为借口，玩忽职守的做法是不可取的。因为努力工作不仅能够给我们提供生活和教育孩子的经济资本，而且我们对待工作的踏踏实实、一丝不苟、兢兢业业的态度和在工作中取得的成绩，也是我们影响孩子的重要方面，是孩子努力学习、踏实生活和认真工作的必要榜样。

(3) 提升心理素质，做心理健康的父母

大量的临床心理学研究表明，孩子与父母的心理健康水平呈显著正相关。孩子心理问题的出现，很多是源于父母的心理问题。因此，要提高孩子的心理健康水平，父母提升自己的心理素质、保持自己的心理健康是非常必要的。

① 正确对待自己，保持良好情绪

家长应正确认识自己、悦纳自己，可以通过学习来提高自己的学识与才能，通过自身的行为来展示自己的才华，通过别人的评价和自身反思来认识自己。家长应以乐观的态度来对待现实，对自己的未来有明确的努力方向，在产生不良情绪时要学会宣泄、转移，消除不良情绪的干扰，保持良好的心境。

② 扬长避短，营造宽松、和谐的家庭氛围

每个人的性格特征不尽相同，每个人也都有自己性格的优势和劣势。在家中，父母都应注意自己性格的长处和短处，不但要做到扬长避短，而且要做到取长补短，发挥各自性格的优势，促使家庭心理气氛保持和睦、融洽，对孩子的性格形成产生积极的影响。

③ 掌握心理调试的方法，保持自己的心理健康

日常生活中，难免会遇到不顺心的事情，负面情绪的出现是不可避免的。家长应该直面自己的问题，懂得一些自我心理调试的方法，用适当的方式来宣泄、释放自己的负面情绪，尽量不要将自己的负面情绪暴露给孩子。家长可以通过避开孩子与其他家庭成员坦诚沟

通、可以通过身体锻炼、也可以通过寻找专业的心理咨询等方式来及时地解决自己的问题，保持自己的心理健康。

三、教养方式——请给孩子一个民主的家

在众多的影响孩子心理发展与心理健康的家庭因素中，父母教养方式被认为是一种重要因素，也是以往在家庭因素领域中研究较多的一个方面。父母教养方式对个体的心理发展、人格形成、归因方式及心理防御能力等都有极其重要的影响。教养方式的重要性不仅在于其对孩子心理发展和心理健康的直接重要影响，而且还在于它是家庭结构和家庭环境对孩子心理健康状况影响过程中的重要中介因素。

家庭教养方式究竟是如何影响孩子心理健康的？这是西方学者一直在关注、探讨的问题。前苏联、捷克、匈牙利等国的一些心理卫生学家经过多年的跨国研究后认为："家庭教养方式对保持和巩固心理健康有最为直接的关系，因为它能积极影响儿童的性格和个性……不正确的家教方式不仅是一个社会学和教育学问题，而且也是一个医学问题。因为由此而引起的一些个性品质（如易激动、情绪不稳定、内倾性格等）往往会导致病态的个性和神经官能症，而这正是引起许多其他神经——心理障碍的基本原因。"

（一）父母教养方式的类型

对父母教养方式的研究当推美国加利福尼亚大学的鲍姆令德，她根据研究结果提出了教养方式的两个维度：要求和反应性。要求，指的是父母是否对孩子的行为建立适当的标准，并坚持要求孩子去达到这些标准；反应性，指的是对孩子接受和爱的程度及对孩子的需求的敏感程度。根据这两个维度，结合中国青少年研究中心的多项全国性少年儿童调查，我国当代家庭的教养方式大体分为 4 种类型：溺爱型、专制型、放任型和民主型。

1. 溺爱型

> 四岁的明明和爸爸、妈妈、爷爷、奶奶住一起，他天生体质差，常犯哮喘，受到长辈细致的呵护和宠爱。在幼儿园中，好凳子是他坐的，画笔是他先拿的，排队是他排第一的，未达目的就发脾气、捣乱、躺地板。在与家长的沟通中了解到，由于孩子的身体以及祖孙三代同堂的原因，孩子备受家人的宠爱：奶奶腿脚犯风湿，上楼都不方便，却得抱明明上学；孩子打人、说脏话也无所谓；班级亲子活动中孩子做些无理的行为，妈妈笑眯眯地看着，却不制止……

溺爱型教养方式大多发生在“四二一”结构家庭，即祖父母、外祖父母四个人，父母两个人，再加一个孩子。孩子是全家的中心和焦点，大人对孩子充满了爱与期望，但对孩子的爱缺乏理智和分寸，忽视了孩子社会化的任务。家长过度包容孩子的行为和要求，无节制地满足、无原则地让步。孩子稍有不如意就哭闹不止，以蛮横胡闹来达到心理上的满足。再如：

> 南南的家庭物质生活条件很优越，加之他父辈弟兄三人，只有他这么一个宝贝儿子，全家人拿他当“小皇帝”侍奉。他要什么，就给什么，要怎样就怎样。每天非得买一件玩具给他，他才上幼儿园，否则就躺在地上打滚耍赖，直到达到目的为止，这种家庭环境使他养成了唯我独尊的行为习惯。

长期的溺爱型教育方式会导致孩子形成极度懒惰的作风，自理能力差，养成对旁人指手画脚、一切以自我为中心、不求进取、不努力的不良习惯。行为表现为：集体活动中自私、注意力不够集中、不服从、易冲动、对任何事缺乏动力。在心理发展上，孩子会无法形成健全的、积极的、自由发展的个性和人格，心理上难以成熟，易形成任性、幼稚、反抗、神经质等心理特征。自我控制能力尤其差，当要求他

们做的事情与其愿望相背时，他们几乎不能控制自己的冲动，会以哭闹等方式寻求即时的满足。对于父母，他们也表现出很强的依赖和无尽的需求。在学习上，总认为自己应该比别人强，如果竞争不过别人，就嫉妒别人。在生活中表现出任性、自私、为所欲为、好夸口、无责任感、无进取心等，最终造成在竞争日益激烈的社会里难以找到自己合适的位置，最终难以发展。

2. 专制型

有一个叫莉莉的孩子，父母离异，孩子判给了妈妈。妈妈全身心扑在孩子身上，工作之余就是面对孩子，陪孩子学这个学那个，下了课必须回家拉琴半小时，吃饭不能说话，不能爬沙发、不能玩男孩的抓跑游戏……孩子在幼儿园很文静，见人怯生生的，与老师交谈总是用点头、摇头表示，集体活动时总是排在最后，甚至不参与活动。

昱昱的妈妈是全职家庭主妇，爸爸是工人。妈妈寄希望于昱昱，希望他什么都比别人强，因而对孩子要求很严厉。孩子放学时，对孩子说的第一句话往往是："今天有没有干坏事，老师有没有批评你"。妈妈要求昱昱背三字经，背不会就打手心，不能吃饭、不能出去玩。昱昱在幼儿园不爱发言，不和小朋友沟通，但是上课时会捏附近小朋友的手臂，被老师发现后又不敢承认。

在溺爱型家庭里，孩子是中心，一切都围着孩子转，家长对孩子百依百顺。而在专制型家庭里却相反，家长要求孩子必须一切听从家长，用权力和强制性的训练使孩子听命。专制型的父母常对孩子实施"高压政策"，强调绝对服从父母的意志，对孩子的日常活动干涉过多，管教过于严厉，提出很高的行为标准，这些标准和要求甚至于不近情理，而孩子却没有丝毫讨价还价的权利。

专制型的家长对孩子态度生硬、方式方法简单，只从自己的主观意志出发，强迫子女接受自己的看法与认识，不考虑孩子的心理愿望，不考虑孩子自身的心理感受，用命令式的言行使孩子接受自己的看法和认识，经常以打骂、体罚来使孩子就范。从本质上看，这种抚养方式只考虑到了成人的需要，而忽视和抑制了孩子自己的想法和独立性。研究发现，这种抚养方式中成长的孩子表现出较多的焦虑、退缩等负面的情绪和行为。

这种教养方式下的孩子经常处于被动、压抑状态，缺乏自制能力，会形成两种截然不同的性格：一种表现为顺从、懦弱、缺乏自信和自尊、孤独、性格压抑、自卑、遇事唯唯诺诺，缺乏独立判断和处理问题的能力。如：

沫沫在家庭环境里接受的就是此种教养方式。在幼儿园，她对各项活动缺乏兴趣，动手能力极差，无论怎样耐心地诱导、启发、鼓励，还是变化不大，并且还存在一种容不下比她能力强的伙伴的不良心理障碍。针对这种情况，幼儿园老师到她家走访，了解到她在家里经常遭到她妈妈的打骂。她妈妈说："她的性格太倔，只有打了她，她才乖点。"像这样简单、粗暴的教养方式，严重地摧残了孩子的心理健康，也使孩子的心理活动处于不良状态。

另一种表现为逆反心理强、冷酷无情、有暴力行为。通常孩子在学习方面处于被动，成绩很差。更有些孩子在家里很听话，一到学校就欺负别人，违反纪律。

某村，张二是村霸，无人敢惹，他不仅横行乡里，经常打骂村里人，还经常打骂自己的儿子。他经常说的一句话就是："不行就揍死他。"教育儿子的唯一方法就是毒打。儿子在这样的环境下长大，已经把挨打当成了家常便饭，而且性情易怒、易躁、凶残。在校不好好学习，经常和别人打架。每天当打架回来，他父亲总是问："挨打了吗？""没有。""那

好！和别人打架，千万别挨打。你要是挨了打，咱们就吃亏了；你要是打了人家，没关系，爸爸替你顶着，顶多花几个钱就没事了。”这样的教育使孩子心理受到了极大的损害，有时，在家里挨了打，就在外面找人“出气”，终于发展到持刀行凶杀人、被判入狱。而他的父亲还说：“没关系，我的儿子还在，比被人杀了强多了。”

3. 放任型

无论是溺爱型家庭还是专制型家庭，都还是“爱”孩子的，但是爱的方式和教育的方式走向了极端。还有一种家庭教养方式是对孩子漠不关心、放任自流，称为放任型家庭。

有一个孩子叫鹏鹏，非常聪明、样子可爱，乖巧时让你别提有多喜欢，然而他在幼儿园的表现实在让人头痛：自由，任性，想干什么就干什么，从不受任何约束：上课时，发出怪声；吃饭时，把吃剩的骨头放进别人的碗里；睡觉时，在床上跳来跳去；游戏时，捣乱打人那是家常便饭；一犯错误被老师发现，他承认起错误来比谁都快，而且态度诚恳得令人感动，当然，再次犯错误的速度更是使人吃惊。经过了解后，老师发现孩子的妈妈在单位比较忙，爸爸常和朋友聚会，没时间陪孩子，就常无原则地买东西给孩子玩，常带孩子的外婆、外公、爷爷、奶奶根本管不住，孩子在家里常常是自己玩自己的，爱干什么就干什么。

放任型的父母认同“树大自然直”的观念，对孩子采取漠不关心、放任自流的教养方式。这种现象多存在于工作繁忙、交际应酬多、业余时间少的父母身上。还有的父母因为贪图个人享乐，很少抽时间与孩子交流沟通，忽视孩子的内心世界和需要；对孩子的行为与学习不感兴趣，也不关心，很少去管孩子。这种教养方式，导致父母与孩子缺乏交流，对孩子的各种言行了解甚少，即使孩子有不良行为也不加干涉或过分迁就。

对孩子放任自流的结果是复杂的。对于有良好自我管理能力的孩子，“放任”就意味着自由宽松的环境，孩子反而能健康成长。但大多数情况下，由于与父母之间的互动很少，他们中出现适应障碍的可能性很高。放任的孩子易表现出冷酷、攻击性强、情绪不稳定等心理与行为问题。

4. 民主型

珠子，一个6岁的小女孩，聪明机灵，学什么像什么，有广泛的兴趣，画起画来神采飞扬，写起字来有板有眼，性格开朗、活泼，有同情心。小姑娘自小由父母自己教养，父母在教育问题上很重视，让孩子先说“我想学这个本领”才进行兴趣培养，并分工合作，重视孩子习惯的培养；对待孩子的教育问题格外认真，对孩子有一定的纪律要求；同时，还让孩子参与商量家庭大事，如家里买什么样的摩托车，今天全家有什么活动，给过生日的奶奶选什么礼物等。

在多数情况下，这是最有利于孩子成长的抚养方法。这种教养方式一般多见于父母文化素质较高的家庭。

民主型家庭是积极向上的，父母给孩子自由发展空间，平等地对待、尊重和信任孩子，能与孩子相互沟通，交流各自的看法，鼓励孩子上进。对孩子的活动往往采用循循善诱的方法加以引导，孩子可以按照自己的爱好和兴趣发展，父母也为孩子的发展提出建议，理性地指导孩子成长。对其缺点错误能恰如其分地批评指正，以提高孩子的认知能力。父母遇事总是先给孩子讲道理，从不打骂。即使有时候父母错了，也会真诚地向孩子道歉。

在这种家庭里，父母会根据孩子的年龄特点和个性发展给予一定的社会知识和文化知识的初步训练。这种类型的父母对孩子提出合理的要求，对孩子的行为作出适当的限制，设立恰当的目标，并坚持要求孩子服从和达到这些目标。

心理学家发现，在这种教养方式下成长的孩子，社会能力和认知能力都比较出色，在掌握新事物、与同伴交往过程中表现出很强的自信，具有较好的自控能力，并且心境比较乐观、积极，社会成熟度较高，学习上更勤奋，学业成绩也较好。

我国心理学家曾对北京大学和清华大学的60名高考状元进行调查，结果发现，几乎所有高考状元的家庭都属于充满温暖与理解的民主型家庭。

（二）给父母的建议

综上所述，民主型的家庭教养方式最有利于孩子的心理发展和心理健康，作为父母应该努力提高自己的教养水平，用“自由、民主、宽容”的教养方式为孩子提供一个民主的家。

1. 态度一致，形成合力

在家庭中，一般情况下，不止有一个教养者。核心家庭中，有父亲和母亲，而在主干家庭或联合家庭中，除了父亲母亲外，还有祖父母或外祖父母。合理的家庭教养方式，首先要求教养者的态度要一致，避免出现有人批评又有人表扬、有人给孩子立规矩又有人怂恿孩子破坏规矩的教养态度和方式。

父母对待孩子态度不一致，孩子就不能正确认识自己的行为是对是错，很不利于孩子形成正确的价值观、世界观。这种教育态度的不一致，使家庭内部缺乏稳定感，导致孩子情绪不稳定，容易恐惧、焦虑、自卑，易发不良行为和心理疾病。

一致与否的教养态度和方式，还表现在某个教养者身上。对于父亲或母亲，在不同的时间、不同的场合、不同的事情上，也要求做到态度一致。

有的父母在对待孩子的态度上随心所欲，今天父母情绪好，对孩子就放纵些、宽容些；明天情绪不好，对孩子就严厉些、专制些。教育态度以父母的情绪为转移，教育方式多变，导致孩子无法分清自己行为的对错，同样容易导致孩子产生恐惧、焦虑、情绪不稳定，易自卑等。

2. 以身作则，合理管束

研究父母教养方式最著名的心理学家——美国的鲍姆令德认为，对成长中的孩子，适当的行为管束是必要的。我国也有俗话说“没有规矩，不成方圆”，父母对子女要立下合理的规矩，通过这些规矩去管理、约束孩子。

与专制型的父母教养方式不同的是，民主型的教养方式所订规矩和要求是合情合理的，是父母跟孩子一起制定的。而且非常关键的一点是要说到做到，要坚持遵守，尤其是父母要以身作则。对子女行为要求、价值判断标准要前后一致，能使子女做有标准、学有榜样，做错了还会受到批评。对年幼的孩子，家长要解释说明为什么有些行为是可以接受的，而有些行为是不能接受的。

3. 尊重个性，合理期待

适当、合理的期待有利于孩子心理健康的成长。为孩子设计的发展目标要充分考虑孩子的自身条件，使孩子有充分的个性发展空间、宽松的心理环境。

任何超负荷的压力都会带给孩子消极、胆怯、被动的负面影响。父母对孩子的期望应是长远目标和阶段目标相结合。首先要着眼于孩子本身的特点，要孩子经过努力能够得以实现，不能高于子女的能力，也不能低于子女的能力。其次要考虑到实现目标的可能性，期望目标要有远景性和近景性，如孩子长大想做什么，这是远景性目标；那么，从现在起应该做些什么，这是近景性目标。为了实现近景性目标，就要提出具体的要求，这要求可以由低至高，低要求实现后给予鼓励，让其体验成功的喜悦，树立信心，再提出高要求。逐步升级以实现预期目标，并且将父母的关心、爱护渗透其中，就会使孩子从父母美好的愿望中吸取力量、不断进取，从而促进良好心理的形成。

4. 沟通情感，循循善诱

父母在繁忙的工作之余，留点时间陪陪孩子，经常与孩子在思想、情感上进行沟通，建立起信任、和谐的亲子关系，这是良好家教效果的基本条件。父母同孩子的关系，既是长辈和晚辈的关系，又是朋友关系。孩子对父母应当尊敬、体谅、爱惜；父母对孩子更应当尊重、信任、爱护、帮助。

当父母同孩子之间意见不统一或产生矛盾时，应在平等、信任的基础上，采用民主协商的方法，耐心启发，动之以情，晓之以理；当孩子出现过错时，父母应循循善诱，说明是非善恶，解释行为意义，让孩子心悦诚服。家长要充分相信孩子的潜能，他们或许有意想不到的为人处事等方面的能力。因此，无论生活上、学习上，父母都应当给予孩子更多的启发性帮助。

5. 感受关爱，承受挫折

孩子最需要的心理营养素就是“爱”。作为父母，一方面，需要努力给孩子营造爱的氛围，在生活的细节上通过细致入微的关爱，传达父母对子女的爱，让孩子感受家庭的温暖、和谐，从而使孩子自觉地热爱自己的父母，进而自觉地热爱身边的人、热爱集体；另一方面，对孩子进行恰当的挫折教育，让他们从小就能不断经历一些小逆境，锻炼孩子的心理承受能力和心理平衡能力，增强平等竞争意识，提高良好的社交能力及合群、协作的素质。

四、亲子关系——请给孩子一个亲近的家

2002 年深圳市教育局做了一项有 5500 名中小学生参加的德育状况调查，其中有两个选项：你最崇敬的人是谁，对你影响最大的人是谁。这两个题目其一有 8 个选项，其二有 10 个选项。对于最崇敬的人，中学生把文体明星放在第一位，小学生把科学家放在第一位；对于影响最大的人，中学生把朋友放在第一位，小学生把伟人放在第一位。除了排名在前的之外，调查者还想知道，其中父母被放在了第几位。

一个出人意料的结果是：在有效的中学生问卷和小学生问卷上，调查者没有找到一例“父母”！不仅如此，在所有选项中，连“其他”、“没有”都有人选，唯独没有人选“父母”！

毫无疑问，父母是对子女影响最大的人之一。应该说，家长关爱

子女，子女孝敬父母，学生视父母为最崇敬的人和对自己影响最大的人，合情合理，那么为什么被调查学生中竟然没有一个人选择父母呢？这个问题更深入一层思考的是：我们的亲子关系怎么了？

(一) 亲子关系对孩子心理健康的重要作用

亲子关系是指父母与子女之间相互作用的过程与关系状态，它在很大程度上反映出整体的家庭关系或家庭氛围状况。在亲子关系与心理健康的关系上，英国精神病学家鲍尔比的研究引人注目。他发现，在教养院和孤儿院长大的儿童，经常表现出各种各样的情绪障碍问题，包括不能和别人建立亲密持久的人际关系。于是他得出结论：儿童心理健康的关键在于和谐而稳定的亲子关系。他说："心理健康的关键是婴儿和年幼儿童应该与母亲(或稳定的代理母亲)建立一种温暖、亲密而持久的关系，在这种关系中婴儿和年幼儿童既获得满足，也能感到愉悦。"

我国也有研究证实了鲍尔比的结论。有人曾对我国北方地区在婴儿时期缺乏亲子接触达 12～18 个月之久的 70 名儿童进行研究，结果发现，与正常儿童相比，早期缺乏亲子接触的儿童平均智商要低 20 分左右，且这种消极影响没有随年龄的增长而减少，即具有恒久性；早期缺乏亲子接触的时间越长，这种消极影响也越大，如果时间超过两年，则将对个体的身心健康带来不可逆转的影响。

鲍尔比强调的是儿童早期亲子关系对心理健康的重要影响，这并不是说在儿童以后的成长时期亲子关系的质量对心理健康无足轻重。同样有研究表明，在青少年时期，随着剧烈的心理与生理的变化和发展，维持良好的亲子关系，对青少年的心理健康同样至关重要。

我国一项对 22 个城市 14013 名儿童青少年的协作调查结果显示，对儿童青少年行为问题影响最大的因素是家庭关系中的亲子关系。据对上海、广州、北京、郑州及西安五市 550 个家庭、共计 1493 名大中学校及治疗机构的患者的调查，结果发现亲子关系对子女行为异常的影响极其明显，其中父母对子女的理解以及子女对父母的满意度与子女行为异常的关系最为密切。亲子关系的恶化与子女异常程度的提高密切关联。这说明不良的亲子关系是子女出现心理问题的重要影响因素。亲子关系不良将导致子女的回避行为、孤独症、攻击性行为和犯罪行为。

（二）亲子互动与沟通——建立亲密亲子关系的绿色通道

亲子互动也叫亲子沟通，指父母与子女在观念、情感和行为上的交流与沟通。良好的亲子互动表现为亲子之间有较亲密的情感联系，能够平等、愉快地交流观念，有一定数量的共同兴趣和活动。较差的亲子互动则经常表现为亲子冲突或缺乏交流，在数量有限的交流中亲子之间较多地表现出消极情绪或攻击性，双方通常持有不同甚至相反的观念，而双方又因较少交流而产生误解和矛盾。可见，不良的亲子互动或缺乏互动将带来亲子间更多的冲突，而使亲子关系恶化，进而导致更少的沟通和互动，使亲子互动陷入恶性循环中。

国内外研究已经发现，亲子沟通在孩子的发展中扮演着非常重要的角色，对孩子的自尊、健康行为、应对行为及青少年性行为、抵制加入社会不良团伙等行为都有重要的影响。例如，在一项对536名受审的男性白人和黑人的研究中，研究者发现，这些人报告他们与父母有较强烈的、公开的和攻击性反叛，甚至冲着其父母喊叫、咒骂和殴打。请他们提出在他们生活中最重要的三个人的时候，更可能把自己的母亲排除出去，他们有不良的母子关系。另有一项对11000名中学生的研究结果表明，参加不良团伙的青少年比不参加不良团伙的青少年感受到的家庭亲密感更少，家庭成员间彼此表达积极情感较少，而有较多的被动消极情感。

有研究表明，父亲如果有充足的时间与孩子进行各种话题的沟通，将能改善其同伴关系；母亲与孩子沟通的态度对改善孩子的同伴关系有重要作用，如果母亲能够很感兴趣地、耐心地与孩子进行交

流，这种沟通模式会迁移到孩子与同伴的交往中。而且，父母与孩子沟通时间越长，孩子越少有行为问题，心理健康水平也就越高。

然而，目前在我国，工作和生活节奏日益加快，家庭成员在一起的时间越来越少，这就有可能导致孩子的各种心理与行为问题。孩子没有时间或者不能以积极的方式与父母沟通，发生较多亲子冲突，不能把自己的烦恼、困惑和苦闷说出来，日积月累，就会出现一些违纪行为(或反社会行为)，如破坏自己和别人的东西、不听管教、说谎、欺负别的孩子、偷东西，或者出现神经症行为，如经常烦恼、抑郁、肚子疼、呕吐、害怕新事物和新环境、睡眠障碍等。

【小贴士】 目前亲子互动的现状

1. 孩子们的心声：

(1) 家长总是以为自己是对的，从来不听我们的意见。

(2) 家长总是认为我还是小孩子，对我总是管头管脚，不放心我自己去做什么，我觉得没有自由。

(3) 家长的观念陈旧保守，常常和我意见不一，无法交流。

(4) 家长只关心我的学习，总担心我不努力学习，其实我可以自己管好自己。

(5) 家长对我不信任,总是拿我和过去的人比或者拿我和其他人比。

2. 家长的心声:

(1) 我的孩子回到家里总是不和我们交流,我们根本不知道他在学校里面怎么样,他的心里想什么?所以我只好猜,有时偷偷去了解他。

(2) 我的孩子已经16岁了,他总说我把他当小孩子,老是不放心他。其实他的确是什么都不会做,言行举止、思维方式都是孩子式的,你叫我怎么放心得下?

(3) 我在社会上吃了很多苦,都是因为我没有太多文化,看着周围那些有文化有能力的人轻轻松松过好日子,我希望我的孩子将来也能和他们一样,不要像我吃太多的苦,所以我总是要求他努力学习。他说我管得太严,但是只有他现在努力学,将来才可能过得好。如果我还可以再有一次人生,我一定会选择在年轻时吃点苦。

1. 亲子互动的时间与频次

积极有效的亲子互动的前提是必须进行互动。也就是说,首先要保证亲子互动的时间和频次。那么在这个问题上的现状如何呢?在一项对上百名家长和中小学生进行的问卷调查和采访中,接受调查的家长都认为自己与孩子沟通少、了解少。

"我们工作比较忙,没有足够的时间带孩子到户外游戏。"

"平时谈心的机会很少,与孩子缺乏沟通。"

"不知孩子在外面的表现,怕他在外面交上坏朋友。"

这说明家长已经意识到自己与孩子缺少沟通和交流。

对孩子的调查也发现,有28.7%的父母和孩子在一起的时间比较少,而能和孩子一起参加活动(比如外出游玩、锻炼或劳动等)的父

母就更少了——只占总数的15.7%，有半数以上(52.5%)家长很少和孩子一起活动。

很多家长不知孩子在想什么，而沟通与交流是了解孩子的主要渠道。但调查显示，只有30.7%的父母“经常”和孩子聊天或交流想法，另有32.8%的家长和孩子之间则“很少”交流，这也注定了家长不可能非常了解孩子的想法。调查结果也证实了这一点，34.8%的孩子觉得父母“不了解”自己的想法。

另外一项对广州市550名14～16岁中学生的调查结果显示，每日父子交谈的时间少于15分钟的占44.5%，每日母子交谈的时间少于15分钟的占32.5%。可见，每日亲子交流的时间并不多，特别是父子之间的交流更少。

由以上调查可见，目前在很多家庭中，亲子互动的时间和频次非常有限，而且存在孩子越大互动和沟通越少的状况。

我们建议，孩子在三岁之前，无论主要看护者是谁，爸爸妈妈都要保证每天2个小时的有效亲子互动时间。孩子三岁到五岁上幼儿园期间，爸爸妈妈每天要保证1个小时以上的有效亲子互动时间。孩子六岁上小学以后，直至初中、高中期间，家长要保证每周2～3次的有效亲子互动时间。

2. 亲子互动的内容

亲子互动的频次和时间可以在一定程度上反映家庭成员的沟通情况，而真正的互动并不仅仅指两者都在说话或都在做某一件事情，而在于信息和情感的真正交流。

现实情况如何呢?

在对儿童青少年“家庭成员共聚时都在做什么?”的调查发现，主要的活动是“在家里吃饭”(30.7%)、“看电视”(26.8%)和“上街饮茶或吃饭”(15.9%)，其他依次是“逛街”(10.7%)、“到亲友家里聚会”(9.1%)、“户外活动”(4.6%)、“看电影”(0.7%)。可见，家人在一起主要是吃饭和看电视，彼此之间的沟通交流并不多。

在亲子沟通过程中，如果双方观点、意见不一致，就有可能发生亲子冲突，对亲子冲突的内容的调查可以使我们从另一个角度了解到亲子互动和沟通的内容是什么。

关于亲子冲突的研究表明，亲子冲突最多的三个方面是学习、生活和家务，交友、花钱、外表、家庭成员关系等居中，而冲突最少的是隐私。但随着孩子年龄的增长，亲子之间有关隐私的冲突将逐渐增加。

同时，父子和母子在冲突内容上有很大的差别。父子冲突最多的方面是学习，而母子冲突最多的是日常生活的安排。这可能与父亲和母亲在子女教育上的分工有关：父亲一般负责孩子的学习，而母亲则更多地关心孩子的日常起居。

亲子互动中学习是家长和孩子共同关心的焦点，同时学习问题也是亲子冲突最多的领域。现实调查中，63.5％的孩子认为家长对自己的学习要求“比较高”，19.6％的孩子认为“非常高”。那么，在这样的要求和期望下，父母是如何就学习问题与孩子进行互动的呢？只有31.7％的家长指导孩子的学习方法，27.7％的家长不管孩子，39.6％的家长只是督促孩子完成作业。

对中小学生来说，尤其是小学生，学习缺乏自主性，需要家长的

监督。理性的家长明白应该帮助孩子发现并逐渐掌握一种适合自己的学习方法，养成良好的学习习惯，不急于看成绩高低，因为比学习成绩更重要的是对学习的兴趣和态度。

如果家长能在孩子需要时给予一定的辅导，在力所不能及的情况下给予一些情感支持，就能够保证孩子不失去对学习的兴趣，不放弃对知识的探索，不畏惧发现自己的无知。这才是亲子沟通中家长对孩子学习的最大关怀。

事实上，亲子互动的内容除了学习之外，还应该有更丰富的内容，从在学校生活中的师生交往、同学关系、兴趣爱好，到家庭生活中的家务劳动、时间安排、生活习惯、身体锻炼、娱乐方式、花钱理财、穿衣打扮、对外交往，再到对社会生活中的各种事件的看法，这些都可以成为亲子互动和沟通的内容。

另外，亲子互动的内容除了与孩子各方面紧密相关的，还可以与孩子交流父母的工作压力、生活烦恼，交流与家庭相关的重要决策等等，使亲子互动成为家长与孩子双方都受益的成长通道。

以上所列出的亲子互动的内容，其实可以看做是亲子心理互动的载体。父母与孩子之间交流这些内容，可以增进彼此之间的了解。但父母需要注意的是，在与孩子的沟通过程中，还要透过现象重本质，透过信息重心理。亲子之间在信息互动的过程中，如果彼此能够感受到情感上的相互理解、心理上的相互支持，孩子才愿意把身边发生的事情和遇到的问题及时向家长倾诉。

3. 亲子互动的方式

有了亲子互动的时间和内容，还要注意互动的方式。用父母和孩子都能够接受或喜欢的方式来互动，才会达到预期的效果，否则就会变成亲子冲突。

在对当前中小学生和家长的亲子互动现状的调查发现，在实际的互动中，孩子和父母对于交流和沟通有着不同的理解。孩子渴望双向的交流，一方面自己向父母敞开心扉，让父母了解自己；另一方面希望父母能平等地“交换心事”。例如，孩子们说：

“我觉得他们不了解我的心情。”

“我希望爸爸妈妈多了解我一点儿。”

“爸爸妈妈有事总是不跟我说，还骗我。”

而在现实生活中，父母经常的做法是：提要求多于听反馈、批评多于表扬、从孩子那里“索取”信息多于向孩子袒露心迹、下命令多于解释原因。从调查中的一个问题也可看出这种不良的沟通和互动模式。对于“爸爸妈妈要求你做事情时，给你解释原因或告诉你为什么吗?”，有39.0%的孩子回答“很少”，34.8%的孩子回答“比较多”，26.2%的孩子回答“经常”。

知道为什么要做一件事情是孩子的权利，但现实中很多家长却在无形中剥夺了孩子的“知情权”。许多家长在自己解释少的同时，还在沟通中抢夺了孩子的部分话语权。很多孩子在接受调查时说：

“我觉得应该让我说说对事情的看法。”

“我做错事不给我解释的机会。”

“对我要求太高，说话语气太硬，没有商量的余地。”

在沟通与互动中，同时存在情感、观念和信息的交流，有研究者据此提出了亲子沟通的两种主要的方式：关系定向沟通和观念定向沟通。

关系定向的沟通强调孩子在与父母的沟通中要注意与父母保持良好的关系，而不重视沟通问题本身的是非曲直。在关系定向的沟通中，孩子知道不可以对父母的言论质疑，要维护父母的权威，要维持与父母之间的良好关系。

观念定向的沟通倾向于关注问题，在沟通时父母鼓励子女提出不同的意见，不惧怕家庭成员之间的分歧，更注重讨论问题本身。在观念定向的沟通方式中，孩子经常就讨论的问题发表意见和看法，积

极地参与争论，而不考虑自己的言论是否与父母的观点不一致，是否会因此产生争论而影响和父母的关系，很少会因为要与父母维持良好的关系而隐瞒自己的观点。

对于父母和孩子来说，关系定向的沟通模式意味着父母运用权力强化孩子服从父母的外显行为，而观念定向的沟通模式意味着父母鼓励交谈，并开放地表达思想和感情。关系定向的沟通中，所维持的良好亲子关系是表面的，平静的表面深处暗流涌动。这种亲子关系就如同一个外表美丽但核心腐烂的苹果，中看不中吃，很不实惠。

观念定向的沟通，就是我们俗语中讲的“对事不对人”。在互动与沟通中，将对事情的讨论与亲子之间的感情区分开来，父母和孩子都不把对方对具体事情的反对意见看成是对自己的反对。在这种互动中，父母不会用自己的权威压制孩子、追求孩子的表面服从。父母鼓励孩子大胆提出自己的观点和意见，积极地参与争论。父母也不会为了讨好孩子，一味地认同他，而是把孩子需要解决的问题和家长与孩子的亲密关系分开，比如学习和亲密关系是两回事，不会说你不好好学习就不是我的儿子。

由此可见，观念定向的沟通方式更能培养出活泼、乐观、有主见、有胆识的孩子。那么，如何做到跟孩子进行观念定向的沟通呢？我们建议父母应做到以下几点：

(1)“平等”——孩子与父母是平等的家庭成员

平等就是“你重要，我也重要”、“孩子在成长，父母也需要成长”。在多数情况下，父母对孩子的行为过多地指指点点，其背后的心态即是父母跟孩子是不平等的，父母是家庭的主宰，因而总是以长辈、教育者的身份出现在孩子面前，时常摆出严厉的面孔。这样孩子就不敢或不愿意与家长交流，从而变得沉默寡言。这也是我们所说的“代沟”产生的原因之一。

父母应把孩子放在平等的位置上，设法设置一种孩子乐于敞开心扉的民主家庭氛围，尊重孩子的自尊心，尊重孩子的正确决定和选择，鼓励孩子无拘无束地同父母探讨问题、提出意见。家长在其间可给予正确的点拨，这样孩子将会在积极的期望和适时的激励下倍加努力，健康成长。如果父母在和孩子相处中能在坚持自己原则的同时也尊重孩子的需要，那么孩子就会体验并学会“平等待人”，将来走出家门，对别人就会不卑不亢，受人尊敬。

(2)“宽容”——允许孩子犯很“傻”的错误

在孩子成长过程中，会遇到很多事情，他们往往以孩子自己特有的方式来处理这些事情。而很多时候，家长则以成人的眼光，对孩子的所作所为进行过多地批评、指责甚至打骂，这样孩子就会产生逆反心理、敌对行为，其结果是直接影响孩子的身心健康。

作为家长，要保持良好的心态，表现出家长的大度和宽容。允许孩子犯每个年龄可以犯的错误，临床心理学家发现，犯这样的错误的结果往往是好的。要允许孩子犯一些看起来很“傻”的错误，这些错误是孩子成长的资源，而不是障碍。

孩子受挫败没关系，痛苦是每个人必然会感受到的情绪，孩子没

有过痛苦，那就有可能在以后的生活中被痛苦所打倒，经历了才能学会管理和释放情绪。家长过度地保护倾向，以及犯错之后父母的代替承担的倾向，养成的只能是孩子的不负责任、率性做事以及无力承担挫折的性格。

只要孩子不做危险的事情，不违背基本的道德伦理，就应该允许孩子做自己想做的事，培养他们的爱好、特长，孩子只有在宽松的环境中，才能充分发挥自己的潜能。

(3)“交换”——亲子互动是双方的

与孩子沟通，首先是为了深入孩子的内心世界，了解孩子心中的所思所想，而后“对症下药”给予适当地引导，使孩子健康成长。而仅仅如此是不够的，因为那只是单向性的。

与孩子沟通，还要向孩子敞开自己的心扉，让孩子了解父母，了解父母的所思所想，理解父母的愿望，感受父母的喜怒哀乐，争取孩子的信任和理解。这不仅能帮助家长真正成为孩子的朋友，而且有助于家长更好地引导孩子成长。

(4)“支持”——无条件地接受孩子

有些时候，父母的支持对孩子而言意义非凡。支持就是无条件地接纳孩子。通常孩子表现好的时候，父母很容易做到这一点；而在孩子受挫、被老师同学排斥、最需要关怀的时候，父母反而很吝啬给予支持。

有一位高中男生曾经给某媒体的心理咨询专栏写来心理咨询信，他在信中写道：“从小学到高一前夕，我一直是学习上的佼佼者，老师的得意门生，同学们的敬佩之人，父母听话的好儿子。但是，如今我堕落至极：刚进入高中，我就跟班上的一位才貌双全的女生谈起了恋爱，我的学习成绩全年级第一，她第二，同学们都说，我们是天生一对，地造一双。可是，从此我的成绩直线下降，降到20名。老师问我怎么回事，我只掩饰说近期身体不适，将老师蒙骗过去。还有一个难于启齿的问题，就是女友怀孕了。我们不敢告诉父母，更不敢去医院做流产；幸好才一个月，女友的肚子没有变大，否则原形毕露。心理医生，快救救我们。如不能找出很好的方法使女友做人流，我们只有永远睡去了。”

虽然，专栏主持人立即给他回信，但并未能挽救他和女友的困境。不久以后，这个男生来信说，因为他和女友的事情被某同学“泄密”，他们受到学校留校察看处分，在学校抬不起头来。他们的父母知道了事实真相后，更不能原谅他们的错误，表示不再供他们上学读书，并将他们赶出了家门。两人被迫无奈，只好离家出走“私奔”了，目前靠艰难的打工养活自己，共同的命运也使他们二人相依为命，小小年纪就同居了。他们在信中说，打工的年轻人中，这样的例子并不少见。可今后他们怎么办？

另外一位妈妈的做法与以上高中生父母的做法截然不同，因此对孩子的影响也就有天壤之别。

有一期电视节目采访了一位妈妈，谈她的育儿心得，妈妈说了 4 个字：信任支持。她说了一件事，很有启迪作用。她女儿叫盈盈，青春期到来，身体发生了很大变化，正好升初中，进了一所新学校。盈盈对学校的环境不适应，老师因为一件小事很重地批评她，盈盈一直是乖乖女，觉得老师这么说她是小题大做，不公平，就想让保守的老师难堪。她走出校门找了家发廊，把飘逸的长发剃成板寸；又在一只耳朵上打了 3 个眼，戴上耳钉（另一只耳朵未打）；还戴了鼻环。第二天一进校门就被检查仪表的老师赶出来了。盈盈当时就一个念头：“如果爸妈今天管我，就立刻离家出走。”

回家看到妈妈正在接校长的电话，听完妈妈和校长的

对话，盈盈感动得哭了，顷刻间打消了出走的念头。她摘下耳环、鼻环，戴上假发，穿上校服，静静地和妈妈去了学校。妈妈到底说了什么，把盈盈感动成那样？

妈妈说："校长，我知道你是学校的带头人。全体师生都要你管理，责任重大。不让盈盈进校是出于校规校纪的考虑，我理解。但是女儿从小到大什么样，我比任何人都清楚。她以前从来没有出现过这样的事。虽然感觉有点突然，我还没有跟她见面交流，但我相信女儿这样做一定有她的原因，作为父母，恳请您再深入调查。"

即使女儿行为出格被学校赶出来了，让父母丢了面子，妈妈也没有迎合校长的权威诋毁女儿，而是以自己对女儿的了解，为盈盈争取权益。那份信任和接纳是无条件的。妈妈说："人一生要经历多少事啊，如果没有支持早就垮啦！父母都不信任孩子，孩子怎么能对自己有信心呢？"

【小贴士】 孩子不喜欢的三种亲子沟通方式

研究者发现，孩子与父母的沟通存在一种稳定的方式和倾向，不良的沟通方式对孩子人格的形成与心理的发展有不良影响。有人曾从家庭成员的情感沟通方面总结出三种不利于孩子心理健康的沟通方式。

(1) 指责埋怨型沟通。指责埋怨型沟通使家庭问题往往在相互指责和埋怨中不了了之，问题最终并未真正解决。家庭未解决事件越多，家庭生活就越沉闷或紧张，甚至危机四伏。这是一种很具破坏功能的家庭沟通模式，处于其中的孩子要么逆来顺受，要么逆反、攻击性强。

(2) 迁就讨好型沟通。迁就讨好型沟通的家庭，家庭成员之间缺乏一种真挚的爱，而且会使孩子养成一些依赖而又固执、软弱而又任性等不良人格特点。孩子在这种沟通模式中，更容易形成的是任性，只要父母迁就自己，自己却很少迁就父母。

(3) 唠叨啰嗦型沟通。唠叨啰嗦型沟通主要表现在母亲以及一些过于关注琐碎事件的父亲身上。一般情况下，这样的父母不太关心别人真正的情感，自己被许多意义不大的琐事缠绕，给孩子的感觉是唠叨、烦人。这种沟而不通的表现是表面上双方都在说话，而且可能持续较长时间，但信息根本没有交流，反而会造成孩子出现逆反和抵触的心理。

4. 亲子互动的技巧

在亲子互动过程中，除了要注意在心态上跟孩子“平等”、对孩子“宽容”，注意亲子双方的信息交流、无条件支持孩子之外，在具体的亲子互动过程中，还可以尝试运用以下技巧：

(1) 先假定他是个好孩子

孩子在成长中会犯很多错误，要用发展的眼光来看。有的家长会把孩子过去和现在的错误无限地延伸到未来，无限地加重自己的忧虑。比如小孩子和幼儿园同学打架了，就被家长认为有暴力倾向。

如果用某种特有的眼光看孩子，我们心中就会产生一个求证的过程，我们认为孩子是个“坏孩子”的结果就是孩子会变坏。我们要先积极地假定自己的孩子是个好孩子，这会给孩子内心以力量，即使孩子不受同学欢迎、被老师批评，我们也要给孩子雕刻出一个优点。即使他没有，也告诉他有。不要局限于眼睛所看到的真实，而要在内心建造一个“内心的真实”来引导孩子。

(2) 倾听

倾听有时比费尽心机地说教更有力量。“听”的含义是：不但要用耳朵，眼睛还要注视对方，讲述过程中不一定非要用很多话回应对方，身体语言也可以。比如点头，“嗯”、“好”、“好吧”、“你接着说，我

在听”，这些都可以向对方传递你对他很专注。

有些父母说，孩子从来不聊他在学校发生的任何事，那有可能是某一次或者某几次孩子愿意跟父母交流的时候，父母用了各种各样自己都没意识到的身体语言，向孩子传递了根本没耐心听他说话的感觉。孩子最后就不愿意跟父母交流了，因为他不想“对牛弹琴”。

丽丽每次都会把试卷交给父母签字，但是有一次全区统考数学，她不及格，不但挨了骂，还被父母扣了一星期的零花钱。丽丽觉得老老实实给父母看成绩单很失策。

先是报喜不报忧，好成绩拿回来，不好的悄悄藏起来，再后来什么成绩单都不拿回家了。直到开家长会，老师说：“好多次要父母在成绩单上签字，丽丽都没送回来。”

父母听后很愕然。

丽丽却很委屈：“其实数学没考及格那次，全班总共才有两个人及格，一个是数学课代表61分，一个是年级第一名63分。那次区统考特别难，我虽然没及格，但我这58分也是全班第三名呢。可父母不等我说完，咔咔就把卷子撕了。

我觉得特别气愤，也特伤心。一个人待在屋里大哭了一场。爸妈太不通人情了，只认分数，他们难道不明白我拿到卷子的时候自己也特难受吗？他们不但没有安慰我，还劈头盖脸一通骂，象这样打死我都不愿意拿成绩单现眼了。”

(3) 澄清

一位记者问一个孩子：“假如你和父母乘私人飞机去旅行，途中燃料不够，这时，机舱里只有一个降落伞包，你会怎么做？”

孩子说：“我会马上穿上降落伞包跳下去。”

读到这里，大家觉得孩子“自私”吧？

记者追问：“你跳下去后会怎么做？”

孩子说：“我去找燃料，回来救爸爸妈妈。”

有时候，孩子说一句话，如果你不能确定他（她）的真正用意，不妨问一下：“你刚才说的，是……这个意思吗？”这样，可以避免误解或曲解孩子善良的用意。

小勇有天回家说：“妈妈，今天我在学校跟别人打架，不小心把同学眼镜打碎了，要赔。”妈妈一听就火了，指着小勇嚷：“天天教育你礼貌待人，到了学校就惹祸。把人家眼镜打烂了吧？除了眼镜，是不是还要我赔医药费呀……”没听完妈妈的数落，小勇就不耐烦了：“就知道你会这样！”生气地扭身出去了。

其实小勇在学校碰到的情况是：班里有个小霸王经常欺负同学，那天小勇被小霸王堵在墙角：“嘿！哥们儿，借点儿零钱花花。”小勇觉得这是校园暴力，不肯向小霸王屈服：“没钱！”小霸王生气了：“没钱你就找抽吧！”于是两人打起来，小勇打碎了小霸王的眼镜。但是妈妈没了解清楚情况就妄下结论，一下就把小勇的话给憋回去了。小勇觉得妈

妈根本不相信他的为人，再也不想跟妈妈交流了。

(4) 共情

“共情”是心理学中的一个术语，也就是日常所说的对他人设身处地、感同身受的能力。共情要求父母在事情发生的时候，先去体会孩子的情绪，给予理解和支持，而不是直接去点评事情的结果，说上一大堆斥责的话。

孩子在沮丧的时候，听了父母的斥责就会更加手足无措。首先，当孩子的情绪未恢复正常的时候，即使父母说的每一句话都千真万确，孩子也听不进去；其次，当父母对孩子的某种行为予以指责的时候，通常都是以否定的形式来传递信息，对孩子来说没有任何意义，甚至还会起反作用。

比如：小英很晚才回家，作为家长，你会怎么跟孩子说？

如果你能这样说：“当你很晚还没有回来时（澄清事实），我觉得很担心（表明感受），下次如果你晚回来，希望你能打电话给我（提出希望）。”

那么孩子就能比较愿意接受你的意见。

(5) 引导

> 一位妈妈曾幽默而又无奈地开玩笑说：“我给我们家儿子起了一个名字，叫‘两字先生’，因为无论我问他什么问题，他几乎总是用两个字来回答我。例如，我问他‘今天在学校怎么样呀’，他会回答我‘还行’；我问他‘今天数学竞赛怎么样呀’，他会回答我‘挺好’……”

是的，父母在与孩子沟通时经常会碰到这样的问题，父母问一句，孩子答一句，并且孩子的回答非常简短。面对孩子这种无话可谈的现象，爸爸妈妈该如何应对呢？

其实，方法并不难，只要父母掌握一些提问的技巧就好了。例如，如果妈妈直接问孩子：

“你今天在学校都干吗了？”

那孩子肯定会这样回答妈妈：

“什么都没干。”

但如果妈妈这样问孩子：

“你能告诉我今天在学校发生的两件事吗？”

那孩子的话题很可能就会滔滔不绝了。这就是妈妈提问的技巧问题，其诀窍就在于——多提一些开放式的问题，让孩子有话可说。

此外，善于与孩子沟通的父母常常会选择这样的开放性话题，诱导孩子与自己交谈：

“今天你最高兴的一件事是什么？最不高兴的一件事又是什么？”

“今天有没有发生什么你意料之外的事情？”

“最近你做了什么令自己骄傲的事情吗？”

“你期望在今后的两天里将会发生什么？”

当然，父母也应该注意，虽然是开放式的问题，妈妈也不能总问孩子一个问题。例如父母总是问孩子“今天在学校怎么样呀”，孩子只能用“还行”、“挺好”之类的两个字来回答父母。

(6) 应对孩子的指责

生活中，当父母与孩子产生矛盾时，孩子常常会说一些令父母很伤心的话，例如“我真希望没有你这样的妈妈”、“爸爸，我恨你”……面对这些情况，父母应该怎样应对呢？

> 10岁的小女孩成成要求妈妈给她买一条新裙子，但妈妈却以她裙子很多为理由，拒绝了她的要求。成成很生气，于是她这样对妈妈说：“妈妈真讨厌，你总是不满足我的要求，我恨你！”
>
> 听到这样的话，妈妈很生气地对她说：“你这个死丫头，你翅膀长硬了是吗？竟敢这样跟我说话，你找打是吗？”

遇到这样的情况，父母对孩子这种行为都会很反感，从而可能会

气愤地反击孩子，以使孩子服从自己。但事实上，父母这样做并不会使孩子合作，相反，父母的这种语言和态度会使孩子更加逆反，从而会滋生更多亲子冲突。

其实，在这种情况下，父母接纳孩子的情绪，并引导孩子认识、改变自己的情绪，才是最根本的解决措施。例如，听到孩子说“我恨你”后，妈妈可以这样对孩子说：

“妈妈知道你很生气，觉得妈妈对你要求太严厉了，其实妈妈只是觉得我们都需要节俭一些。”

妈妈这样说既能表现自己对孩子的关怀，又能向孩子表明自己友善的立场，这将有利于孩子认识自己的情绪，从而意识到自己的错误。当然，当孩子意识到自己的错误时，妈妈也不要忘记给孩子以鼓励。如妈妈可以这样对孩子说：

“我知道，刚才我们都生气了，根本不知道自己曾说了些什么，那就从现在开始，让我们忘记刚才所发生的事情吧！”

【小贴士】 不要对孩子说的十句话

1. 你为什么就不能够像……

孩子被对比，很可能增加他们本能的敌对情绪，甚至耿耿于怀。应该向孩子讲清楚你的具体要求，重点放在你希望他改变的不良行为上。

2. 你怎么这么不懂事？

被话刺伤的孩子只会心生叛逆，把事情弄得更糟。只有和颜悦色、耐心讲理，才能达到预期的目的。

3. 你简直笨到家了！

这话只能使他们的心灵受到伤害。有的因此产生自卑感，不求上进。家长正面积极地鼓励和帮助，才是让孩子养成良好习惯和掌握生活本领的根本方法。

4. 走开，能不能让我安静一会儿！

会使孩子觉得自己是多余的人，产生无以名状的孤独感。倘若你的确想独自呆一会儿，可以耐心向孩子解释：我很乐意与你在一起，只不过现在太忙，请原谅。

5. 少罗嗦，闭嘴！

孩子会认为父母对自己的意见一点也不重视。长此下去，孩子会变得毫无主见，依赖性强，把自己看成一个无足轻重的人。

6. 老老实实去做，不然……

空洞的威胁最终将损害家长的威信，孩子反而会继续自己的不良行为。最好的办法是根据实际情况选择具体的赏罚手段。

7. 妈妈求你了！

教育最怕出现奖励不管用、惩罚不能使、孩子软硬不吃的情况。说这话就意味着父母缴械投降，孩子会从心里更加蔑视你。

8. 我没本事！

和孩子谈话时把自己的自卑感表露无遗，可能会诱发孩子的自卑感。父母如果能坚定自信、乐观向上，那么孩子对未来也是能充满信心的。

9. 揍死你！

当你说这话时，表明你再也拿不出什么好办法了。这是一句根本无法兑现的大话，孩子并不会因此而停止他的活动。

10. 你滚吧，想去哪里去哪里！

最后通牒式的话让孩子没法应对，他虽然不想离家出走，但更不想就此低头。任性的孩子可能会逞一回英雄，真的离家出走了。应明确指出孩子的错，即使在批评的时候，也应让他感到父母的慈爱和关切。

你的孩子，你不管谁管？

你的孩子，你不爱谁爱？

五、家庭功能——请给孩子一个真正的家

以上从家庭结构、家庭气氛、家庭教养方式和亲子关系几个方面讲述了促进孩子心理健康的家庭教育措施。除此之外，还有一个重要方面，那就是整体的家庭功能。家庭作为个体生活的主要环境之一，不仅保障了个体发展的物质提供，还给予个体以重要的心理和情感支持。

心理学上一般以结构取向来定义家庭功能。有的心理学家以家庭的关系结构、反应灵活性、家庭成员交往质量以及家庭亲密度和适应性来表示家庭功能；有的认为家庭功能就是家庭系统中家庭成员

的情感联系、家庭规则、家庭沟通以及应对外部事件的有效性；还有人认为家庭功能是一个家庭从其家庭系统、相互关系、关怀、应对能力、家庭凝聚力以及困难应对中所体现的家庭生活质量。

（一）家庭功能对孩子心理健康的影响

个体的心理健康水平与其所在家庭的功能状况有密切关系，个体心理健康的发展水平很难超越其家庭功能的发挥水平。家庭治疗临床实践表明，家庭功能不良会导致子女出现更多的外显和内隐问题。

1. 问题行为

大部分实证研究得到了一致的结论：家庭功能和孩子的问题行为存在负相关。

国外有关临床研究证明，家庭功能不良的孩子有更多的问题行为。在亲密度和适应性方面表现极端的家庭，尤其是亲密度极度匮乏、家庭角色混乱、无稳定规则的家庭，特别容易出现家庭成员离家出走或患心身疾病等适应不良现象。

国内的研究者也得出了类似的结论。北京师范大学的方晓义等人以北京市一所普通中学初一至初三的学生为被试，全面考察家庭诸因素与初中生吸烟行为的关系，结果发现，家庭沟通和亲密度对青少年的吸烟行为有显著的影响作用。另有研究者发现，家庭中子女行为异常程度与家庭功能的得分成反比关系，家庭功能越差，相应的子女行为异常程度越高，直接影响子女的正常社会化。

2. 学习不良

家庭功能与儿童青少年的学习不良也有关系。一些研究发现，学习不良儿童更多来自于家庭功能不良家庭。学习不良青少年的家庭在问题解决、沟通、情感反应、行为控制以及总体家庭功能的得分

上都要低于一般青少年的家庭。

3. 抑郁

心理学家为了考察抑郁和家庭功能的关系，选取患抑郁症和没有抑郁症的儿童各 11 个，用家庭适应性和亲密度量表比较两组儿童家庭功能的差异。结果发现，在亲密度维度上，两组儿童的家庭存在显著差异，抑郁症儿童的家庭亲密度明显差于没有抑郁症的儿童的家庭亲密度。

在另外一项研究中，对 46 个患有抑郁症的青少年和他们的父母进行了调查，结果发现，这些青少年和父母所报告的家庭亲密度和适应性都较差；与家庭功能良好的青少年相比，家庭功能不良青少年的抑郁和焦虑症状更加明显。

4. 低自尊

研究者还考察了家庭功能和孩子自尊的关系，研究结果一致发现孩子的自尊与家庭功能有密切关系，并发现这种关系具有跨文化的一致性。

在一项研究中，心理学家选取 619 名 6 到 8 年级学生为被试，考察家庭亲密度、家庭适应性和学生对亲密度和适应性的满意度与自尊的关系。结果发现，对家庭亲密度和适应性的满意度对学生的自尊的预测力最高，家庭适应性次之。

（二）为孩子构建功能健全的家庭

家庭的基本功能是为家庭成员生理、心理、社会能力等方面的健康发展提供一定的环境条件。比如，要满足家庭成员在衣、食、住、行等方面的物质需要，适应并促进家庭成员的发育和发展，应付和处理各种家庭突发事件等。心理学家认为健康的家庭要实现其基本功能，须具备下面五个方面的能力。作为父母，可以从以下五个方面积极提高自己家庭的功能。

1. 良好的问题解决能力

每个家庭都需要有解决所面临的各种物质和情感问题的能力。能否意识到家庭面临的主要问题，是否按照合适的方式努力解决这些问题，都体现了家庭的问题解决能力。

具有良好问题解决能力的家庭能较准确地意识到问题的实质，全家一起讨论，设想各种解决问题的方案，在尝试解决的过程中调整努力的方向；问题解决能力差的家庭却很少遵循上述步骤去努力，缺乏问题解决的能力。

具体而言，解决问题通常需要六个步骤。下面以一个例子说明。比如，家长接到教师的电话反映孩子最近经常上学迟到，解决这个问

题的六个步骤如下：

第一，要明确问题是什么。教师反映的情况属实吗？原因在哪里？

第二，围绕问题组织家人进行讨论和交流。问题的关键人物是孩子，要向孩子了解情况。

第三，设想解决问题的可能做法。经过讨论，了解问题的真相，原来是孩子的自行车老坏，路上耽误了时间。解决这个问题的方法很多，比如修理自行车，买新车，改乘公共汽车等。

第四，挑选最佳方案。要根据实际情况，从可能方案中选择最有效、最可行的。经过比较发现，修理自行车是最经济又能解决问题的方案。

第五，执行最佳方案。经过讨论后，决定由爸爸去给孩子修自行车。

第六，考察所选方法和执行的效果。事实证明，修车后孩子不再迟到了，问题得以解决。

或许完成上述步骤也不一定能找到最有效的解决办法，但是只要沿着这些步骤不断进行讨论、思考、尝试、评价和调整，终会取得不同程度的成效，部分或完全解决各个具体问题。

2. 良好的沟通能力

家庭要解决面临的问题，必须以家庭成员良好的沟通为基础。比如，在解决孩子迟到的问题时，有的家庭缺乏必要的沟通，家长一上来就痛斥孩子，孩子不敢和家长说明问题的真相，就不可能解决问题。可见，在家庭沟通中，孩子能否和父母平等对话，孩子的发言和想法是否得到尊重是非常关键的。

研究也表明，家庭成员之间能清晰地表达自己的观点，切入话题有较好的技巧性，能够促进孩子的人际沟通能力。此外，家庭沟通能力除了表现在父亲或母亲与孩子良好的亲子沟通外，还表现在夫妻之间就各自的问题、夫妻间就孩子的问题、亲子间就家庭中共同的问题的良好沟通能力。

3. 合理的家庭角色分工

它指家庭是否建立了完成一系列家庭功能的行为角色模式，如提供生活来源、支持个人发展、管理家庭等。衡量角色分工的质量，要看任务分工是否明确和公平，家庭成员是否认真地完成了任务。

传统家庭的角色分工方式是：夫主外，挣钱；妇主内，做家务、教子；孩子只管学习。现在的双职工家庭，大多数是父母都在外挣钱养家，家务“谁赶上谁做”。无论如何，合理的家庭角色分工，应该能保证家庭的基本物质生活，保证夫妻间和谐的精神生活，保证孩子健康自由的成长环境。

但是，有些家庭，父母工作均很忙或在外地工作，孩子由老人代管，“隔代抚养”造成了一些问题，如溺爱孩子、无法辅导孩子功课等。另外，单亲家庭在实现家庭功能上有更大的压力。在许多家庭里孩子从来不做家务或参加劳动，这不利于其健康成长。

4. 温馨的情感关系

能否对特定刺激作出合适的情感反应，体现了家庭成员的情感反应能力。情感反应既体现在对他人的反应敏感性上，也体现在反应方式的恰当性上。比如当家庭成员发现别人不高兴时，或“不理睬”，或“大惊小怪”，而很少同情和安慰的做法就是不恰当的。许多孩子在学校里受到挫折，如考试不好、上课听不懂，回到家里不仅得

不到理解、鼓励和支持，反而遭受痛斥，使其自尊心和自信心受到严重打击。家庭要发挥其情感功能，就要求父母在对待孩子的问题上，养成“换位思考”的习惯，对孩子有良好的“共情”能力，并有意识地培养孩子的相应能力。

此外，家庭成员相互之间对对方的活动、爱好和其他事情的关心和重视程度也反映了家庭成员的投入程度，反映了家庭成员之间的情感亲密程度。家庭成员要有亲密的情感关系，但是又要保持一定的距离，每个人必须有自己的活动空间，这样才有利于个性、兴趣、爱好的发展。

5. 对家庭成员的行为控制宽严适度

行为控制，是指家庭在对各种环境压力进行反应时，对其成员行为方式的限制和容许程度。家庭对其成员（这里主要指对孩子）的行为控制方式主要有四种：

一是刻板的控制方式，家庭根据传统社会文化的要求对成员的行为做出严格明确的规定，并很少随时间和环境的改变而调整；

二是灵活的控制方式，对成员行为的规范随环境变化能及时做出相应的调整；

三是放任的控制方式，缺少规则和限制；

四是混乱的控制方式，对成员的行为有时严格控制，有时完全放任，使成员无所适从。

最积极的行为控制方式是灵活控制，最消极的行为控制方式是混乱控制。家庭对孩子的行为方式过分地控制，或者放任自流，都不利于孩子的健康成长。

要构建功能良好的家庭，在父母对孩子的行为控制上，要与孩子共同商量制定出家庭行为准则，父母以身作则地遵守准则。行为准则的制定不必要太细，只需涉及原则性的问题，比如安全、诚实、守信等。在严格执行行为准则的同时，给孩子留出更大的自由发展空间。

第四章　智力发展——孩子幸福人生的基础和条件

◎ 影响孩子智力发展水平的因素

一、遗传因素

二、环境因素

◎ 在家庭教育中促进孩子的智力发展

一、耳聪目明——发展孩子的感知力

二、明察秋毫——发展孩子的观察力

三、专心致志——发展孩子的注意力

四、博闻强记——发展孩子的记忆力

五、智慧丰硕——发展孩子的想象力

六、头脑灵活——发展孩子的思维力

七、能说会道——发展孩子的言语能力

八、多元智能——让每个孩子都“各尽所能”

“能力”、“智力”、“智商”，是人们在日常生活中经常用到的词，通常用来表示人的聪明程度。在心理学中，“智力”又被称为一般能力，指的是人们认识客观事物并运用知识解决实际问题的能力，是包括观察力、注意力、记忆力、思维力、想象力等多种能力的综合体，是从事任何活动都不可或缺的能力。而“智商”即智力商数，也就是人们说的“IQ”(Intelligence Quotient)，指的是一个人的智力水平，代表的是某个人的智力水平在同龄人中的位置。我们大部分人的智商在90～110之间。智商分数在人口中的分布具体见下表。

智商在人口中的分布

IQ	名　称	百分比
140以上	极优等(very superior)	1.30
120～139	优异(superior)	11.30
110～119	中上(high average)	18.10
90～109	中等(average)	46.50
80～89	中下(low average)	14.50
70～79	临界(border line)	5.60
70以下	智力落后(mentally retarded)	2.70

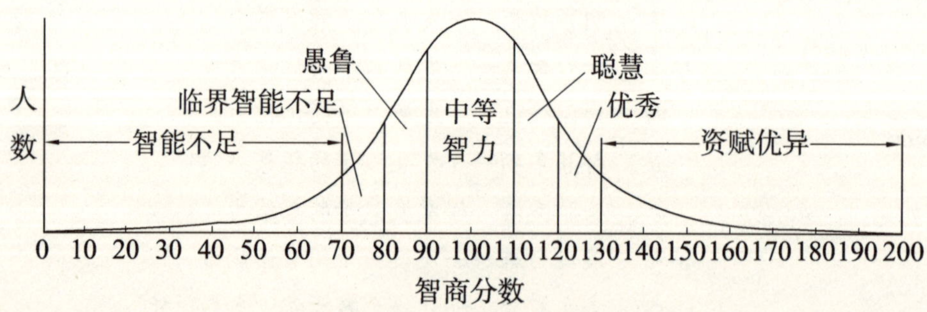

人类智商的理论分布

通过各智商分数在人群中的分布特点，我们可以发现，智商极高(IQ在140分以上)和智商极低的人(IQ在70分以下)均为少数，智

商中等或接近中等(IQ 在 80～120 分)之间者约占全部人口的 80%，智力超过常态者，我们称之为智力超常、位于智商最高区的人可称为“天才”或“超天才”；那些智力低于常态者，我们称之为智力低常，即人们通常说的“愚”。

智力发展水平在正常范围内是孩子获得幸福人生的基础和条件。幸福是分层次的，由低到高可以分为三层：欣赏的幸福、参与的幸福和创造的幸福。父母要想让孩子获得更多、更高层次的幸福，就必须保证孩子的智力获得适当的发展。

人们的智力水平是由什么决定的呢？心理学家一般认为，智力水平是先天和后天(遗传与环境)因素相互作用的结果，两者在对智力水平的影响上起着不同的作用。

影响孩子智力发展水平的因素

一、遗传因素

子辈与父辈的相像一般称为遗传现象，由生物学因素或基因决定。智力和身高、相貌一样具有遗传性。人的智力在多大程度上取决于遗传呢？心理学家和行为遗传学家对此从家庭谱系研究、双生子研究方面进行了大量的探讨。

(一) 家庭谱系研究

在生物学上，一个家庭或家族中的所有成员都具有一定的共同遗传基因。通过考察父辈和子辈在某些领域的成就异同，可以帮助我们理解遗传对智力的影响。

关于能力遗传的研究，起始于英国著名科学家高尔顿。他以各方面的杰出成就作为衡量高能力的标准，比较了杰出者的亲属成为杰出者和普通人成为杰出者的概率，发现在977个名人的亲属中，其父亲为名人的有89人，儿子129人，兄弟114人，共为332人，占名人样本的三分之一。而普通人组中，只有1个亲属是名人。他还发现，随血缘关系的降低，名人亲属成为名人的概率有规律地下降。这种变化模式与身材和体育成绩的家族变化模式完全相同。

高尔顿用同样的方法，研究了艺术能力的遗传问题。在双亲都有艺术才能的30个家庭中，子女有艺术才能的占64%；父母没有艺术才能的150个家庭中，子女有艺术才能的只占21%。高尔顿断定，在能力的发展中遗传的力量超过环境的力量。

（二）双生子研究

研究智力遗传性的第二种途径是对双生子进行比较研究。在生物学意义上，双生子有同卵双生子和异卵双生子两种。同卵双生子是由同一个受精卵分裂而来，他们具有完全相同的遗传基因。异卵双生子是由两个受精卵发育而成，他们的遗传基因只有部分相同，与不同时间出生的兄弟姐妹没有什么差别。根据同卵双生子和异卵双生子在共同遗传基因上的不同，通过比较他们智商方面的相关，可以推测出遗传对智力的影响程度。

布查德和麦克高两位研究者总结了世界上已发表的34个4672对同卵双生子研究，和41个5546对异卵双生子研究，结果发现，一同抚养的同卵双生子智商间的平均相关达到0.86，而一同抚养的异卵双生子智商间的平均相关只有0.60。这说明异卵双生子在智力上的相似性不如同卵双生子高。新近的研究表明，同卵双生子和异卵双生子在智力上的差异比上述报告的差异更大。

同卵双生子和异卵双生子在智力上的差异，固然与遗传基因有关，但父母对待他们的方式不完全相同是否也有影响呢？针对这个问题，20世纪90年代开始，又出现了一些对分开抚养的双生子的研

究。然而,对40对被分开抚养的同卵双生子所做研究的结果发现,即使生长在不同的家庭环境中,他们的相关(0.69至0.78)显著高于在同样环境中成长的异卵双生子智商间的相关(0.34至0.61)。由于分开抚养的同卵双生子生长在不同的家庭环境中,他们之间在智商上的积极相关更能证明遗传的影响。

由于各种各样的原因,许多家庭把自己的孩子送人抚养,这为研究者探索遗传和环境对智力的影响提供了方便。考察养子女与养父母及养子女与亲生父母在智商上的相关,为了解遗传对智力的影响提供了另一种可能。大量的收养研究结果发现,被收养儿童与他们的亲生父母在智商上的相关(0.20)显著高于他们与养父母的相关(0.02)。

还有研究结果表明,家庭间环境的影响随年龄的增大而减小;相反,遗传的影响却随年龄的增加而越来越大。

二、环境因素

遗传只为智力发展提供了可能性,要使智力发展的可能性变成现实性,还需要家庭、学校与社会许多方面的共同作用。

(一)家庭环境

家庭收养研究同样为我们了解环境对智力的影响提供了证据。大量的收养研究表明,被收养儿童的智商与养父母的智商也有一定程度的相关,由于他们与养父母在遗传上没有任何相似,所以只能将这种智商的相关归因于环境的影响。同理,对于生活在同一家庭中遗传上没有任何血缘关系的兄弟姐妹,他们的智商间也有一定的相关。

收养研究的另一方面是比较收养前后父母社会经济地位的变化对儿童智力发展的影响。如果环境对智力有影响,那么,长期生活在贫困环境中的儿童一旦被收养到社会经济地位较高的家庭中去,其智商也应该有所提高。研究表明,亲生父母社会经济地位低的儿童,一旦被社会经济地位高的养父母收养，与生活在原来家庭环境中相比，IQ分数会有明显的增加，通常在10至12分左右。

（二）早期开发

人的智力发展的速度是不均衡的。早期干预是否能提高儿童的智力水平，是近年来人们颇为关注的问题。大多数人对此会给出肯定的回答。不少人把学龄前称为智力发展的一个关键期。

美国心理学家布鲁姆提出了一个重要假设，把5岁前视为智力发展最迅速的时期，如果17岁的智力水平为100%，那么从出生到4岁就获得50%的智力，其余30%是5～7岁获得的，另外20%是8～17岁获得的。

在不同的家庭环境中，父母对待孩子的方式差别很大。有的父母望子成龙，为孩子提供丰富的环境刺激，而有的父母则让孩子自然发展。丰富的环境刺激有利于孩子学习能力的发展。

孩子出生后，如果睡在有花纹的床单上，床上吊着会转动的音乐玩具，他们仰卧时，就能自由地观察这一切。那么，两星期后，他们就试着用手抓东西。而没有提供刺激的婴儿，这种动作要5个月时才出现。

研究还发现，缺乏母亲抚爱的婴儿，可能出现智力发展上的问

题。有安全感的孩子喜欢探索环境，而探索环境正是能力发展的重要条件。研究表明，早期干预的确能够提高孩子在智力测验上的分数，不过这种助长作用也不是无限的。

（三）学校教育

学校教育对孩子在智力测验上的成绩有显著的影响。是否接受教育的孩子，以及接受较好和较差教育的孩子的智力之间存在着差异，这一点在日常生活中很容易就能观察到。

学校教育可以通过多种途径影响智力的发展，一种最明显的方式就是知识的传授。学生通过系统地接受教育，不仅掌握了知识和技能，而且也发展了能力和其他心理品质。能力不同于知识、技能，但又与知识、技能有密切关系。对儿童和青少年来说，发展能力是与系统学习和掌握知识技能分不开的。

在学校中，课堂教学的正确组织有利于学生能力的发展。有些优秀教师要求学生回答问题必须准确、严密、迅速，作业必须一丝不苟。经过长期训练，学生思维和言语能力有明显提高。“强师手下出高徒”，也说明了教育、训练对发展能力的意义。

吸引学生参加课外科技小组、绘画小组、体操小组等，丰富校内外生活内容，也有利于学生能力的发展。在课外活动小组中，常常会涌现出许多小发明家、小气象家、小农艺家、小画家，这对他们能力的发展和一生的事业都将产生深远的影响。

（四）社会实践

人的各种能力是在社会实践活动中最终形成起来的，智力也不例外。离开了实践活动，即使有良好的先天条件、环境和教育，能力和智力也难以形成和发展起来。

关于这一点，我国古代思想家王充早就指出“施用累能”，即能力是在使用中积累的。他说，齐的都城世代刺绣，那里的平常女子都能刺绣；襄地传统织锦，即使不聪明的女子也变成了巧妇。这是因为天天看到，时时学习，手自然就熟练了。

同时，当今社会强调素质教育的重要性，学生素质的提高不仅要通过学校里知识的接纳，更多的要在社会实践中实现。同时，社会也呼唤多种不同的能力，或者说多元智能，要使自己的多种能力同时得到发展和提高，也只能在社会实践中实现。

在家庭教育中促进孩子的智力发展

如前所述，智力是一种综合能力，包含观察力、记忆力、思维力、想象力等多种能力成分。智力就如同一只水桶，各种能力成分就如同是组成水桶的木板。智力这只水桶要想多盛水，就必须每块木板都足够高，即每种能力成分都要获得相应的发展。

一、耳聪目明——发展孩子的感知力

听见声音，看到颜色，嗅到气味，尝到味道，能摸到物体的光滑或粗糙，接触到物体的冷或热、软或硬……这些都称为感觉。感觉是对物体个别特性的认识。认识到一个整体如一只苹果、一块黑板等，称为知觉。知觉是对物体整体特性的认识。感觉和知觉在心理学上合起来被称为感知。感知就是人们通过感觉器官对各种事物的直接认识。

感觉和知觉对人类的生存和发展来说具有重要的意义。

首先，感知觉为我们提供了机体内部环境和外部环境的基本信息，是我们能够认识自己、认识世界的基本心理能力。

第二，感知觉是人所有心理现象的基础。人们的认识过程、情感过程、各种行为以及个性心理都是以感知觉作为基础的。

第三，对于人类个体发展来说，感知觉是人们最初发展的心理能

力，感知觉的发展水平如何直接影响到其他能力的发展。

在幼儿阶段，发展感知能力有重要意义。人认识任何东西都要从感知开始，要认识苹果，必须看过、摸过、闻过、尝过它。要掌握“果实”这个概念，必须感知过各种可吃的、不可吃的和各种形状、大小、颜色的果实，否则这个概念就是空洞的。

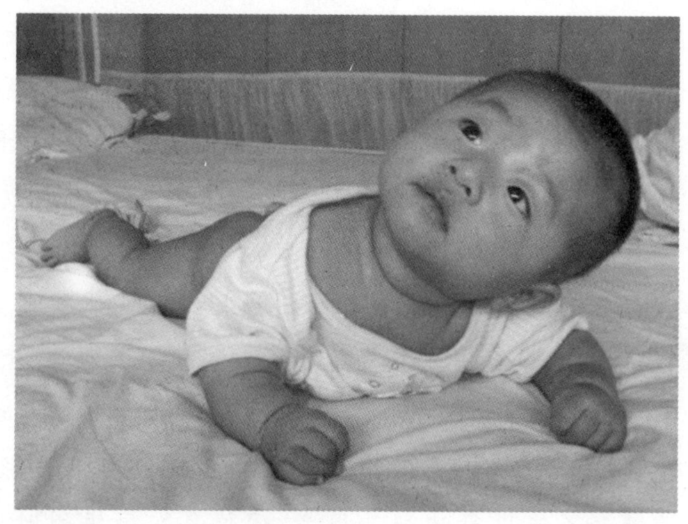

孩子缺乏经验，要发展他们的智力，必须先发展他们的感知能力，让他们去听、去闻、去尝、去触摸，从中认识物体的各种特性，并进一步认识各种物体。因此，教育家们和心理学家们都重视儿童感知的发展。从德国弗禄贝尔创建幼儿园到意大利蒙台梭利教学法都以训练和发展幼儿的感觉为中心。

人们常说智力发展好的小孩聪明。所谓聪明，原意就是耳聪目明。因为首先要耳聪目明，善于汲取知识，才能进一步发展记忆、想象和思维。因此对幼儿来说，训练感官、发展感知能力是非常重要的。

【小贴士】 人类如果没有感觉，会是怎样？

人的感官系统随时随地都接受着丰富多样的外界刺激，如果把人与外界刺激隔绝开来，会怎么样？从心理学角度来说，有机体与外界环境刺激处于高度隔绝的特殊状态，就是感觉的剥夺。那么感觉剥夺对人究竟有什么影响？

第一个以人为对象的感觉剥夺实验是由贝克斯顿(Bexton)、赫伦(Heron)、斯科特(Scott)于1954年在加拿大的一所大学的实验室进行的。

被试者是自愿报名的大学生。

实验的内容是这样的:为了营造出极端的感觉剥夺状态,实验者把被测学生关在有隔音装置的小房间里,让他们戴上半透明的保护镜以尽量减少视觉刺激。接着,又让他们戴上木棉手套,并在其袖口处套了一个长长的圆筒。为了限制各种触觉刺激,在其头部垫了一个气泡胶枕,同时用空气调节器的单调嗡嗡声限制他们的听觉。除了进餐和排泄以外的其他时间,实验者都要求被测学生躺在床上。可以说,这就等于是一个所有感觉都被剥夺的状态。

实验前,大多数被试者以为能利用这个机会好好睡一觉,或者考虑论文、课程计划。但后来他们报告说,对任何事情都不能进行清晰地思考,哪怕是在很短的时间内。他们不能集中注意力,思维活动似乎是“跳来跳去”的。感觉剥夺实验停止后,这种影响仍在持续。

很少有被试者能在这项感觉剥夺实验中忍耐三天以上。最初的8个小时好歹还能撑住,之后,被测学生有的吹起了口哨,有的自言自语,显得有点烦躁不安。对于那些8小时后结束实验的被测学生,即使实验结束后让他们做一些简单的事情也会频频出错,精神也集中不起来。

实验持续数日后,人会产生一些幻觉,其中大多数是视幻觉,也有被试者有听幻觉或触幻觉。视幻觉大多在感觉剥夺的第三天出现,如光的闪烁,没有形状,常常出现于视野的边缘,又例如看到大队老鼠行进的情景。听幻觉包括狗的狂吠声、警钟声、打字声、警笛声、滴水声等。触幻觉的

例子有，感到冰冷的钢块压在前额和面颊，感到有人从身体下面把床垫抽走。当实验进行到第 4 天时，被测学生出现了双手发抖、不能笔直走路、应答速度迟缓以及对疼痛敏感等症状。

被测学生结束实验后，实验者再继续进行追踪调查，发现被测学生在实验结束后，需要 3 天以上的时间才能恢复到原来的正常状态。通过这个实验，可以得到结论：人的身心要想保持正常状态进行工作，就需要不断从外界获得新的刺激。丰富的、多变的环境刺激是有机体生存与发展的必要条件。

（一）保护孩子的感官

感觉和知觉并不是凭空产生的，它的产生有一定的神经机制。感觉产生的神经机制由三部分组成——感觉器官、传入神经和大脑皮层代表区（如大脑皮层视觉区、听觉区等），总称为分析器。人感觉到光和颜色，是出于光波刺激视觉器官——眼睛的网膜，产生神经兴奋，沿传入神经传到大脑皮层视觉区而产生的。人听到声音是由于声波刺激听觉器官（耳蜗的感觉纤维），产生神经兴奋，沿传入神经传到大脑皮层听觉区而产生的。其他感觉的产生也是同样的道理。

人的感觉器官位于身体表面，因此必须注意加以保护。它们如果受到损害，就会影响人的感觉能力。家长首先要注意孩子感官的清洁卫生，不使其感染疾病。例如：

在保护视觉方面，孩子要有自己的脸盆和手巾，不能和别人共用，以免感染疾病。父母要教育孩子不用手擦眼睛。孩子用的手帕要清洁，经常换洗。孩子看书时光线要适合，不能让孩子在太阳光下或光线很暗的地方看书，以保护孩子的视力。

在保护听觉方面，要注意耳朵的卫生，经常替孩子清理耳内积垢，教育孩子不要用手去挖耳朵。环境要安静，家长不要大声喊叫，也应教育孩子不要大声喊叫。经常处于嘈杂的环境能使孩子听觉迟钝，妨碍他们的精细听觉能力的发展，对他们学习语言、音乐或别的需要精细听觉能力的知识，都是一种障碍。现在的孩子过早就拥有了由电视、电脑、手机、MP3、MP4 等构成的声像世界，不少孩子“耳”不离耳机，长此以往必伤害“听觉能力”，家长要特别注意监督和指导。

（二）给孩子适当的感官刺激

一般来说，感知能力主要是后天教育和训练的结果，因此应该从婴幼儿起就给予孩子适当的刺激，多给他们感官锻炼的机会。有些父母认为，刚出生的孩子是那样弱小娇嫩，不能受任何刺激，应该把他放在宁静的居住环境中。殊不知，完全没有刺激的房间对婴幼儿来说是无益的，单调的环境会导致婴幼儿产生不同程度的神经迟钝。

许多专家研究证明，丰富多彩的环境刺激对婴儿的智力开发有明显的作用。美国心理学家曾做了这样一个实验：把同一天出生的婴儿分成两组，一组放在一间墙壁雪白、什么东西也没有的静室内；另一组放在天花板和被子上都有花纹的房间里，婴儿隔窗可以看见医生、护士在工作，还可以听到音乐，充满了良好的环境刺激。两组婴儿在两个不同的环境中分别护理几个月后，对他们进行了智力测验。结果在缺乏刺激的房间里长大的婴儿的智力比另一组婴儿迟钝 3 个月。

生活中，经常有人抱、有人逗的孩子会比一直躺着、大人不去理会的孩子要聪明得多。孤儿院中长大的孩子在智力发展上会低于在正常家庭中长大的孩子，这是由于孤儿院的生活环境单调、较少与外界接触与沟通的原因。因此，婴幼儿早期智力的开发，最行之有效的方法是创造和谐、有序、丰富、充满爱的家庭环境。

一对年轻夫妇在生下第一个孩子时，只有一间狭小的房子，全家拥挤在一起。不论母亲做什么这个婴儿都可以看到或者听到，父母亲经常和婴儿逗笑、说话。结果这个婴儿七八个月就会说话了，十分聪明伶俐、活泼可爱。不久，他们搬进一套三居室的住宅，并生下了第二个孩子。由于房间多了，他们就让生后不久的婴儿住在一间安静的房间里，母亲平时也很少与这个婴儿逗笑、说话。结果第二个孩子到一岁还几乎什么话都不会说，长大后也寡言少语，远不如第一个孩子聪明伶俐、活泼可爱。

父母要发展幼儿多种感官的能力，如通过色彩鲜艳的玩具、图片、大自然、建筑物和日用品，使孩子认识各种颜色和形状，发展视觉能力。通过音乐，学会听出活泼轻快的高音区和缓慢悠扬的低音区的不同特点。通过文艺作品的朗读，使幼儿辨别富有情绪色彩的各种语音变化。还可以从现实生活中分辨各种不同交通工具起动的声响，大自然的各种声音如哗哗的流水、萧萧的风吹树叶、鸟类的婉转鸣唱、各种动物的叫声等。通过触摸各种物体发展触觉，如《猜猜是什么》的游戏，就可使儿童通过触觉认识物体的各种特性，如棉织品的柔软、金属的坚硬、玻璃的光滑等等。

早期教育家斯特娜训练她女儿感官的经验，很值得我们借鉴。她对女儿的教育是从训练五官开始的。从孩子生下来起，她就用歌声、朗诵名著、听名曲来训练孩子的听觉。用七种颜色的发带系上能发出乐音的七个小钟敲给孩子听，并同时告诉孩子颜色的名称。通过她的训练，孩子六个月时就能按母亲说出的名称，如红色钟、紫色钟准确地敲了。她在房间的四周挂上各种名画的摹本，并准备各种美丽的花草鸟兽图片给孩子看，还买来五颜六色的美丽小球和木片、穿着色彩鲜艳服装的布娃娃给孩子玩。孩子会走路后，就带着她去散步，让她观察大自然、建筑物以及人们服装的各种颜色。

【小贴士】 怎样充分利用家庭日用品这部"百科全书"来发展孩子的感知能力

在一般家长眼里，家庭日用品只是供人们生活所需的，只有使用价值，而对它的教育功能、特别是它们在智力培养方面的作用却认识不足，因而也就大大浪费了家庭日用品这方面的潜在价值。

事实上，家庭日用品（如家具、餐具、衣服鞋帽、粮食、蔬菜、电视机）或玩具、乐器等各种物品是孩子智力培养和早期训练的一部"百科全书"。

家庭日用品的智力教育功能，首先表现在对孩子的视觉、听觉、动觉等方面有积极的意义。比如，一般家庭里的物品最少有十几种以上的颜色，这是训练视觉的好教材，父母可以引导孩子去认识各种家具、衣服的颜色，辨别他们之间的差异。这不仅可以提高孩子的观察力，而且还可以发展孩子的辨别能力。家庭里的桌椅、柜子、书架和锅瓢碗筷，都可以用作教具，引导孩子去分析比较它们的大小、高矮、长短、厚薄、轻重、深浅、前后、上下、左右、远近等。又比如，现代家庭一般都有电脑或音响，这些物品是用来训练孩子听觉的好教具，当孩子出生后，可以有意识地放一些优美动听的轻音乐。

> 孩子要入睡时，可以放音量适度的催眠曲。这样不仅可以训练孩子的听觉，而且也可以陶冶孩子的性格。再如，为了培养孩子的动觉，除了按孩子的不同阶段给孩子买一些玩具以外，还可以充分利用家中的物品培养孩子的动觉，如通过让孩子捡纸盒、棋子、花生、豆粒、米粒，逐渐培养孩子精细的动手能力。因此，根据孩子的不同发展阶段，充分利用好家庭日用品，对于训练孩子的感官和各种能力是有积极意义的。

现实生活中，也有的父母走向了另一个极端：给孩子的玩具太多、太杂、显得“刺激过剩”，反倒使孩子无所适从，这也不利于培养孩子有条理的习惯。环境过于富有刺激性，过于新奇、复杂，使孩子不知所措，不但不能引起孩子的兴趣，还容易导致孩子的恐惧和退缩。

许多专家研究表明，给孩子过多的玩具，会使孩子性格散漫，导致孩子兴趣不专一，注意力不易于集中。给孩子适度的几个玩具，父母启发孩子多想些玩的方法，激发孩子动脑动手的效果更好。

1. 化被动为主动

利用玩具触发孩子主动探索的能力，爸爸妈妈不要把所有的玩具都搬到孩子的面前，而是让他自己主动选和拿。

2. 一次玩一种

爸爸妈妈不要一次拿太多的玩具给孩子玩，那样孩子可能每个玩具都玩不长，也不会尝试去“研究”。不停地换玩具，将不利于培养孩子良好的注意力。

只有将提供给孩子的环境刺激加以科学地选择和组织，才有利于孩子感知能力及探索性行为的产生。由此可见，环境的刺激需要有一定的复杂程度和变化，但复杂的程度和变化的程度要根据孩子的年龄特点来定。一般来说，大一些的孩子更喜欢新奇的、复杂的刺激，也更容易对旧的刺激感到厌烦。不过，在具体情境中，孩子对环境刺激的爱好、厌烦或回避，不仅仅与年龄有关，孩子以往的生活经验以及其他一些因素也有很大作用。

（三）在游戏中发展孩子的感统能力

感统能力，即感觉统合能力，是指有机体有效利用自己的感官，以不同的感觉通路（视觉、听觉、味觉、嗅觉、触觉、前庭觉和本体觉等）从环境中获得信息输入大脑，大脑再对其信息进行加工处理（包括解释、比较、增强、抑制、联系、统一），并作出适应性反应的能力，简称“感统”。

1. 感觉统合的主要感觉系统及其功能

感觉统合能力主要涉及三大感觉系统：触觉系统、前庭系统和本体系统。

(1) 触觉系统

人类有别于其他动物，拥有广泛细腻的学习能力，这与人类触觉学习的多元化及复杂化有密切关系。触觉的复杂性，使大脑神经中感应触觉的部分最多，因此触觉系统异常，会影响大脑对外界的认知和应变，导致触觉敏感（防御过强）或触觉迟钝（防御太弱）。

触觉敏感的孩子，对外界的新刺激适应性较弱，所以会固执于熟悉的经验上，表现为粘人、怕陌生人、不喜欢拥挤、缺乏自信。常固执于熟悉的环境和动作中，对任何新的学习都会加以排斥，不喜欢他人触摸，在团体中容易和别人争吵，朋友少，常陷于孤独中。他们经常会喜欢某种特殊熟悉的感觉，所以容易有偏食、吸吮手指和触摸生殖器的习惯。不喜欢被人拥抱，却喜欢拥抱别人，经常出现很多令人无法理解的行为。

触觉反应迟钝的孩子表现为：反应慢，动作不灵活，大脑的分辨能力差，所以发音或小肌肉运动都显得笨拙；缺乏自我意识，无法保护自己，学习能力也很难发展。

目前触觉敏感的孩子日益增多，这和生产环境和婴幼儿生长的环境有关。剖腹产或产钳的生产方式使胎儿出生时没有经过产道或产道挤压力量较弱，都会使孩子的触觉学习比正常生产的孩子少，触觉敏感的机会自然也较高。

孩子在触觉学习上的严重不足，是触觉敏感最主要的原因。家庭生活环境的改变，不但使孩子活动的空间减少，身体接触的地方也少了。户外玩沙土、玩水及草地上打滚的游戏也不多了，甚至晒太阳、吹风的机会也都很少了。

在所有感觉信息中，触觉刺激的频率最高，从肌肉关节到全身皮肤，每天都有无数不断的触觉输入大脑。脑干将这些信息加以过滤，一些对大脑思考及反应不重要的信息被压抑下来。因此通常我们对衣服、微风、一些不重要的碰撞都不产生反应，也使大脑不至于太紧张和忙碌。

这种过滤、整理到选择反应的过程就是感觉统合的能力。感觉防御太强的孩子，这方面能力明显不足。因此对任何信息都会急着去做反应，大脑动荡不安，自然注意力就不可能集中，对衣服或周围一切接触都会去反应。重要的学习信息自然也就很难专心地传入大脑皮层了。

（2）前庭系统

前庭感觉系统和大脑之间有非常密切的关系。前庭系统机能正常时，对重力（地心引力）会有持续性的信息输入。这些感觉信息会与其他感觉信息以不断重叠的方式输入大脑，所以这些重力感的信息，由于相当持久和稳定，在它输入神经系统后，便会成为其他感觉判断信息时的重要参考资料。

头部转动或弯曲时，前庭感觉接受器的碳酸钙晶体，会离开原来位置，改变前庭神经系统的传达流程。这种现象在跳跃、跑步、摇晃时更为严重，会使中耳半规管中的惯性液体流动，感觉接受器立刻受到很大的影响。其他像走路、乘船或头部有轻微振动时，前庭感觉也会立即有反应。

在我们的所有感觉器官中，前庭接受器最为敏感，其信息能否对环境产生反应也最为重要。前庭随时在告诉我们头和身体的方向，我们的视觉信息也才有意义，所以前庭信息处理不良的孩子，视觉便很难跟着移动的目标，也很难将双眼由一点移到另外的一点。眼肌和颈肌上的信息反应处理也会发生问题，促使眼球的移动不平稳，常会以跳动方式去抓住新目标，造成孩子在阅读、玩球和划线上的困难。

此外,前庭神经会将信息由脊髓锥体神经体系传达到身体各部分,通知肌肉收缩和运动,同时也会将这种肌肉和关节的信息传到前庭神经以及小脑。如果这方面功能不佳,便无法达成感觉的统合,小孩子便会常常跌倒或撞墙,动作上也显得笨手笨脚,甚至害怕行动,更造成感觉信息的严重不足,影响身体的协调能力。

前庭体系中的网状组织,作用在帮助大脑保持清醒和警觉状态。所以当身体快速转动时,前庭系统必须迅速调节,才能让我们保持适度的清醒。如果前庭系统活动量低,调整作用便会呈现不良,孩子会出现多动及注意力散漫的现象。

前庭感觉不良也会产生无法判断视觉空间的现象。空间感来自于身体和重力感的联系。缺乏重力感的孩子,很难有空间透视感,因此常无法判断距离和方向。写字时常把数字、字体或偏旁部首写反,甚至前后反读。在人多的地方容易迷失方向,也会因太靠近人或碰撞他人而造成人际关系的严重不良。

前庭感觉不良,会使孩子经常遭遇挫折,丧失信心,更容易养成恐惧、伤心、生气、过度兴奋等感觉。无法有效压抑及协调,使人格和情绪的健全发展受到严重阻碍。

(3) 本体感觉

我们不用看阶梯也能轻易上下楼梯,不用照镜子,也能用手摸到眉毛或鼻子,开车时不用低下头,踩油门的脚随时可以换踩刹车,蚊子叮身上任何位置,不用眼睛看,便可用手打蚊子,这就是本体感觉的作用。

本体感觉医学上又称人体的深感觉,是全身肌肉关节的感觉输入。正常的骨、关节及肌肉张力的感觉输入使人能够保持正常的站姿、坐姿及全身的灵活运动。本体感觉英文称为 Bodymap:身体地图,有人称为身体形象。好像我们大脑中有一张自己身体的地图,所以不用重新看,大脑可以随时掌握身体的任何部位。

本体感是一种高度复杂化的神经应变能力，也是大脑可充分掌握自己身体的能力。本体感的成熟最慢，除非前庭平衡及触觉发展正常，本体感才可能正常。从简单的吃饭、脱衣服、写字、骑车到高难度的体操与体能动作，都需要本体感的功能。

本体感不成熟的孩子常常表现为站无站相、坐无坐相、缺乏自信、挫折感很多、没有创造力等等。

2. 感觉统合失调及其表现

感觉统合失调，简称感统失调，是指外部的感觉刺激信号无法在孩子的大脑神经系统进行有效地组合，而使机体不能和谐地运作，久而久之形成各种障碍，最终影响身心健康。“儿童感觉统合失调”意味着儿童的大脑对身体各器官失去了控制和组合的能力，这将会在不同程度上削弱人的认知能力与适应能力，从而推迟人的社会化进程。

感觉统合失调表现为：前庭失调、视觉感不良、听觉感不良、触觉过分敏感或迟钝、痛觉过分敏感或迟钝、本体感失调、动作协调不良。

(1) 前庭失调

表现为多动不安、走路易跌倒、原地转圈易眩晕、注意力不集中、上课不专心、爱做小动作、调皮任性、兴奋好动，容易违反课堂纪律；

容易与人冲突、爱挑剔，很难与其他人同乐，也很难与别人分享玩具和食物，不能考虑别人的需要；思考或做事情缺乏灵活性，不会举一反三；有些孩子还可能出现语言发展迟缓、说话词不达意、语言表达困难等现象。

(2) 视觉感不良

表现为尽管能长时间地看动画片、玩电动玩具，却无法流利地阅读，经常出现跳读或漏读或多字少字，容易串行；写字易颠倒，学了就忘，计算困难，易抄错题抄漏题等。

(3) 听觉感不良

表现为对别人的话听而不闻，丢三落四，经常忘记老师说的话和留的作业等。

(4) 触觉过分敏感或过分迟钝

表现为害怕陌生的环境、吮手、咬指甲、爱哭、爱玩弄生殖器等；过分依恋父母、容易产生分离焦虑；过分紧张、爱挑剔、激惹别人、偏食或暴饮暴食、脾气暴躁。

(5) 痛觉过分敏感或过分迟钝

冒险行为、自伤自残、不懂得总结经验教训，或少动、孤僻、不合群、做事缩手缩脚、缺乏好奇心，缺少探索性行为。

(6) 本体感失调

孩子在体育活动中动作不协调(不会跳绳、拍球等)；音乐活动中发音不准(走调、五音不全等)；甚至与人交谈、上课发言时会口吃等；方向感差，容易迷路，不能玩捉迷藏，闭上眼睛容易摔倒，站无站姿、坐无坐相，容易驼背、近视，过分怕黑。

(7) 动作协调不良

表现为动作协调能力差，走路容易摔倒，不能像其孩子那样会滚翻、骑车、跳绳和拍球，在学习和生活中常常观测距离不准、协调能力差。观测距离不准，会使孩子无法正确掌握方向；协调能力差，会让孩子手脚笨拙(常撞倒东西或跌倒)。

3. 感觉统合失调的成因

(1) 先天因素

① 胎位不正引起的平衡失调

怀孕期间的胎位变化最为重要,从第5个月开始的胎位变化是胎儿身体和地心引力练习协调的第一个阶段。人的身体呈倒三角形的架构,头重脚轻。人之所以能站得住,全是因为我们的神经系统在活动中,发展出一种和地心协调良好的能力,指挥我们的骨骼和大小肌肉,支撑住这个头重脚轻的倒三角形架构所致。所以如果在怀孕期胎位不正,将产生固有的平衡失常、平衡能力差。

② 早产或剖腹产造成孩子压迫感不足,导致触觉感统失调

胎儿在离开母体时,要经过妈妈狭小的产道,他们都是被挤压出来的。出生时虽然挤压的时间短暂,却是强而有力的,对大脑的冲击相当大,可以说是具有爆发力的学习经验。在那一刹那,孩子全身的皮肤及皮下肌肉的神经体系,会将整个触觉、大小肌肉及关节的信息,强而有力地输入大脑的各个功能区。大脑会产生一个接受构架,作为辨识日后输入信息的参考。剖腹产的孩子没有经过妈妈产道的挤压,大脑里没有一个信息库作为标准,日后接受的信息没有比较的标准,就可能会造成触觉敏感或迟钝。

③ 怀孕期间母亲嗜烟酒、浓茶、咖啡。

④ 不恰当的吃药打针对胎儿造成的影响。

(2) 后天因素

① 婴幼儿期未获得充足的触觉刺激

工作压力太大的父母或保姆怕麻烦,在婴幼儿时期没有给他们做足够的抚慰和按摩,造成触觉刺激及活动不足。

② 未爬行或爬行不足

父母怕洗衣服的麻烦而不让孩子在地上爬,长期依赖婴儿床、学

步车，还有的家长有急功近利的思想，为了让孩子更早学会走路而减少了爬行，造成孩子的前庭平衡失常。

4. 感觉统合能力的训练

感觉统合训练是协调心理、大脑和躯体三者之间相互关系的训练，简称感统训练。感统训练的主要形式是游戏。以游戏的形式对孩子进行一系列的行为和脑力训练，同时给予孩子视、听、嗅、触、关节、肌肉、前庭等多种刺激，并将这些刺激与运动相结合，使孩子能充分感知各种刺激，在大脑中进行感觉的统合，促进感知觉系统的发育，增强自信心和自我控制能力。在游戏中，感觉到自己对躯体的控制，增强感觉信息的输入、尤其是前庭刺激的输入，促进感知觉的协调，进而达到改善脑功能的目的。

(1) 前庭功能的训练

① 爬行

“三翻六坐八爬一岁走”，孩子身体动作能力的发展是有其固定顺序的。当孩子八个月左右的时候，就可以训练孩子学着爬行了。

爬对婴儿来说是一项非常有益的动作，这是因为完成爬的动作需要全身许多部位的参与，包括手臂、腿脚、胸、腹、背等，还需要大脑对这些部位的肌肉运动进行协调平衡。所以说，爬既能锻炼婴儿全身肌肉的力量和协调能力，又能增强小脑的平衡与反应能力，可以促进前庭感觉的统合。经历过爬行阶段的孩子在以后学走路、跑、跳等动作的时候会更容易、更协调。

爬扩大了孩子的活动范围，还能为婴儿探索周围的环境创造条件。不然，这个年龄的孩子只能坐在一处玩，涉及的仅仅是身边周围很小的范围。会爬的孩子就不同了，能在一定范围内相当自由，想爬到哪儿就去哪儿，只要能爬到的地方，再远的玩具也能够拿到，比起不会爬的孩子就能接触到更多周围的物体，这样就能促进认知能力的发展，对他的智力发育有相当的好处。

有的父母为了孩子“干净”，或者急功近利地让孩子学会走路，不让孩子爬行。对于自己不经过爬行阶段直接会走路的孩子沾沾自喜，认为自己的孩子聪明，是跳跃性发展。其实，这些家长是大错特错了。爬行，是孩子发展过程中绝对不能省略的过程。孩子到了八个月左右，家长不仅不能阻止孩子爬行，还要鼓励、帮助孩子学会爬行。

对于不会爬行的宝宝可以从趴开始训练，然后在爸爸妈妈的帮助下，让宝宝学习爬行。刚学爬的宝宝会出现匍匐前进、转圈或者是向后倒着爬的现象，这是学爬的一个过程。

要想孩子学会爬，就要下些功夫。在婴儿刚开始学爬、只能依赖腹部为中心做旋转运动时，一位家长可以在他的前方用一玩具逗引他，鼓励他向前爬，另一位家长用手抵着孩子的双脚给他一点力量，

帮助他向前爬，经过一段时间的练习，他就能学会用腹部贴着床面匍匐爬行了。

一旦他能将腹部离开床面靠手和膝来爬行时，就可以在他前方放一只滚动的皮球或其他他非常喜欢的玩具，让他朝着玩具慢慢地爬去，逐渐地会爬得很快。此外，要给孩子学爬辟出一块场地，可以在硬板床上，也可以在地板上的地毯上，周围移去不需要的东西，任他在上面“摸爬滚打”。

【小贴士】 让孩子爬出“花样”

孩子的爬，也可以有多种“爬法”。

1. “定向爬”。即婴儿趴着，把球具放在婴儿面前适当的地方，吸引他爬过去取。待婴儿快拿到时，再放远点。如果婴儿开始不会前进，成人可以用手掌抵住他的脚掌，帮助他前进。

2.“自由爬”。即整理一块宽敞干净的场地(水泥地应铺上棉毯或席),拿开一切危险物和脏物,四处放一些玩具,任婴儿在地上抓玩。但必须在成人的视线内活动,以免发生意外。

3.“转向爬”。即先将有趣的玩具给他玩一会儿,然后将玩具当着他的面藏在婴儿的身后,引诱他转向爬。

4.“俯卧撑地爬”。当孩子胳膊、腿的力量足够仅靠双手和双脚着地就可以把整个身体撑起的时候,就可以训练俯卧撑地爬了。此种爬法还适合孩子会走之后。

② 趴地推球、拍球、运球行走、跳绳、骑自行车等。

(2) 触觉的训练

① 婴幼儿可做抚触、毛巾游戏,用大毛巾把孩子裹起来,让他在毛巾中滚动,刺激身体的不同部位。

② 用各种不同质地的毛刷、干布摩擦刺激手指、掌心、躯干、四肢的皮肤,用梳子梳头,用吹风机(冷热)吹动全身不同部位。

③ 玩串珠、橡皮泥、湿面粉及泥巴,训练手指的小肌肉精细动作。

④ 爬行、翻滚、游泳。

⑤ 6岁以上的孩子可以打羽毛球、乒乓球(锻炼大肌肉、手眼协调能力)。

(3) 本体觉的训练

① 头部和四肢弯曲、伸展、左右摆动、上下摆动。

② 举起、提起、背起重物行走或上下楼梯。

③ 骑脚踏车或滑板车及前冲滑板运动。

④ 跳蹦蹦床,单脚跳、兔子跳、单脚站立。

⑤ 辨别自己身体的上下、左右、前后方位。

⑥ 闭眼触摸。

⑦ 指认身体的不同部位。

⑧ 与同伴进行捉迷藏的游戏。

【小贴士】 感统训练家庭小游戏

游戏一. 神奇的纸盒

玩法：把家里使用过的纸巾盒留下，往里面放进一些玩具、糖果、水果等，让宝宝摸一摸，请他在拿出来之前说出名称，或者给他指令，请他按指令拿出东西来。对大一点的孩子，你可以给他否定的指令，如："请你把不可以吃的东西拿出来"、"请你把不是圆的东西拿出来"等等。为了增加趣味性，也可以使用一些奖励的方法，比如，拿对了糖果，就把糖果奖励给宝宝吃；拿错了，糖果就归妈妈吃等。

这个游戏适合 2～4 岁的孩子，可以锻炼孩子的触觉。

游戏二. 会滚动的箱子

玩法：把家里买回来的电视或其他大件物品的纸皮包装箱留下，让宝宝钻进去缩紧身体，然后滚动纸皮箱子，孩子会乐不可支。为了避免伤着孩子，你最好在每次滚动箱子之前大声问他："准备好了吗？"确定他做好了准备才开始，滚动的幅度可以根据孩子的适应情况而调整。

提示：这个游戏适合 3 岁以上的孩子玩，可以锻炼孩子的身体平衡感。

游戏三. 扔纸球

玩法：拿一个篮子，菜篮或洗衣篮都可以，然后拿一些报纸，把报纸裹成一团，做成一个一个纸球，妈妈、爸爸和宝宝轮流扔纸球，每人扔 10 个，看谁扔进篮子里的球最多。

提示：这个游戏适合 2 岁以上的孩子玩，可以锻炼孩子手的动觉、动作的控制、空间距离的判断能力。

二、明察秋毫——发展孩子的观察力

九岁的小兰，在一篇题为《母鸡》的小作文中这样写道：

> "……我家老母鸡可好看了，头上戴着一个高高的、红红的鸡冠，身上穿着五颜六色的美丽的衣服……"

小兰在家经常看到鸡，而为什么偏偏这样写呢？那是因为小兰看鸡时，没有留心公鸡和母鸡各自的特点，公鸡的冠给母鸡戴上了，所以作出错误的描述。小兰作文中所暴露出来的问题是孩子经常发生的，这给父母提出一个值得深思的问题：如何培养和提高孩子的观察力，使他们能够细致、准确地观察事物呢？

观察是有目的、有计划、比较持久的知觉过程。观察力是人们认识客观事物或现象的基本能力。观察力是孩子智慧的门户。科学研究告诉我们，人的大脑所获得的信息，有 80%～90% 是通过眼睛和耳朵吸收进来的。如果没有较强的观察力，一个人的智力很难达到高水平。

著名生物学家达尔文说过："我既没有突出的理解力，也没有过人的机智，只是在观察那些稍纵即逝的事物并对其进行精细观察的能力上，我可在中人之上。"俄国生物学家巴甫洛夫在他实验室的墙上，写着醒目的六个大字："观察，观察，观察！"

观察力是智力重要的组成成分。观察力强，孩子可以获得丰富的素材，获得真实的感受和正确认识。如果有了素材，孩子说话就有了根据，空话、假话、废话就少，判断问题的正确性相应地就会提高。反之，观察力弱，尽管瞪大眼睛去看，所见到的东西却不一定多，有时还会出现错误。所以人们常说"善观察者，可见常人所未见；不善观察者，入宝山空手而回"。

前苏联教育家赞科夫，曾经做过这样一个试验：

> 拿学生不认识的一种鸟的标本给他们看，要求他们一边看一边说出这种鸟的特征。在小学一年级时，普通班和实验班的儿童观察力基本相同，而在一年之后，特别注意培养观察力的实验班的学生，不仅能说出鸟的颜色，而且能说

出鸟身体各个部分的形状和大小，有的学生在观察后，还能判断："这种鸟的嘴和爪很尖利，可能是一种猛禽。"而普通班学生的观察力，多数仍旧停留在鸟的颜色特征上。

由此可见，是否有意识地培养孩子的观察力，其结果是大不相同的。

【小贴士】 幼儿观察力的特点

在幼儿时期，观察能力处于不成熟的阶段，具有如下特点：

(1) 笼统而无目的。成人观察问题时，既注意局部又注意其整体，而幼儿则不然，往往出现两种情况，注意了整体的大概轮廓，而忽视了中间的具体细节；或注意了某些突出的特点，而忽视了整体，这可能与幼儿的注意力有关。因为成人观察事物，往往都有一定目的，要去研究和解决某个问题。幼儿则缺乏这些，大多是处于好奇心。所以他们往往只注意到事物的大概形态，或者先抓住了比较醒目的地方，这是特点之一。

(2) 浮浅而缺少方法。由于幼儿的思维特点，幼儿在观察时多注意表面现象，比较浮浅、粗糙。以幼儿模仿为例，他们虽然有较强的模仿能力，但仅能模仿大人某些粗大的动作，这与他们的思维能力、方法有关，幼儿思维注重具体形象，缺乏逻辑和概括的能力。所以，不能同大人一样，能通过现象深入本质。另外，幼儿虽然很愿意观察，但缺乏观察的方法。当你带小孩外出的时候可以看到，他不停地东张西望，指东问西，什么都想知道，没有一定的规律，这是缺乏观察方法及观察浮浅的表现。

(一) 激发观察的欲望

无论是孩子还是成人，观察能力都是在实际生活中培养起来的。要想有满意的观察效果，首先要有主动的观察欲望。在实际生活中，对许多奇特的现象，有些人熟视无睹、不以为奇；而有的人则从中发现了深藏的奥秘，这首先是有观察的欲望，其次是观察的深入以及目的性。

对孩子来讲，无论他观察是否全面细致，都没有关系，关键是要激发他的观察欲望。随着观察的不断深入，他定会从中得到锻炼和提高。

（二）创造观察的环境

单调的环境不利于培养孩子的观察能力，固定静止不动的物体不如活动的物体或动物更能引起孩子的观察兴趣。如果让幼儿去观察盆景，孩子 1～2 分钟就可能会表现出厌烦情绪，而若观察金鱼，可以持续 5～6 分钟。所以，幼儿所观察的对象是以动为主的。

好的有利于激发观察兴趣的环境，应当是丰富多彩的，有较多的观察对象，但不能杂乱无章。声音要丰富，但是应当优美动听而不是噪音。色彩鲜艳明快，但是层次要分明，互不干扰。与人有较多的交往机会，但不能过于频繁而成为负担。让孩子观察的对象，要有具体、生动、活泼、好看、好玩、好听、好尝等特性，既能引起幼儿的注意，又不会损害其身体健康。

（三）教给孩子观察的方法

观察的方法很多，不好用一个统一的模式，应该根据实际情况而定。不过，根据幼儿观察的特点，选择的方法应当有利于将观察引向深入。下述方法可供参考。

1. 顺序观察

即按照事物的时间顺序和空间顺序进行观察。前者是按照事物发展变化的过去、现在和将来的时间顺序进行观察，这样可以了解事

物的动态过程，有助于帮助幼儿认识事物发展中的内在联系。后者是依据事物的前、后、上、下、左、右等空间特性进行观察，这样可使幼儿的观察全面、细致、有条不紊。

2. 整体与部分

即从整体到部分，再从部分到整体的过程。如观察一只小兔子，可以让幼儿先观察外形，再分别看其头、四肢、躯干等特点，然后综合起来，对小兔子有一个整体的了解。

3. 放大与缩小

为了弥补幼儿观察比较笼统浮浅的特点，把观察引向深入，增加其观察的兴趣，可用放大的方法，不妨给孩子买一个小放大镜，让他透过放大镜去观察，如将雪花放大看看多棱、多角形的晶体；将苍蝇放大，看它爪子上的脏浊，使他认识到苍蝇的可恶；把蚊子放大，了解蚊子是怎么叮咬并传播细菌的。

这既能把观察引向深入，又能加深认识、激发兴趣。相反也可缩小，对于某些事物，在很大的范围看或整体上看，不容易深入到本质，也容易使幼儿产生误解，如一块美丽的花布，幼儿也许不易弄清楚内部结构，但是如把布的图案缩小了范围进行观察，也许就能加深认识了。

4. 深入比较

使幼儿的观察由浅入深，可以采取深入与比较的方法。如让孩子弄清楚苹果和梨是植物的果实，而土豆是植物块茎，可将其解剖切开，让他们观察一下其中的差异，中央含有种子的部分就是果实，没有种子者则为块茎。

为了让孩子弄清楚一些形态相仿、性质不同的物体或动物，应选择比较的方法。例如马和骡子或毛驴，虽然外表看差不多，但却有许多不同之处，各有其特点。要准确地辨认，只有通过比较的方法，才能辨别。还有狗和狼、猫和狐狸，笼统地观察就不易分别，如果取各自的特点进行比较的话，就很快能够分清。为了使孩子不断地把观察引向深入，父母应多引导孩子进行深入比较。

5. 体验与操作

由于幼儿思维的局限性和缺乏生活经验，对事物的特殊性或事物之间的联系往往认识不清。比如你问幼儿，同样一辆小汽车，在水泥地面和松软的路面上跑，速度是不是一样的？他也许误认为一样，为了使他加深理解，只有让他自己去亲身体验一下在不同路上的情况，这样他就会发现速度不完全取决于汽车本身，还取决于路面等其他客观条件。

有些事情还需要让孩子自己动手去做，从中观察事物的变化规律和性质，才能加深其认识，激发起兴趣，把想象力不断扩大。为了让孩子对某些事物作较长期的、有系统地观察，获得完整的知识，可以让孩子做些实验，通过实验进行观察。例如，把黄豆放在花盆里，观察它的变化和生长过程。这样，有利于激发孩子观察的兴趣，求知欲也更加旺盛。

6. 多感官参与

开发观察力，应当尽可能调动各个感觉器官共同进行观察活动。

有人以为要观察,那很简单,只需用眼睛看看就完了。其实不然,为了深刻地观察和多方面感知某一事物,例如要观察水果的某个新品种,仅仅用眼睛看是很不够的,还应当尽可能地听一听人们的评论,用鼻子闻一闻,用舌头尝一尝,用两手去触摸一下。因为任何一个事物的特性总是多方面的,可能有不同的色彩、形状、气味、软硬、冷热……等等,只有利用多种感官进行观察,才能对你所观察的对象感知得比较完整、准确,才能把握得更全面、更深刻。这时,那个观察对象就不仅能引起孩子的视觉中枢发生兴奋,也能使那些有关的感觉中枢同时产生强烈的兴奋灶,迅速地在大脑皮层建立起多种通路的暂时神经联系。

7. 言语活动促进

为了提高观察效果,还可以边观察边用语言描述。父母与孩子还可以互相评议,看看观察得仔细不仔细,描述得逼真不逼真。如能经常这样做,定会提高孩子的观察力。

用言语、文字或图画来表达观察到的形象,既可以促使观察者在观察过程中加强分析与概括,加深理解,同时也有助于提高孩子的语言和文字表达能力。正如前边提到的达尔文,就是因为他坚持二十多年写观察日记，所以才写出了《物种起源》这部伟大的著作，为人类留下了宝贵的财富。

【小贴士】 带孩子外出，怎样才能更好地培养孩子的观察力？

节假日和休息日，孩子都想让大人带他到外面玩玩，而有的家长却往往借故公共汽车太拥挤、外面不安全、路不好走、家里事太忙或者天气过冷过热等，不让孩子的要求得到满足。这样就丧失了让孩子到大自然和社会中学习知识、发展观察力的机会。

有的家长虽然积极带孩子外出，但由于只是带孩子随便看看，使孩子学到的东西甚少，印象模糊。例如，妈妈带小勇到动物园看大象，妈妈只是简单地指着大象说："小勇，这是大象。"没有指导小勇如何去记住大象的特征和提出问题。因此，小勇看了大象，印象仍很模糊。回家后，爸爸问小勇："今天和妈妈去动物园看大象，告诉爸爸大象是怎样的呀？"小勇的回答是"很大很大"。再问象的鼻子长不长、耳朵大不大，就说不上来了。

像这样带孩子外出，即使看到的东西很多，所得的知识却很少，父母没有引导孩子运用比较等方法去加深对事物的认识。因此，带孩子外出时，一定要根据孩子的兴趣和注意力，适当地提示孩子细致地观察眼前的事物，抓住时机加以引导。例如，沿途遇见一辆

汽车，可以问孩子"这是什么车?"、"是客车还是货车?"、"有多少个轮子?"、"上坡跑得快，还是平地上跑得快"等等，通过"触景生情"、"借题发挥"等种种联想去引导孩子认识自然界和社会的种种现象，满足孩子强烈的求知欲望，并积极引导孩子开动脑筋想问题、找答案，有效地开发孩子的智力。

三、专心致志——发展孩子的注意力

所谓"注意力"，也就是人们通常所说的"专心"。日常生活中人们所表现的"全神贯注"、"聚精会神"、"专心致志"，就是注意力的表现形态。

心理学家是这样给"注意力"下定义的：注意力是指人的心理活动指向和集中于某一事物的能力。注意力是智力的重要组成部分。同时，注意力还是观察力、记忆力、想象力、思维力等其他智力因素的必要条件和先导，如果没有注意力，人就听不到、看不见，无法回忆，难以思考。有了良好的注意力，就好比是打开了智慧的"门"。要培养聪明的孩子，必须开启孩子的"智慧之门"。

我们从不少人物传记中可以看到，凡是有成就的人，都有一个共同的特点，就是在学习和工作时注意力高度集中，甚至到了对别的东西视而不见、听而不闻的地步。举几个例子：

居里夫人从小就有非凡的注意力。她读书非常专心，完全理会不到周围发生的一切。即使别的孩子跟她开玩笑，故意发出各种使人不堪忍受的声音也丝毫不能把她的心思从书本上移开。她童年时，有一次几个姐妹用六把椅子在她身后垒了一座不稳定的三角塔，正在全神贯注读书的居里夫人完全没有觉察到，直到她读完预定要读完的章节才抬起头来。

哲学家黑格尔有一次一边散步，一边沉思，天下雨了，他一只脚陷进了烂泥，丢了一只鞋子，自己却没有发现，一只脚穿着鞋，另一只脚只穿着袜子继续往前走。

我国的数学家陈景润，一边走路，一边思考，自己撞在树上，还问谁撞了他。

像这样的例子是不胜枚举的。古语曾说:“大智若愚”，就是因为他们的注意力都集中到学问上去了，而其他方面注意不到，于是就显得呆里呆气。

与之相反，很多事例说明，注意力不集中的人，是一定不会有什么成就的。孩子们学习也一样，有些孩子天资并不愚钝但他从小没有培养稳定的注意力，上课或复习功课时总是心不在焉，不是讲话做小动作就是东张西望，学习成绩当然就差了。

注意力集中，学习和工作的效率就高，这是有科学根据的。当人集中注意力时，大脑皮质内形成一个优势兴奋中心，神经细胞处于高度兴奋状态。在这种状态下，它的工作能力最强。这时旧的神经联系容易恢复(即过去积累的知识经验容易回忆起来)，新的神经联系容易形成(即新学的知识容易理解和巩固)，因而效率高。

要培养良好的注意能力，必须首先了解儿童注意的特点，在此基础上从小就科学地培养孩子良好的注意力。

(一) 吸引并维持孩子的无意注意

1. 幼儿的无意注意占优势

孩子的注意发生在新生儿期。有资料表明，明亮的物体、巨大的响声均能引起尚未满月的婴儿的无条件定向反射。这种原始的定向反射活动，可以说是孩子最初的注意。

此后，孩子的注意越来越明显，注意的对象开始是亲近的人的脸庞和声音，然后扩大到奶瓶、牛奶、小勺、小碗等这些与满足机体需要直接有关的事物。但周岁以内的孩子，注意都是不稳定的且大都是

无意注意，即事先并没有预定目标，也不需要意志努力，自然而然产生的注意。

孩子稍大些以后，作为父母，可能都会有如此类似的经历：孩子正聚精会神地听你讲故事，突然一只小狗从旁边跑过，这时孩子的注意力往往会立即转移到小狗身上，眼睛跟着小狗转。此时，大可不必为此生气，因为6岁之前的孩子虽然已开始能比较自觉地注意某些事物，但是还很不稳定，不能较长时间地把注意力保持在某一事物上，稍受干扰，注意力就会分散，无意注意仍占据主导地位。主要表现为：

(1) 外界刺激是引起幼儿无意注意的主要因素

新异、鲜明和形象的外界刺激，如强烈的声音、鲜明的颜色、突如其来的变化等都是引起幼儿无意注意的主要因素。特别是电视、电影中的生动形象、强烈的明暗对比、运动多变的画面等更易于引起幼儿的无意注意。随着幼儿经验的积累和认知能力的发展，幼儿能发现与经验不一样的新奇事物和事物的新颖性。这种新颖性是引起幼儿无意注意的重要因素。

(2) 与兴趣和需要关联的事物逐渐成为幼儿无意注意的原因

幼儿随着年龄的增长和生活经验的丰富，需要也扩大了，兴趣也发展起来。这个时期，凡是与幼儿兴趣和需要关联的事物，皆能引起他们的无意注意。例如：

> 石头对各种各样的车很感兴趣，每次出门，首先注意到的是院子里停着的车，还会告诉爸爸妈妈“妈妈，黑色的小轿车！”“爸爸，张叔叔家的越野车！”坐车行驶在公路上，是他最兴奋的事情，因为可以看到数量更多、类型更多样的车：“搅拌车、油罐车、公交车、工程车、大卡车、警车、出租车、面包车、商务车……”每见到一辆车，他都会指着说车的名称。到了商店、超市的玩具专柜，最先引起他注意的是车，他最爱摆弄的也是车。

有关研究表明，随着幼儿年龄的增长，无意注意表现出不同的特点。三、四岁孩子的无意注意更多地受新异的、明显的或带有响声的刺激所支配，由于兴趣的不稳定性，其无意注意更容易随着兴趣的变化而转移。四、五岁的孩子对于有兴趣的活动，能较长时间保持无意注意。五、六岁孩子的无意注意有了进一步的发展，对于感兴趣的活动，比四、五岁孩子的注意保持时间更长，如能较长时间集中注意听成人讲有趣的故事等。

2. 给予孩子能吸引其无意注意的有益刺激

心理实验告诉人们，强烈的、新奇的与变化的物体最能吸引孩子的注意，如能自动跳绳的小娃娃、会打鼓的大熊猫、自动下蛋的花母鸡、转动的音乐鸟笼、色彩鲜艳形态逼真的吹气阿童木……类似的玩具父母可以多为孩子准备一些，这对训练孩子、尤其是0～3岁孩子的注意集中能力大有益处。

另外，由于孩子无意注意的特点，在家庭中，要注意创设良好的学习、生活环境，避免分散孩子的注意力。良好的学习、生活环境，对孩子教育起着很大的作用。孩子在集中注意玩玩具、看图书、绘画、

做事情的时候,成人要为孩子创造安静的环境,不宜把电视或音响的声音放大,更不宜在孩子旁边打麻将、大吵大闹,或者发出其他噪音,以免分散孩子的注意力。

【小贴士】 孩子的学习环境要绝对安静吗?

孩子的抑制能力比较差,不善于排除外来干扰,容易分心,因此要尽量给孩子们以安静的学习环境。这样有利于培养他们稳定的注意力。对学龄儿童,经常给他们讲注意力对学习的重要性,使他们自觉地锻炼自己的注意力是重要的,更重要的是不要让他们的学习经常受到干扰,如孩子在学习,父母却在听音乐或看电视,或者与客人高声谈笑。很多孩子学习不好,就是由于家里没有一个好的学习环境。

有些父母却又过分迁就,在孩子学习时不准房间里有一点响动,甚至连走路也踮起脚尖,生怕分散了孩子的注意,这也是没有必要的。这样培养出来的孩子,注意力会很薄弱,受不了一点干扰,将来很难适应环境。随着孩子年龄的增长,自制力的增强,要适当地给他们一点锻炼。有些有成就的人,有的革命前辈,他们还故意选择不安静的地方学习,闹中求静,锻炼自我克制的毅力和在任何情况下都能聚精会神读书的习惯。

3. 根据无意注意规律,善于组织孩子的活动

既然孩子占主导地位的是无意注意,那么孩子的活动内容就必须力求新颖、富于变化、有趣,注意满足他们的好奇心和求知欲,方式方法要多种多样。家中的亲子活动必须多用颜色鲜明的直观辅具,如实物、图画、图片,或进行有趣的实验,或采用游戏的形式。给孩子讲故事必须语言形象、生动,语调要抑扬顿挫,时间也不宜过久。

家长不能强迫孩子学习他认为枯燥无味的、单调的东西。要使孩子集中注意学习,内容和方式都必须使幼儿感兴趣,富有吸引力。

有的家长和老师也很善于教育，例如：

一位父亲教孩子学分数，他买来一个大西瓜，问孩子："小明，我们两人吃这个西瓜，每人吃多少呢？""一半"小明回答。"对，但如果妈妈、姐姐也一起吃呢？"孩子想了想说："一半的一半。"父亲说："一半是二分之一，一半的一半是二分之一乘以二分之一，是四分之一。"父亲这样教，孩子自然感兴趣，也自然能集中注意思考问题。

千万不能用枯燥无味的方法强迫孩子学习，这不但没有效果，相反只会事与愿违，使孩子感到学习是一件枯燥无味的苦事，从而厌恶学习。

（二）培养和发展孩子的有意注意

服从一定目的而产生的注意称为有意注意，这是一种高级的注意。它不但有目的，而且还要加以意志的努力。特别是要完成艰巨而又不感兴趣的学习或工作任务时，它表现得特别明显。有意注意是受目的任务支配、与人的意志努力紧密联系的。

1. 幼儿的有意注意逐渐形成和发展

也许大家有过这样的经验：当你对着 1 岁多的孩子问"猫呢？"孩子就会朝着小猫经常活动的地方去寻找；当你问"妈妈呢？"孩子就会转向妈妈所在的地方。这是因为 1 岁的孩子，开始学会按成人的语言要求注意周围的人或物，这标志着孩子的有意注意已经开始萌芽，也就是开始学习按照一定的目的去注意事物了。

在成人的指导帮助下，幼儿随着年龄的增长、知识经验的积累、言语能力特别是内部言语能力的逐步提高，开始能以词语表达自己的活动意向，对自己能提出一些活动目标和任务要求，这样，幼儿就能对自己的心理活动和行为进行一定的组织和调节，其有意注意也便开始发展起来。幼儿有意注意的发展具有以下特点：

（1）有明显的年龄特征

幼儿的有意注意有一个发展过程，有明显的年龄特征。3～4 岁

的幼儿注意很不稳定，有赖于成人帮助组织注意。例如，提出注意的对象、要求，维持注意的稳定性。5～6 岁的幼儿开始独立地组织自己的注意，有意注意开始形成，但仍然处于不稳定状态。那些不能引起幼儿注意的弱刺激，在言语的指导下，也能使幼儿加以注意。

(2) 成人的指导和帮助有助于有意注意的发展

由于幼儿的自我意识处于低级阶段，自我约束、自我控制能力很差，难以用意志努力来保持注意，所以在选择注意对象以及保持注意的稳定性等方面，都离不开成人的帮助。在家庭中，父母对孩子提出某些任务、要求和必须遵守的行为准则等，都可以促进幼儿有意注意的发展。

2. 在快乐游戏中训练孩子的有意注意

游戏是幼儿最感兴趣的活动形式。实验证明,孩子在游戏中扮演角色时,比在单调的实验室条件下维持注意的时间长。因为游戏是孩子最喜欢的活动形式,同时,孩子的每一个游戏都有一个必须完成的具体明确的任务,这就需要孩子保持一定的有意注意。

传统游戏中,"什么东西不见了"是一种简单易行、效果良好的培养孩子注意力的游戏。父母可以当着孩子的面,在桌上摆出几样物品(要求孩子注意看、认真记,并说出物品的名称),然后,让孩子转过身去,在孩子不察觉的情况下拿走其中的某样或几样物品。当孩子转过身来时便问他:"什么东西不见了?"如果孩子回答对了,应及时给予表扬和鼓励;如果孩子答错了,应提醒他注意用心观察和记牢。这种训练方法较为灵活,使用的物品不论是吃的、穿的、用的、玩的均可。另外,类似的一些方法,如"找错"、"配对"等等均不失为简单、灵活、实用的训练方法,父母可以根据具体情况选择运用。

【小贴士】 两款可以训练孩子注意力的亲子游戏

(1) 玩"开火车"游戏

这种游戏要三人以上,一家三口就可以完成,当然如果有爷爷奶奶或其他亲人参加,那就更好了。

以三人为例,方法是:三人团坐一圈,每人报上一个站名,通过几句对话语言来开动"火车"。如,爸爸当作北京站,妈妈当作上海站,孩子当作广州站。爸爸拍手喊:"北京的火车就要开!"大家一齐拍手喊:"往哪开?"爸爸拍手喊:"广州开。"于是,当广州站的儿子要马上接口:"广州的火车就要开。"大家又一齐拍手喊:"往哪开?"儿子拍手喊"上海开。"这样火车开到谁那儿,谁就得马上接得上口。"火车"开得越快越好,中间不要有间歇。

这种游戏由于要做到口、耳、心并用,因此能让孩子注

意力高度集中，同时也锻炼了孩子快速反应的能力，而且这种游戏气氛活跃，能调动人的积极性，孩子玩起来乐此不疲。

(2) 有意干扰游戏

本来一个人要保持注意力高度集中就不容易，如果旁边再有人进行干扰，会觉得更难以集中注意。比如孩子做作业时，旁边正上演吸引人的电视节目，孩子就会分散注意力。然而正因为有干扰、有难度，才能在人为设置的更困难更复杂的情境中，训练注意力的高度集中。

比如一位学龄前儿童的家长跟孩子做的有意干扰游戏，效果就很好，特推荐给大家。

有一次，爸爸和五岁的东东玩乒乓球，爸爸让东东把球放在球拍上，绕桌子行走一圈，要求乒乓球不能掉下来。爸爸在旁边进行捣乱，但不碰到东东的身体。爸爸一会儿拍手跺脚，一会大喊大叫，还一边说"掉了！掉了！"东东忍不住就笑了，但为了不输给爸爸，又不得不保持镇定和注意力集中，继续完成游戏。一圈走下来，爷俩笑得前仰后合。此外还有类似的游戏，对提高孩子注意力非常有效。

3. 帮助孩子明确和理解活动的目的

鹏鹏平时在绘画活动中总是心不在焉。有一天，爸爸跟鹏鹏说："今天是妈妈的生日，你给妈妈画幅画，作为生日礼物送给她好吗？"结果，这次，鹏鹏不仅画得特别专心、认真，而且还画得很好。

这是因为孩子有了明确的活动目的，非常希望把画画好，故能自觉地、专心地完成这一作业。要使孩子维持有意注意，必须使他们明确活动目的。目的越明确，越容易维持。如要求孩子背诵一首诗，准备节日朗诵，他的注意力会比单纯要求他背诵集中些，因为前者目的更明确。

4. 给孩子布置注意的任务

在日常生活中，家长可以经常向孩子提出明确具体的注意任务。比如，向孩子提问“家里多了什么东西?”、“妈妈的衣服哪里变了?”等等，有目的地引导孩子注意周围的变化。长期训练，孩子将学会有意注意并逐步养成有意注意的习惯。

在讲故事时，要求孩子复述。复述得好的，也给予鼓励和表扬。经常这样要求，孩子就会习惯于仔细地听、认真地看，很自然地培养了有意注意的能力。

5. 通过故事启发孩子养成良好的注意习惯

> 圆圆的父亲为了改正孩子做事不集中精神的毛病，便通过讲故事启发孩子。他给孩子讲《猴子学下棋》的故事，说一个猴子天天看一个叔叔和老爷爷下棋，日久天长，猴子学会了下棋，他便从树上跳下来和老爷爷对弈，结果把老爷爷打败了。老爷爷回去后，左思右想终于想出了一个办法。第二天，他端着一盘桃子，放在棋盘的旁边，猴子一边下棋，一边想着桃子的美味，结果把棋下输了。圆圆从故事里明白了学习和做事要集中精神、不能左顾右盼的道理，从而一改过去的毛病。

家长要结合自己孩子的表现，选择一些教育孩子专心学习、做事的故事，促进孩子注意力发展。例如故事《小熊进步了》，内容是说一只小熊不专心上课，没有掌握区别蜜蜂和苍蝇的知识，错把蜜蜂当苍蝇拍，结果被蜜蜂刺肿了脸。《小猫钓鱼》写大猫、小猫一同去钓鱼，大猫专心钓鱼，不一会便钓了一条大鱼。小猫不专心，见蝴蝶、蜻蜓飞来了，它都去捉，结果连条小鱼也没有钓到。后来，小猫经过大猫耐心的教育、帮助，专心钓鱼，不一会儿就钓了一条大鱼。把这些故事讲给孩子听，结合孩子的实际，具体指出孩子要专心做事、学习，就

可以使他逐渐养成专心的习惯，培养孩子的注意力。

6. 在日常生活中养成孩子良好的注意习惯

家长要善于从日常生活小事中提高孩子的注意能力，要养成孩子生活的规律性。在家里，无论是教孩子收拾、放置物件，还是使用各种劳动工具，都要提出具体要求，并且给予具体指导，使他做事有始有终、做出结果。例如开饭，家长先教孩子搬好桌椅，再派碗筷，让孩子集中注意力，做完一件再做另一件，这样，孩子就不会因为分散精神而打烂碗碟、倒掉饭菜，或者没有做完就走开。

作为孩子的父母，在培养孩子注意力的时候，首先自己要做好榜样，父母给孩子讲故事或办什么事，要一心一意，不能漫不经心。让孩子用心听、认真办，如果他似听非听，父母也不及时纠正，天长日久必然习以为常。另外，向孩子交代的任务要目的明确、有始有终，无论是看书、学画、观察某一件具体的小事，都是如此，这样才容易养成习惯。

四、博闻强记——发展孩子的记忆力

常常听到一些父母埋怨孩子记性不好，太笨了，教给他的东西总记不牢。记性好不好，是指一个人的记忆力如何。人们把所见过的、听到的、想过的或做过的事情记在脑子里，以后能回忆起来，也就是把过去所经历的事情在头脑中能重新反映出来，这个过程叫记忆。记忆过程也就是信息的编码、贮存和提取的连续过程。

人们知识经验的积累、熟练技巧的获得，都必须通过记忆。孩子生下来时，一无所知，要在一、二十年内掌握人类丰富的文化科学知识，记忆的作用是十分重要的。

当客观事物作用于人的感官时，人脑里的神经细胞就开始活动起来，各种神经细胞之间相互作用、相互影响，发生一系列物理、化学变化。这种作用和变化在神经细胞上留下"痕迹"，建立起"暂时联系"，并把这些"联系"、"痕迹"通过编码贮存起来、加以巩固，以后在恰当时机又可以恢复活动。

记忆犹如一个大图书馆，如果需要"用书"，到里边分门别类去找就行了。正因为如此，记忆力对一个人的学习、工作、日常生活都有很大影响。一般说来，记忆力好的人比较聪明，因为他脑子里记的东西丰富，思考问题和分析问题就更全面、更快捷。相反，如果一个人记忆力差，知识贫乏，就缺乏逻辑推理和解决问题的支撑材料。经常"丢三落四"，很难把事情办好。

人的记忆存在着共同的过程，但每个人的记忆能力并不一样。有的人记忆力强一些，有的人记忆力差一些。如果一个人记得快，能过目成诵，而且能够长期保持，做到古人所说的博闻强记，那个人记忆力就好。如果一个人记得快，但忘却也快，另一个人虽然不易忘记，但识记缓慢，这些人的记忆力都不算很好。如果一个人记得慢而忘得快，这个人的记忆力就差了。

记忆力的好坏，不但要从识记快慢和保持时间长短来衡量，而且还要看是否正确和准确。有的人记得快，但材料丢三落四，而且有错误(如孩子识字记错笔划，记外语单词弄错字母等)，也不能算是好的

记忆。记忆力的好坏还要看遇到问题时，是否善于从识记的宝库中准确迅速地拿出识记材料并及时解决问题。因此记忆的好坏是从识记的敏捷性、保持的持久性、记忆的正确性和准备性四方面来衡量的。

根据记忆保持时间的长短，还有短时记忆和长时记忆之分。短时记忆，也叫工作记忆，一般保持在一分钟之内，它保证人们思维的正常进行。如问孩子："树上有三只鸟，又飞来四只鸟，树上一共有多少只鸟？"孩子必须把"三只鸟"、"四只鸟"留在头脑中一会，才能算出七只鸟。当然算完后幼儿就忘记了，也没有必要再记它了。长时记忆是通过反复识记，把材料牢固地保持在脑海中，如孩子认识的字、学过的算术公式等。这两种记忆，对儿童学习都是必要的。

要发展孩子的记忆力，必须首先了解孩子的记忆力特点。孩子的记忆和注意一样，是以无意记忆为主的。他们对鲜艳的、形象生动的、新奇的事物，能无意中记住，有的甚至能终身不忘。如带孩子到公园玩要以后，他谈得最多的是大象的鼻子是什么样的，怎样卷东西吃，怎样把水吸起来喷出去，猴子怎样跳来跳去等。而对公园的树、草却没有留下什么印象。

幼儿的机械记忆比较好，他们常常对不理解的东西能记住，并用自己的理解来解释它们，所以常常记错、曲解词意。有时他们还用自

己已会的词句,去替换他们不懂的词句,如“滥竽充数”,孩子就记成“烂鱼充数……”家长要掌握幼儿记忆的特点,让孩子记的东西尽量形象,是他们感兴趣的,让他们在愉快的时候记,要仔细了解他们对教材的理解,而不要满足于孩子会背。

要发展和训练孩子的记忆力,可以尝试以下方法:

(一) 重复记忆

例如认识一个字,首先要读几遍,然后及时复习。复习最好在当天晚上,过 1～2 天再重复一次,以后每隔一段时间加强一次,以防止遗忘。这一方法是为了让孩子一而再、再而三地感知需要记住的东西。

这是最简单却是最重要的记忆方法。孩子本来就喜欢重复,反复感知事物的结果,会使孩子的大脑留下深刻的印象,如凡与幼儿生活有关且反复出现的事物,孩子即能长久地保持记忆就是个证明。

重复记忆的方法还适合于孩子对诗歌辞赋的记忆。孩子小的时候对于有韵律的材料喜欢背诵,也容易背诵。多给孩子朗诵简洁明快的诗歌辞赋,多教唱儿歌,可以有效锻炼孩子的记忆能力。

(二) 形象记忆

即充分应用直观性条件和重视语词的解释说明,使形象与词语交互发生作用,可增强记忆。要尽量从孩子生活中所接触到的那些看得见、摸得着、听得到的事物教起,由浅入深,由近及远,由具体到抽象。识字从“上、下、左、右、桌、椅、茶杯、筷子、爸爸、妈妈”教起,数数从手指、眼睛、鼻子和周围实物开始。即使无意义的材料如数字、拼音,也应尽可能给幼儿找出意义的联系,如“1”像小棍子,“2”像小鸭子,“3”像耳朵,“4”像小旗,“5”像秤钩等。

(三) 理解记忆

记忆与思维是分不开的,对所学的知识,理解得越深刻,记忆效果就越好。因此,当家长指导孩子记忆一些有意义的材料时,要尽可

能地让孩子理解其内容。理解材料的内容，不但有利于记忆，更重要的是能够发展孩子的思维能力，使孩子的理解与分析能力得到发展。

有这样一个实验：让孩子用相同的时间，识记两篇字数相同的故事，一篇是孩子能理解的内容，另一篇则含义较深，孩子很难理解。结果发现，孩子对能理解的故事记住了90%，而对不能理解的故事仅记住了25%左右，记忆效果相差3倍多。

孩子能记住材料，但不能理解材料内容，这仅做到了一半。家长要尽可能在识记过程中指导孩子理解材料，并在此基础上记忆。

（四）归类记忆

归类是把同类事物归之为一类，使记忆材料成为有一定联系的系统的材料。这样能在幼儿头脑中建立有序的、系统的知识，不仅有利于对学习材料的理解、更牢固的记忆，而且有利于减轻记忆负担。

例如，把苹果、梨、桃、香蕉、西瓜等归之为水果类，把铅笔、橡皮、铅笔盒、小刀、钢笔等归之为文具类。幼儿的分析综合能力和抽象概括能力都比较差，因此这一策略的掌握应在成人的具体指导下进行。

还可根据事物之间的相互联系，用推导的方法，记住一系列关联的事物。例如，教孩子认识“人”字，在此基础上加一横是“大”字，“大”字下面加一点是“太”字，“大”字上面加一横是“天”字，“天”字出头是“夫”字。这样推导认字，可以记许多字。

（五）愉快记忆

有这样一个实验：

> 准备三段文字让孩子记忆，字数都在120个字左右。第一段文字是表扬孩子的内容；第二段文字是与孩子无关的事件描述；第三段文字是批评孩子的内容。然后检查孩子记忆的结果发现，表扬孩子的内容，孩子记住了80%以上；批评孩子的内容，孩子记住了50%左右；而与孩子无关的内容，孩子只记住了22%左右。由此我们可以看出，使孩子愉

快的内容，孩子易于记忆（成人也同此理）。

另一个实验是让孩子在以下三种心态下识记：

第一，心情愉快状态下识记；第二，心情烦躁、伤心状态下识记；第三，心情淡然、无所事事状态下识记。结果发现，在心情愉快状态下，孩子记忆成绩在70%左右；心情烦躁、伤心状态下，孩子记忆成绩在20%左右；心情淡然、无所事事状态下，孩子记忆成绩在40%左右。

因此，让孩子在识记时保持愉快的心情是有利于提高记忆的。

首先，在识记前，家长要尽量鼓励孩子，指出孩子以前的优秀表现，如可以说："上次你记忆××，记忆得真快，记忆力太好了。这次你一定能记得更好。"通过表扬以往的优秀表现，孩子不但能感到心情愉快，而且还能提高自信心。

其次，在孩子整个识记过程中，家长要始终表现出对孩子的关心和充分信任。家长的表情应是惊喜的和赞美的，这样会给孩子信心和勇气，使他们感受到家长的关心和爱护，孩子会感到无比的欣喜。

最后，当孩子识记完后，无论孩子的成绩怎样，只要孩子努力了、尽力了，家长都应诚心诚意地表扬他们，尤其是在孩子成绩不理想时，更不要恶语批评，一定要让孩子感受到完成后的喜悦。这样会增强孩子记忆的信心，给孩子留下"愉快的记忆"。

（六）有意记忆

整个幼儿阶段，孩子的记忆主要都是无意的。但有意地记住一些材料的能力也随着年龄的增长而发展。以一个心理学的实验为例：

实验内容是"买东西"的游戏。孩子要按照委托到"商店"去买五样商品（都是孩子理解的，如皮球、牛奶、铅笔、木枪、糖果等）。结果三、四岁的孩子来到"商店"，就认为他的任务完成了。他事先既没有意地记住要"买什么货"，到"商

店”时也没回忆应该做什么事。四、五岁的儿童来到“商店”时，迅速地复述着要买什么，但遗忘了的，也就算了，不再设法回忆。五、六岁的孩子，接受任务时，要求委托者把任务交代得慢一些，而且一边听，一边嘴里重复着，企图记住它，出现了明显的有目的识记。

幼儿有意记忆能力的发展，是生活要求的结果。家庭和幼儿园都要求他记住一些规则、完成某种任务、记住一些材料，如参加游戏必须记住游戏规则，在集体中生活必须记住集体的要求，为了朗诵就得背熟诗歌，还要记住拼音字母，记住数字甚至记住一些常用汉字。

为了锻炼孩子有意记忆的能力，要经常向他们提出有意识记的要求，如复述故事、背诵诗歌和顺口溜等。带孩子到外面参观散步，事先提出回来后要谈所见所闻，而且比赛谁记得多、记得详细、记得正确，也可以发展孩子的记忆力。

我国著名桥梁专家茅以升八十多岁的时候，还能把圆周率小数点后面一百位数字准确无误地背出来。他小时候，有一次在他爷爷书房里发现了一本书，上面写着圆周率后面的一百位数字。为了锻炼记忆力，他花了很多时间把它记了下来。他还常常用背诵古诗文的方法来锻炼自己的记忆力，因此他的记忆力才这么好。

五、智慧丰硕——发展孩子的想象力

俄国著名教育家乌申斯基说得好：

“强烈的活跃的想象，是伟大智慧不可缺少的属性。”

孩子如果缺乏想象力，就不能很好地掌握知识，也缺乏创造力。

爱因斯坦尤其重视想象力的作用，他说：

“想象力比知识更重要，因为知识是有限的，而想象力概括着世界上的一切，推动着进步，并且是知识进化的源泉。严格地说，想象力是科学研究中的实在因素。”

达尔文是十九世纪的科学巨星之一，是进化学说的伟大创造者。他小时候，是一个富于想象、爱说大话的孩子。有一次，达尔文在山下拾到一块化石，回家后跟姐姐说，这是一块价值连城的宝石。又有一次，他拣到一枚硬币，又一本正经地告诉姐姐，这是罗马造的。姐姐不信，拿来一看，不过是一枚变了形的十八世纪的硬币。还有一次，他煞有介事地对同学说，他发明了一种“神秘的液体”，这种液体注射进植物体中，可以改变花果的颜色。

姐姐越来越不理解小达尔文，感到很奇怪，于是便到父亲那里去告状，达尔文的父亲是医生，听了女儿的告状，不但没有责备达尔文，反而说：“这算什么撒谎，这孩子倒挺有想象力，说不定哪一天，他会把这种才能用到事业上去呢！”父母对达尔文的想象力问题的态度和教育方法，对现代家长们培养和提高孩子的想象力有许多借鉴意义。

想象力是智慧的翅膀，有了智慧的翅膀，人才能飞得高、飞得远。儿童时代是充满幻想的时代，也是父母培养并丰富孩子想象力的重要时期。应当让孩子们更多地在自由玩耍中展开想象的翅膀，在智慧的天空中展翅翱翔。

幼儿时期的孩子最喜欢想象，他们一会儿想象自己是解放军战士，一会儿想象

自己是老师，一会儿想象自己是大英雄，一会儿又想象自己是无所不能的变形金刚。同时，幼儿时期也是发展和培养孩子想象力的关键期。为使孩子的想象力得到发展，父母应掌握孩子想象力的特点。

与注意、记忆一样，想象按照有无目的性和自觉性，也可以分为无意想象和有意想象。幼儿想象的首要特点是无意想象为主。无意想象指没有预定目的、不自觉、不由自主地进行的想象。随着年龄的增长，幼儿晚期，有意想象发展明显。有意想象是指有预定目的并自觉地进行的想象，它包括再造想象和创造想象。

在有意想象中，幼儿期又以再造想象为主。再造想象是指根据语词的描述或图样的示意，在头脑中形成相应的新形象的心理过程。幼儿再造想象的特点是，常常依赖于成人的言语描述，同时也常常受外界情景变化的影响，想象缺乏独立性，这与幼儿想象的无意性强有关。但在游戏中，幼儿的想象容易展开，玩具的具体形象也容易引发幼儿的想象。

总体来说，幼儿期孩子的想象具有以下特点：

(1) 广阔而不深入

当你和孩子坐在一起的时候，注意留心孩子询问的问题，你会发现，他所问的内容上至天空，下至海洋；远到天边，近至眼前；从动物，到植物，几乎无所不包、无所不有，可见其想象力之宽广。但是，具体到所问的每一件事，则不能深究，似乎他的询问并没有什么目的性。

三、四岁的孩子自由画画，在画面上画了太阳，又画老虎，再画茶杯，又画板凳等等，直到画满为止。虽然孩子想象的进程和形象杂乱无序，画的东西之间没有内在联系，没有主题也不成样子，在成人看来毫无意义，但幼儿自己却津津乐道，画得非常高兴。

幼儿只满足于画的过程，无意于画的结果。这说明幼儿对想象过程本身感兴趣，在不断变化的想象过程中得到满足。想象的无意性使孩子的想象充满浪漫、无拘无束、丰富多彩。

(2) 情节简单,主题不稳定

与成人相比,幼儿想象的情节比较简单,并且往往集中在某一突出点上。以他们在游戏中模拟的现实生活现象为例,就表现出了他们想象的这一特点。如他们演习开汽车时,往往集中在汽车的汽笛声上;演习电影中的故事情节,虽然表现得十分逼真,但是仔细思索起来,他们的举动离生活还有很大的距离。

另外,孩子的想象与环境、情绪以及当时面前的物品有关。幼儿的想象往往是在外界事物的影响下产生的,没有预定目的。例如,幼儿摆积木,在摆之前想不出要摆成什么,只是无意识地摆,自发地改变摆的形状。一会儿报告说摆成"城堡"了,一会儿报告说摆成了"长城"。这都是由于幼儿感知到形状变化、引起有关表象的活跃产生想象的结果,没有固定的主题,随形状变化而联想。

(3) 形象生动,夸张性大

从幼儿的游戏活动可以看出,他们是以动态的形象而想象的,注重于动的一面。如孩子的画,多数画的是动态,如正在飞的飞机、奔腾的马、行走中的人等,很少画静态。

幼儿的想象还具有夸张性。在听故事时,喜欢听夸张性的童话故事,什么长鼻子、大人国、小人国等等;在画画时,画人只画一双大眼睛,不画鼻子、耳朵;他们也很少考虑到事实上的可能性,往往只注意意向上的满足,如他们在双方交战的游戏中,往往一方用手枪一指,就要求对方立即躺下,装作负伤,从不考虑距离及枪的威力。这就是夸张性的特点。

(4) 容易与现实混淆

孩子做游戏时,不象成人做的游戏,与现实界限分明,他们往往会把游戏和现实混在一起。如玩布妹娃,他可以拿块水果给玩具吃,但又可随时往自己嘴里填,忘记了自己是在游戏。幼儿常把想象与现实相混淆,把想象的事当成真的。例如,在游戏时,幼儿沉迷于游

戏想象情景之中，有的孩子会把游戏中的"菜"吃了。

【小贴士】 孩子是在"说谎"吗？

三、四岁的幼儿，由于实际经验不充足，加上想象常常受情绪支配，有时会把想象当成现实。一个三岁的孩子对妈妈说："今天我在幼儿园吃了三碗饭"，实际上他只吃了一碗半饭，喝了半碗汤。一个五岁的孩子有声有色地说："我爸爸当过团长，他一个人就炸毁了敌人的碉堡，还俘虏了好多敌人。"但据他爸爸说自己当过兵，但却没有炸碉堡、当团长和俘虏敌人的经历。

遇到这种情况，不要轻率地责备孩子说谎。因为说谎是为了一定的目的而进行的欺骗，那是要责备的。而上面讲的事并不是孩子故意撒谎，他当时深信他的想象是真实的。随着年龄的增长和理解力、分析力和记忆力的增强，孩子就能区分想象与现实了。

鉴于幼儿这个特点，在成人询问幼小孩子什么问题时，必须注意问题的内容和形式，问题不要带暗示性。问题暗示性越小，获得正确答案的机会越多。相反，各种带暗示性的问题，通常会引起肯定性的回答，即使这个答案是不正确的。例如，孩子在院子里玩耍回来，妈妈怀疑他受了欺负，问道："明明欺负你了吧?"尽管孩子没有受到欺负，却往往回答"是的"。这样有时可能引起不必要的误会。

因此，成人要注意自己的言语和态度对幼儿的影响。例如，孩子准备朗诵诗了，爸爸表示怀疑："你成吗?"孩子真会认为自己不成，虽然他已经准备好了。家长和教师对幼儿要多采取鼓励的态度，如"我相信你会讲得很好!"、"我想你一定不会打架!"等等，使孩子相信自己的能力，想象自己是一个好孩子，这对抑制他的消极行为、鼓励良好行为将大有好处。

我们在培养、发展和丰富孩子想象力的时候，应当根据这些持点因势利导。

（一）爱护孩子的想象

孩子最喜欢想象。孩子们天真的想象，常常被大人看成幼稚可笑，甚至视为胡思乱想，加以制止。其实，孩子的想象是他的智慧火花，不对孩子的想象力加以珍惜和爱护，而是横加制止，就会将孩子的智慧扼杀。

父母要和孩子一样珍视他的想象成果，慎重对待孩子的各种天真无邪的幻想，不要给予破坏和嘲笑。这就要求父母也要有一颗童心。在这方面，马克思是我们学习的榜样。

有一次，他的小女儿爱琳娜对英国作家弗·马利亚特的航海故事很感兴趣，她说她也要做一个"舰长"(虽然她并不十分懂得舰长究竟是干什么的)，并问马克思她是不是可以"扮成男孩子"，并且"偷偷地去租一艘军舰"？马克思对小女儿这个幼稚可笑的想法，并没有简单地加以否定或轻率地同意，而是悄悄地告诉她，这自然是可以的，不过，在计

划没有成熟之前，不要把这件事告诉任何人。就是这样，马克思把孩子富有浪漫色彩的遐想引向了实际。

还有一次，小爱琳娜认为，如果没有她的建议，美国总统阿伯拉罕·林肯在当时正在进行的南北战争中就很难获胜，因此就写了一封很长的信给他。马克思当然没有给她寄出去，而是保存了下来。爱琳娜长大后，马克思还把这封保存下来的信给她看。

有的父母不了解孩子的心理，不体验他们的愿望和感情，把孩子的想象或想象的产物看成是胡闹或毫无意义的事情，给予无情的破坏。例如，当孩子花了很大功夫用积木和纸盒等建造成“城市”、“建筑物”、“大炮”、“碉堡”时，妈妈为了收拾房间就不问情由，通通把它摧毁，孩子往往为这些事情伤心哭泣。

父母轻视孩子的想象结果会剥夺孩子创造的欢乐，挫伤他想象的积极性。要知道孩子多么珍视他自己的创造，而且多么希望父母给予热情的支持啊！父母如果了解孩子的心理，和他们一起活动，不但能激励孩子的想象，而且可以使彼此之间的感情更融洽，更得到孩子们的信任。

一位母亲下班回家，看见孩子们正玩得起劲，用椅子搭成军舰，用旧报纸做帽子，原来孩子们正准备“出海巡逻”。她问“你们谁是舰长？你们还少什么东西吗？我来跟你们一起准备！”孩子们高兴得跳起来，商量着带什么物品，然后“出海”了，在海上发现了“敌人”，“英勇”地打了一仗。游戏在兴高采烈的气氛中结束，孩子们不但想象活跃，而且培养了勇敢和合作精神。

（二）丰富孩子想象的原材料

想象是在记忆表象的基础上产生的。因此，不论想象的内容怎样离奇古怪，它都有客观的、现实的基础。例如，在小说《西游记》中，作者创造了孙悟空、猪八戒、沙和尚、太上老君、王母娘娘的形象。这些形象当然是虚构的、非现实的，但是，这些奇特的形象仍然来自客观世界，来自作者头脑中的记忆表象。现实生活中存在猴子、棍棒、猪、钉耙，存在被压迫者反对压迫者的斗争，存在着高山、深谷、急流、险滩等自然环境，作者正是根据这些现实的材料才创造出孙悟空等这些非现实的形象来。

要发展孩子的想象力，首先要使孩子多获得想象的原材料，以便孩子在脑海里进行加工改造。孩子积累的知识、经验越多，记忆表象的储备越丰富，对想象的发展越有利。缺乏原材料，孩子的想象就狭窄、肤浅。因此，家长要培养和提高孩子的想象力，就应该让孩子多看、多听，开阔孩子的视野，丰富孩子的素材。

要多带孩子到大自然中去。在生活中，父母不可能为孩子找到一位比大自然更好的教师。它将世界上的万事万物展示在孩子面

前，要让他去听、去闻、去摸。尤其是大自然鲜艳的色彩、娇美的姿态、动人的声音，早晨的日出、黄昏时的晚霞、夜晚的星座、多变的浮云，冬天的冰雪、夏天的风雨，植物的生长、昆虫的生命活动等，都会吸引孩子，激起他们去探索的愿望。

因此，父母应正确地引导他们去探索。比如面对夜空中闪闪发光的小星星，你可给孩子介绍一下，它们各叫什么名字，离我们有多远，坐上火箭需要多长时间才能飞到，这些都会使孩子产生许多丰富的想象。

此外，父母带孩子去外面游玩和散步时，应启发孩子将所看到的大自然中一些景物用自己的语言和想象进行描述。这样一来，孩子们通过广泛地接触、观察、体验，想象力就能不断得到丰富。

（三）从游戏中发展想象力

游戏是孩子想象的王国，在游戏中孩子可以凭借想象扮演各种角色、表现各种生活情境。从不同年龄孩子所扮演的游戏中可以看出，他们的想象力是在不断变化的。2～3 岁的幼儿游戏中，表现出的生活现象突出而简单。5～6 岁的儿童所表现的就比较全面系统，角色的动作也复杂得多，并且随时加入某些感情色彩。因此，要把早期教育的许多内容寓于游戏之中，通过游戏来开发其想象力。

幼儿的角色游戏可以使幼儿通过模仿进行想象并扮演各种人物角色，创造性地反映现实生活。幼儿做“开公共汽车”、“开商店”、“娃娃家”等游戏时扮演司机、售货员和家长等角色的过程，就是通过想象在重现现实生活。又如，幼儿通常都喜欢玩搭积木、拼积塑等构建游戏。在游戏中，幼儿凭借想象创造出他喜欢的手枪、汽车、飞机、城堡等玩具。另外，有时利用废旧物品和孩子一块制作玩具，往往收到意想不到的好效果，制作过程就是激发孩子想象的绝佳时机。

（四）鼓励学画、欣赏音乐

鼓励孩子从小学画，利用画画发展孩子的想象力是一种极好的手段。可以让孩子随意画，让孩子想画什么就画什么，不要硬性规定画的主题和内容。也可以大人和孩子共同画，大人先画一个极简单的图形，让孩子添笔。如画一个人头让孩子添上眼睛和嘴；画一个长方形，让孩子添笔画成黑板、窗户等；画一根树干，让孩子添枝加叶或者添上一只鸟。这些都可以使孩子思路开阔、丰富想象。如果经过练习，孩子能见景生情，对着实物，随意画出所见所闻，那就更有意义了。

1岁的孩子就开始对大人给他唱歌产生兴趣，有时还可以让他们合着节奏摇动身体。1～3岁的孩子便会适应音乐的节奏。4岁小孩就可以合着音乐和节奏跳舞。如果让孩子经常欣赏音乐，并及时给他讲音乐所反映的生活，让孩子想象乐曲表达的情景，就可以把孩子的思维带到音乐所展示的美好境界，有助于想象力的提高。

（五）运用故事进行启迪

故事对学龄前孩子往往有较强的吸引力，这正好是发展其想象力的大好时机。曲折的故事情节，借助生动的语言、表情及艺术形象的描绘，可以使孩子听后联想到故事的真实情景，并通过形象的联想发展想象。

家长在讲故事时，可以讲到中途停下来，剩余的故事情景留给幼儿去想象。为了把未完的故事补足，幼儿可能产生许多种设想。第二天，家长可以先鼓励幼儿讲出他续编后的新故事，然后家长讲出原来的故事。幼儿会发现他所想象的内容，可能大致符合原故事情节，这时，父母可以夸奖他跟作家想到一块去了；如果他想象的内容甚至

比原来的更奇妙，父母可夸奖他的想象力比作家还要好。

这将给幼儿带来成就感并使其更加喜欢想象。日久天长，孩子的想象力将得到充分发展。

> 德国伟大诗人歌德的母亲对此就很得法。在歌德童年时，她每天给他讲一个故事，而且常常讲到中途就停下来，让孩子去想象故事后半部分的情节和故事结局。这时歌德会冥思苦想，如果实在想不出满意的情节和结尾，就去找奶奶请教，直到自己认为有了满意的答案为止。第二天他去向母亲讲述自己想象的情节，然后由母亲接着把故事讲完。如果原故事情节有些与他的想象相吻合，歌德就会很高兴。这种做法激发了歌德的情感和丰富的想象力，给他以后写作带来了很大的好处。

六、头脑灵活——发展孩子的思维力

思维能力又称思考力，是孩子智力的核心。从某种意义上说，思维能力的高低，直接决定着孩子智力发展的水平。可见，思维能力是否发展得好，对孩子的学习、生活是很重要的。

世界著名发明家爱迪生深有体会地说：

"一个人年轻的时候不学会思索，他将一无所获。"

爱因斯坦说过：

"学习知识要善于思考、思考、再思考。"

高尔基也说：

"懒于思索，不愿意钻研，满足于一知半解的知识，都是智力贫乏的原因。这种贫乏通常用一个词来称呼，就是'愚蠢'"。

他们的话有一个共同点，就是突出强调了一个人要想摆脱智力贫乏的愚蠢境地，要能有所成就，就必须注重开发自己智力的核心——思维力。

从心理学的角度来说，思维是高级的心理过程，它是在感觉、知觉、记忆等过程的基础上产生的，而且比这些过程更复杂。思维过程主要是通过对感知的表象进行分析、综合，去伪存真、去粗取精，从而把握事物的本质以及事物和事物之间的规律性联系。

那么，思维过程是怎样的呢？例如，孩子看见图画里的人物穿着棉袄，这是感知过程，是对图的直接反映。孩子通过看图，知道画里的那个地方很冷，这不是直接感知得出来的，是由于看到人们穿着棉袄而推想出来的，是间接的反映。

孩子为什么从穿棉袄能够想到天气很冷？这是因为过去曾经有过多次直接经验，天气很冷的时候，人们才穿上厚衣服、穿上棉袄。把这些经验概括起来，孩子就知道，冷天穿棉袄，穿上棉袄的天气是冷天。可见，思维过程有两个基本特点，一是间接，二是概括。

因此，心理学把思维定义为：思维是对客观事物间接的和概括的反映。事物的本质和规律性的联系隐含在事物表象的背后，如果没有思维，就不可能反映出事物的本质和规律性联系。所以，思维是孩子认识世界、分析问题、解决问题最重要的工具。

人的思维发展经历了一条漫长的道路,从幼儿到儿童青少年,其总的发展趋势是:从具体到抽象、从不完善到完善、从低级到高级。大体可以划分为几个互相联系的阶段:

(1) 感知动作思维阶段(3 岁以前)

这种思维方式的主要特点是:思维伴随着动作或行动进行。这时,孩子只能考虑自己动作接触到的事物,只能在动作过程中思考,而不能在动作之外思考。同时,孩子既不会事先计划自己的动作,又不能预见动作的后果,是一种低级的思维形式。比如,孩子骑到小椅子上,同时说:"开汽车了!""骑马了!"等。当丢开小椅子、玩起其他玩具后,开汽车、骑马的思维活动也就让位于其他思维活动了。

(2) 具体形象思维阶段(3 岁~6、7 岁)

它的主要特点是思维的具体形象性。即孩子的思维主要是凭借事物的具体形象或表象,凭借具体形象的联想进行的。比如,孩子到医院,看见医生给病人看病,回来后,自己便找根绳或塑料管当听诊器,开始当医生,给小朋友看病。像这样模仿成人的活动,在这个年龄阶段是大量的。又比如,凭借一组形象的联想,给小朋友讲故事,象小熊请客、小猫学捉老鼠等。这时孩子的思维活动,已经可以摆脱动作的束缚,具有更大的活动领域。孩子可以初步计划自己的行动,并预见行动的后果。

(3) 从具体形象思维向抽象逻辑思维过渡的阶段(6、7 岁~14、15 岁左右)

它的主要特点是形象或表象逐步让位于概念,少年儿童逐步学会正确地掌握概念,并运用概念进行恰当的判断,进行合乎逻辑的推理活动。但是,这种抽象逻辑思维,在很大程度上,仍然是直接与感性经验相联系的,仍然具有很大成分的具体形象性。

(4) 抽象逻辑思维占主导地位的阶段(16、17 岁以后)

它的主要特点是,从经验型的抽象逻辑思维逐步向理论型的抽象逻辑思维转化，同时辩证逻辑思维初步发展。在学龄初期和少年期，少年儿童思维中的抽象概括和逻辑论证，在很大程度上依赖具体经验材料的支持。在青年初期，开始试图对经验材料进行理论的概括。

培养孩子思维能力的时机无处不在、无时不可。家长完全可以利用日常家庭生活这个大课堂来培养，关键是家长要有这么一种意识，要时时留心并抓住各种机会。如果真正有志于此，孩子的思维能力就一定能得到很好的训练。

（一）提供丰富的、可动手的环境

幼儿期孩子的思维特点是感知动作思维，也就是说孩子的思维必须依附于自己的感知和动作。某品牌香皂曾经做过一个广告：

> 一个小男孩在沙滩上玩沙子，先把水倒到沙子中，然后把沙子堆成一个“金字塔”，用自己的鞋子当工具把金字塔的斜面拍平。背景中的广告词非常经典：“孩子动手就是动脑！”

的确，之所以说“调皮的孩子大多聪明”，就是因为“调皮”的孩子动手、运动比较多，从而其思维能力得到的锻炼也多，所以聪明。

其实，感知动作思维不是幼小孩子的专利，大些的儿童青少年、甚至成人中，也存在并且需要感知动作思维。比如，机器修理工在维修机器前，有时并不知道机器坏在哪里、该怎样修，他是在具体拆装过程中运用感知动作思维来寻找解决问题的办法的。再比如，画家、雕刻家、建筑设计师等等，他们创作作品的过程中用到最多的也是感知动作思维。

因此，无论孩子多大，都应该鼓励孩子多动手，特别要鼓励幼小孩子动手，给孩子提供丰富的、可动手的环境。孩子从学走路开始，就是一个勇敢的探索者，从孩子的表现来看，可以说是毫无顾忌、不怕风险的。如孩子刚学会走路，尽管步态还不稳，父母还在不停担心

的时候，他就开始走个不停，在屋里一会儿翻书架、一会儿上桌子，要不就是蹬着椅子上窗台。在外边，一会儿弄水和泥，一会儿搬砖拆墙，似乎没有他不感兴趣的地方。这些显然是好奇心的驱使，也与孩子思维的方式有关。从培养智力角度讲，这种举动并没有必要限制，而应当鼓励，让孩子在自己的探索中促进思维的发展。

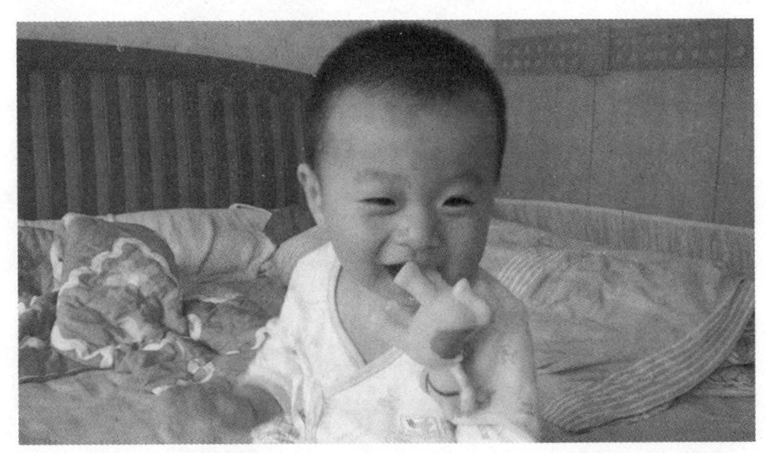

对于父母来说，应该提供鼓励幼儿探索的材料。有许多材料都可以作为幼儿探索的对象，如带盖的瓶子、盒子、豆子、线、可以拆装的玩具车、塑料玩具、积木、木板、水果、乐器、沙和水、石块、树叶等等。

鼓励幼儿探索。当幼儿正在摆弄材料时，可以向幼儿提一些问题，如它摸上去怎样，看上去、听上去怎样，用它可以做什么等。这些问题有助于扩大幼儿最初的探索。例如孩子正在玩橡皮泥时，成人可以问，橡皮泥捏上去感觉怎样？你能把它搓圆吗？它可以被压扁吗？父母也可以把自己的感受与提问结合起来，如说橡皮泥捏起来软软的，你觉得怎样？

另一个技巧是引发幼儿的某一个行动，而不是要他做出口头上的回答。如可以问，你捏个小兔子给我看看好吗？这样可以引发幼儿探索怎样表现出小兔子的特征。

事情发生在 1998 年，一个在校大学生只用了 4 个月的时间便研制出了许多专家殚精竭虑几十年都未获得成功的革命性产品——多媒体超大屏幕投影电视。这一消息震惊了中国科技界，这个被称为清华“爱迪生”的学生，就是年仅22岁的邱云虹。

多媒体超大屏幕投影电视，并不是这位年轻学子的第一项发明。邱云虹从小学毕业开始，进行了两百多个科学实验；到了中学，他的发明获国家、省、市级奖十多次。更让人想不到的是，1999年，他创办了全国首家大学生公司，引来了国内著名企业风险投资5250万元，首开在校大学生创业的先河；2001年初，他的产品投入市场，有关专家预测，在今后十年内，此类产品将有100多亿元的产值……

邱云虹的成功与其所受的家庭教育密切相关。

1977年，邱云虹出生在四川省威远县城的一个普通家庭里，父亲在氮肥厂实验室工作，母亲是一名中学教师。为了让这个独生子成长为对社会有用的人才，父母倾注了许多的爱和心血。

邱云虹才一岁多的时候，父母便发现他对玩具似乎“情有独钟”。他在玩玩具的时候，总要把它们一一拆开，像是要弄个明白。他两岁时，已经能够将许多玩具拆开，并“完好无缺”地装好。好动、好弄个明白的云虹勤于动脑的举动引起了父亲的注意，他决心要给予孩子智力开发和知识引导，让孩子的兴趣得到最大限度的满足。

在节假日或者休息的时间里，父母带着邱云虹到工厂仪表车间或乡村去，对儿子逐一讲解机器为什么会转动、小树为什么会在春天发芽、天上的星星为什么会在夜里出来而又能发光等他最感兴趣的问题。每次云虹总是眼睛睁得圆圆的，认真地听讲解，并不时地向父亲发问。云虹曾经有

过“种糖”的经历，父亲从中发现了他与众不同的思维方式。

云虹对各种事物都充满了好奇心，为了对一些东西彻底弄个明白，他常常背着父母将家里所有的玩具和父母的收音机、钟表等一一拆开，看个究竟。父母从来没有埋怨过云虹，相反，他们对儿子所表现出来的对“未知”世界的探索以及对“科学实验”的浓厚兴趣感到由衷的高兴。

父母在循循善诱地培养孩子兴趣爱好的同时，还不断引导云虹读他感兴趣的关于自然科学的科普读物，以此丰富他的视野。云虹5岁那年的夏天，他躲着父母在家里忙碌了三四天后，父母突然发现儿子手里拿着一件“吱吱”作响的物品，仔细询问才知道儿子制作的是一架“矿石收音机”，尽管收音机的声音不大清楚，但这毕竟是儿子的“处女作”，父母欣喜若狂，从此，小云虹的发明便一发而不可收拾了……

很显然，没有父母对孩子“动手”的鼓励，邱云虹不可能成为今天的邱云虹。

（二）要善于对孩子发问

问题是思维的起点，思维是从问题的提出开始的，经常面对问题，大脑就会积极活动。发问对于培养孩子的思维能力是很重要的。要想激发孩子的潜能及创造力，父母必须掌握向孩子发问的形式和技巧。要善用发问的技巧，也要学会听孩子发问。因为这既有助于增进亲子关系，更可激发孩子的思考能力，同时可培养其表达能力。

发问时，不要只问对或错的封闭式问题，最好依据孩子的能力，问一些没有唯一答案的开放性问题，如茶杯有些什么用途、多少加多少等于10等等。台湾学者陈龙安总结出发问技巧的“十字诀”，这“十字诀”是：假、例、比、替、除、可、想、组、六、类。

“假”：就是以“假如……”的方式和孩子玩问答游戏；

“例”:即是多举例;

“比”:比较东西和东西间的异同;

“替”:让孩子多想些有什么是可以替代的;

“除”:用这样的公式启发:除了……还有什么;

“可”:可能会怎么样;

“想”:让孩子想象各种情况;

“组”:把不同的东西组合在一起会如何;

“六”:就是“六何”检讨策略,即为何、何人、何时、何事、何处、如何。举例来说,孩子要去郊游,就可和孩子讨论请谁一起去?何时去?为何要去?到哪里去?带什么去?问题愈多元化,孩子所受到的思考刺激愈多;

“类”:是多和孩子类推各种可能。

(三)为孩子创设“想问”的情境

中国的孩子放学回家以后,家长们问孩子的第一句话,差不多都是一样的:“今天的作业完成了吗?”家长们关心的是学校既定的任务完成了没有。

而在以色列,家长们问的第一句话差不多也是相同的:“你今天在学校向老师提问题了吗?”如果孩子得意地说:“我今天向老师提了一个问题,老师没有回答出来!”家长会像孩子一样得意、喜形于色。

可是,如果中国的孩子回来对家长说他提了一个问题把老师难住了,绝大多数家长会感到尴尬和为难,甚至会斥责孩子:“你逞什么能!”

孩子积极思考、主动提出问题,这对孩子思维的发展极其重要。那么,或许有些父母会问,如何才能让孩子想问、会问?要让孩子想问题并提出问题,一个重要的做法是安排一个情境,以激发孩子想问的兴趣。所谓安排“情境”,有某些技巧可依循。

首先，让孩子感到好奇。如故事说一半，让孩子好奇地想问结果；玩猜谜游戏，给一些暗示等等，然后引导孩子如何问得清楚，而且能有礼貌地问。

其次，鼓励孩子积极思考、主动提出问题。在孩子的天性中，有一种求知的欲望，他们心中原本有着无数个"为什么"，并很想了解这个奇妙世界的本来面目。而成人习以为常的姿态和不以为然的态度，却逐渐扼杀了孩子的这种求知冲动。

因此，父母如果能够有意识地引导孩子，保护好孩子的好奇心，鼓励孩子积极思考，对孩子的提问努力表现出自己的兴趣，与孩子一起去思考、去寻求未知的答案，孩子提出问题的欲望就能不断增强。

（四）教给孩子思维的方法

我们知道，人们在思考问题时，总要有一条具体清晰的思路。因此培养孩子的思维能力，关键就在于使孩子掌握这种思路。就一般而言，思考问题的思路是提出问题、抓住关键问题进行分析、加以论证并得出结论。

例如，组词是小学生语文学习的一个重要内容。有的小学生靠死记硬背，所组的词重复而水平又得不到提高，有时东拼西凑仍然组不出所要求的数目。有经验的家长在帮助孩子学组词时，常常是先教孩子思维的方法，使之思路开阔。比如"桌"字的组词，可以从用途、形状、颜色的不同角度去思考，就可以组成“课桌”、“饭桌”、“办公桌”、“圆桌”、“方桌”、“长桌”、“工字桌”、“黄桌”、“绿桌”、“红桌”、“白桌”等。按用途、形状、颜色等方面去想，就是一种具体的思维路线。

训练孩子的思维能力，还可以在日常生活中坚持让孩子对事物进行分析、综合、比较、概括和分类的活动。教孩子认识事物，一定要引导他们精细地观察事物各个部分、各种特性。比如，香蕉有皮、肉；杨树有根、干、枝、叶；鸡在陆地生活，头上长冠，嘴是尖的；鸭子在水里生活，脚有蹼，嘴是扁的。这些都是事物的特点。抓住事物的特点，就可以引导孩子比较它们的异同，以便更精确地认识这些事物。比较是进行科学研究的重要方法，要从小训练孩子的这种能力，可以让他们比较牛与马、鸡与鸭、狼与狗、虎与豹、杨与柳、汽车与火车等，了解它们的相同与不同之处。

等孩子积累了较多的知识以后，便要引导他们进行概括、分类，把零散的知识逐渐变为系统的知识。比如鸡、鸭、鹅都有羽毛，有翅膀，会生蛋，又都是家里喂的，可以归入家禽类；麻雀、燕子、乌鸦都是天空中飞的，可以归入飞鸟类；牛、马、羊、猪、狗都是地上走的，又是家里养的，可以归入家畜类；飞机在天空飞，汽车在路上跑，船在水中行，但它们又都能载人、载货，可以归入交通工具类。逐步诱导孩子学会抽象概括，就能使他们从具体情景的限制中解放出来，为逻辑思维的发展打下基础。

引导孩子认识事物之间的因果关系，也是思维训练的一个重要方面，这也是一种知识的深化学习。让幼儿知道鸭的蹼与嘴是为了便于它在水中游泳和觅食用的；蒜瓣栽在小盆里可以长出蒜苗，果核种在泥土里可以发芽长成树，树上又结果子；水加热会变成水汽，水汽遇冷又变成水滴，水到了摄氏零度以下就会成为冰等等，这样能引导孩子的认识逐渐从现象深入到本质。

禽畜之别

一天早晨，父亲带着孩子来到新开业的农贸市场买菜。在专门出售禽蛋的场区，父亲抬头看见上面有三个用鲜红的油漆写成的大字“禽蛋类”，便问孩子：“认识不？”孩子借助文字底下的拼音读出了它的音。

父亲又问：“什么是禽？”

孩子很聪明，见下面摆满了鸡、鸭、鹅，便说这些就是。

父亲又问：“猪、牛、羊，是不是？”

孩子想了想说：“不是。”

“它们是什么？”

“是畜。”

“那么，禽和畜有什么区别呢？”

孩子认真地想了想：“禽会生蛋的，畜不会生蛋。”

父亲立即反问："蛤蟆不会生蛋，它是不是畜？"。

"不是，"孩子补充道，"禽是两只脚的，畜是四只脚的，都不在水里的。"

父亲又问："人是两只脚的，也不是生活在水里的，人是不是禽？"

"当然不是。"

"为什么？"

孩子严肃地思考起来，几分钟后说："禽是两只脚的，有翅膀的；畜是四只脚都落地的，有尾巴的。"

父亲热情地称赞说："对！不过，还有一点小小的补充。禽和畜一般以吃植物为主，是由人饲养的。像老虎、狼、狮子等虽然也是四只脚都落地的，有尾巴的，但不可能大批饲养，它们也不是以吃植物为主的，就不是畜了，是什么呢？"

孩子回答道："是兽。"

"对，是兽，它又是另一类了。"

菜场里父子的这段对话，实际上包含着丰富的逻辑思维训练，它渗透着运用概念进行判断、归纳、推理等一系列的思维活动。逻辑思维是运用最广泛的、也是最基本的一种理性思维，逻辑思维是否合理、是否严谨、是否流畅，直接反映了一个人的思维品质。

在家庭生活中，从小有意识地对孩子进行逻辑思维方面的训练，既有利于丰富孩子的知识，也有利于培养孩子的逻辑思维能力，是非常必要的。

圆珠笔刀

孙子见爷爷手中的圆珠笔与自己的不一样，笔杆象一片羽毛似的，便走过去问爷爷："为什么做成这样？"

爷爷是退休教师，他知道该怎么利用这个问题教育孙子，他不语，随手扯过一张废纸，对折，然后调转笔杆，用"羽

毛”裁了起来。

孙子明白了：“哟，原来是当刀用的，可裁纸。”

爷爷说：“这就是多功能，既可当笔写字，又可以当刀，你说，制造这种笔的人聪明不聪明？”

“聪明。”

爷爷说着，又拿出了一支头上带橡皮的铅笔，对孙子说：“爷爷读书的时候，没有这种铅笔，铅笔和橡皮是各管各的，字写错要擦时，老是要找橡皮，后来有聪明人想了个办法，把它连在一起，用起来就方便多了。据说他还因为这个小小的发明而发了大财呢！孩子，你再想想，我们家里还有什么东西，象圆珠笔和刀、铅笔和橡皮一样，是几样东西合起来的？”

孙子先是想，后来在屋内找来找去，终于找到了，他高兴地对爷爷说：“啤酒起子，既可以开啤酒，又可以当刨子使用，刨苹果、刨梨都可以；多用插座，有好多插头可以插；还有收录两用机，既可以收音，又可录音。”

爷爷说：“对啦！原先这些东西都只有一种功能，用起来很麻烦，人们为了方便，就想方设法把它们合并起来，以增加它的功能。其实，这样的东西很多。你再想想，还有吗？你能不能想出几样可以合并的东西？”孙子侧着头，认真地动起了脑筋。

爷爷和孙子在这里谈论的，是另一种思维形式，即组合思维。组合思维是由两种或两种以上的元素组合起来的思维方法，这也是一种创造性思维方法，它渗透于各行各业、方方面面，在日常生活中经常要用到。巧妙的组合，往往是一项重要的革新和重大的发明。因此，我们要经常教育和启发孩子注意、琢磨和分析身边的事物，让孩子逐步学会这种思维方法。

（五）训练孩子的发散思维

我们经常碰到以下两类问题：一类问题，就象课本上的习题——提出的问题很明确，要求我们运用已经学过的某些知识，针对问题"聚会思维"，而这个问题的正确答案往往是唯一的，这就象我们回答"1+1"只能等于2，等于别的就意味着错误。

另一类问题，是可能有多种答案的问题——有时问题在开始时并不十分明确。其实我们日常生活中遇到的大量问题都属于这种类型。解决这类问题，除了要努力明确问题外，还要打破平时习惯想法的束缚，将自己的思想从不同途径、不同角度扩散开去考虑问题，这叫"发散思维"；而这个问题的答案，往往是很多个创造性的设想，并且不能绝对地说哪个设想最好，只能根据实际情况，评定某个设想更为合适。

比如"回形针有什么用?"有兴趣的话，您可以先考考自己的孩子。发散性思维要求一题多解，此题可供参考的答案有：

回形针除了可以用来"别住纸张"外，还可以有以下的用途：

可以让回形针利用衬衣口袋，别住"服务员"或"小队长"等标志；

可以用它代替发夹，夹住散乱的头发；也可代替领带夹子；

假如有很多回形针的话，可以把它们联结起来，成为链条；

可以把回形针的一头拉开，代替牙签，剔除牙缝中的食物残渣（当然最好不要这么做）；

同样可用它剔除地板、桌子和指甲缝里的脏东西等等；

必要时，可以把整个回形拉直，当作鞋带使用——把它

穿过鞋带孔扭结起来；

把回形针缝在窗帘布上端，代替窗帘圈；可将它别在纸模型飞机的头部，做重锤用；将许多回形针串联起来，还能做项链，等等。

在日常生活中，父母可有意识地训练孩子的发散思维，开阔孩子的思路。

星期天，妈妈买来了一条3斤多重的鳙鱼，刚上一年级的女儿一见这么大的一条鱼，非常高兴，立即过来观看。剖鱼时，妈妈问女儿："怎么个吃法？"

女儿说："煎。"

妈妈问："还能怎么吃？"

"炸。"

"除煎和炸外，还能怎么吃？"

女儿想了想："烧鱼汤吃。"

妈妈穷追不舍："你还能想出几种吃法吗？"

女儿眼睛盯着天花板，一个劲地想，终于又想出了几种："嗯—蒸、醋溜、生炒鱼片。"

谁知妈妈还要女儿继续想，她说："你再想一想，说不定还能想出几种，然后根据你的喜欢来烧，妈妈已经想出来了。"

这回，女儿憋足了劲思考，过了好一会，终于豁然开朗："还可以腌成咸鱼吃或晒成鱼干吃。"

妈妈高兴极了，夸奖女儿真聪明，一下子想出了这么多的吃法。随后又说："我想还可以一鱼多吃，比如，鱼头烧汤，鱼身油煎，或者一鱼三吃四吃，孩子你说是不是？你喜欢怎么吃？"

女儿点点头："妈，我喜欢鱼头烧豆腐，中午吃；晚上煎鱼身和尾巴吃。"

妈妈说："好！"

这里，妈妈实际上就是在对孩子进行发散性思维的训练。发散性思维是创造性思维的基础和前提。在发散性思维过程中，思维发散得越广，也就是解决问题的方法提出得越多越好，因为越多越广，就越有可能寻找和选择到独特而新颖的解决方法。

我们平时所说的要打开思路，实际上就是思维的发散要广一些。在吃鱼时，家长还可以对孩子进行另一层面上的发散性思维训练，你可问孩子："这是淡水鱼还是咸水鱼？"当孩子说出是淡水鱼后，可再问："你知道还有哪些属于淡水鱼？"孩子如能说出好几种，比如鲫鱼、青鱼、草鱼、黑鱼等，说明孩子的知识很丰富，也说明其发散性思维能力强。

总之，思维的方法很多，在家庭日常生活中，可以用来进行思维训练的材料也同样很多。完全可以这样说：我们身边的每一个事物，都可以作为思维训练的材料，关键是做家长的有没有这种意识，有没有这种耐心和恒心。

七、能说会道——发展孩子的言语能力

语言是人类思维的工具，语言还是人类最重要的交际工具。言语能力虽然不是组成智力的能力成分，但却是判断一个人智力发展水平如何的一个重要指标。

言语表达得流畅、敏捷、精确，一方面是孩子现有思维能力的反应，同时又对孩子大脑发育以及思维能力的发展具有很好的促进作用。言语交流还可以使孩子得到许多知识，激发孩子的思考。

许多家长有意识地培养孩子琴棋书画各种专长，却忽略了日常

生活中卓见成效的技能培养——培养孩子的言语表达能力。还有的家长在看待孩子的言语表达能力上，存在以下误区：

其一，认为“说话谁都会”，生活在这个环境里，“慢慢长大了就会说清楚了”；

其二，认为没必要培养孩子“耍嘴皮子”的功夫，把话说出来，别人听得懂就行了；

其三，对“少说多做”有褊狭理解，认为“埋头做事”才是成才之道……

人人会说话，但一个人能把语言运用到什么程度，却存在很大差别。善用语言的人能使自己更多地处在有利的位置，他们的内心也更明朗、更丰富、更自信。

幼儿时期是孩子言语能力发展的关键期。言语的发展在幼儿的心理发展中起重要的作用，也是幼儿智力开发的重要条件。幼儿言语的发展一般经历以下三个阶段：

(1) 前言语阶段(出生～1岁)

在此阶段，孩子讲出第一批具有概括意义的词，尽管这些词很初级，但也标志着孩子开始进入了正式的学说话阶段。言语发生的准备主要表现在两个方面：一是说出词的准备，包括发出最初的词。二是理解词的准备，包括语音知觉和对词语的理解。

(2) 言语的发生阶段(1岁～2、3岁)

又分为两个分阶段：一是理解语言能力迅速发展的阶段(1～1岁半)。在这个阶段，孩子理解的语言大量增加，但说出的词语很少，甚至会出现一个短暂的相对沉默期。这时，孩子往往喜欢用手势和行动示意，不开口说话，有的孩子甚至停止了单独玩时的自发发音活动。二是积极说话阶段(1岁半至2、3岁)。此时，孩子似乎突然开口，说话积极性很高，词语大量增加，语句的掌握也迅速发展起来。

(3) 基本掌握口语阶段

从2、3岁到6、7岁，是幼儿基本掌握口语阶段，孩子在掌握语音、语法、词汇和口语表达能力等方面都有迅速的发展，这不仅为幼儿入学作准备，也为幼儿智力发展提供了言语基础。

【小贴士】 幼儿言语发展的特点

幼儿的言语发展主要表现在孩子掌握语音、词汇、语法和言语表达能力等方面。了解幼儿言语发展的特点，可使父母在培养孩子的言语能力时有据可依。

1. 语音发展的特点

幼儿发音器官尚未完善，所以发音常常吐字不清，特别是两三岁的孩子。据调查，他们一般对z、c、s、zh、ch、sh、g、

h、l、n 等发音困难。他们往往把 zh、ch、sh 说成 z、c、s。如把老师说成“老西”、“老司”，把“哥哥”说成“得得”，n、l 分不清，把“奶奶”说成“来来”。

3～4 岁是培养孩子正确发音的关键期。因此，在此时进行正确语音训练很重要，否则一旦将错误发音稳定下来，就会对以后的语言学习带来困难。在正确的教育下，幼儿一般到 4 岁时就能初步掌握本民族或本地区语言的全部语音，并且做到基本正确。

我国幼儿的语音发展受方言发音习惯影响较大，不同地区的孩子，发音的正确率有较大的差别。在对幼儿进行语音训练时应注意克服方言发音习惯。

2. 词汇发展的特点

言语是由词以一定的方式组成的，因此词汇的发展可以作为言语发展的重要标志之一，也是幼儿智力开发的基本条件之一。幼儿词汇的发展主要体现在词量、词类和词义的掌握上。

(1) 词汇数量增加

3～6、7 岁是人生词汇数量增加最快的时期。7 岁孩子比他自己在 3 岁时掌握的词汇量增加了 4 倍多。词是言语的基本构成单位，词汇量的增加标志着孩子掌握的概念增多，这就意味着孩子对事物的认识逐步扩大和加深，这将有利于孩子的智力开发。

(2) 词类范围不断扩大

幼儿的词类范围也是随年龄的增长而不断扩大的。首先，表现在掌握的词汇类型增多。幼儿一般先掌握实词，后掌握虚词。在实词中先掌握名词，其次是动词，再次是形容词和其他实词。在幼儿的词汇中，最初名词占主要地位，但随着年龄的增长，名词词汇总量虽然增加，但占的比例下降，在4岁以后，动词占的比例上升，甚至超过名词。幼儿掌握虚词较晚，虚词在幼儿的词汇中占的比例很小。

有研究认为，实词在3～4岁增加的速度比4～5岁快；而在4～5岁时虚词的增长较为迅速。所以4～5岁是幼儿词汇发展的活跃期。5岁是幼儿言语能力朝着连贯、简练发展的转折点，也是言语质量提高的关键期。

其次，表现在掌握各类词汇本身的内容的扩大。这种扩大的一般趋势是：由掌握与日常生活直接有关的词扩大到与日常生活距离远的词；由具体的词扩大到抽象性、概括性比较强的词。

(3) 理解词义逐渐确切和加深

在词汇量扩大的同时，幼儿对词义的理解逐渐确切和加深。幼儿虽然还存在3岁以前的词义的扩张和缩小的现象，但随着年龄的增长，逐步有所克服。

在心理学中，把孩子能够正确理解又能正确使用的词，一般称为积极词汇；而把孩子有时能说出的一些词，但不理解，或者有些理解但不能正确使用的词，统称为消极词汇。无疑，消极词汇不能正确表达思想。幼儿已掌握了许多积极词汇，但也有不少消极词汇，因此会出现乱用词的现象。例如，幼儿常把“解放军”一词与“军队”混同，把敌军说成“敌人解放军”。

因此，在进行幼儿智力开发的时候，应注意发展孩子的积极词汇，促进消极词汇向积极词汇的转化。不要单纯追求或满足孩子会说多少词，而应该看孩子是不是能正确理解和正确使用词。当然，总的来说，幼儿的词汇还是比较贫乏的，概括性也比较差，理解和使用会经常出错。因此，也应该重视丰

富幼儿的词汇。

3. 语法发展的特点

幼儿要掌握语言,必须懂得组词造句的规则,也就是要懂得基本语法结构方面的知识,才能进行言语交际。因此,掌握基本语法结构是幼儿言语发展的重要标志。孩子掌握语法结构有如下趋势:

(1) 句子结构和词性从功能混沌一体到逐渐分化

首先,孩子所用语句表达内容的逐渐分化。幼儿早期语句功能不分化,常常用同一句话来表达情感、意愿和物,只是在不同场合、不同语境有不同含义。例如,孩子说单词句"果果",可能是指物的功能,表达"这是水果";也可能是意愿的功能,表达"我要吃水果";还可能是情感的功能,表达"看见水果高兴"。孩子多用动作来对这种功能不分化的语句作注释,3 岁以前的孩子表现明显,3 岁以后逐渐分化。

其次,孩子掌握的词性逐渐分化。早期孩子名词、动词不分。例如,"汪—汪"可当名词,指小狗;又当动词,表示咬人。早期孩子不会区分修饰词和中心词,以后随着年龄的增长逐渐分化。

再次,结构层次逐渐分化。幼儿最初使用的语句是主谓不分的单词句,后来才逐渐分化,出现结构层次分明的句子。

(2) 语句由简单到复杂

孩子掌握句型的一般顺序是:1.5 岁以前只会说单词句;2 岁左右会用双词句,并开始使用简单完整句;2.5 岁左右会说复合句,但不完整;3～4 岁已经掌握基本语法,开始大量使用符合语法规则的简单句,复合句也开始逐渐完整起来。以后随着年龄增长,幼儿的句子由松散逐渐严谨起来。当然也常出现错误。

句子的长度也逐渐增加，有人作了调查，发现：3～4岁的幼儿以含6个词的句子占多数；4～5岁以含7～10个词的句子占多数；5～6岁的孩子，多数句子含7～10个词，同时也出现了11～16个词的句子。此时，孩子的句子就比较完整和严谨了，会使用连接词和修饰语，孩子的言语越来越能正确地表达他们的思想和意图。

4. 言语功能发展的特点

言语功能表现为言语交际功能和调节功能。孩子的言语功能也随着年龄的增长而发展。

(1) 言语交际功能的发展

幼儿言语交际功能的发展主要表现在理解他人言语的能力和口头表达能力上。经研究发现，在幼儿言语能力的发展过程中，理解是先于语句表达的。孩子在说出某种语句之前，大多时候已能理解这种句子的含义。

孩子在理解句子时，往往采取一些“策略”：

① 词序策略

孩子往往依据词出现的顺序来理解他们之间的关系，理解语句的含义。但在言语交际中，幼儿接触的基本上是主动语态的陈述句，因此形成一种词序理解策略：名词—动词—名词，即动作者—动作—承受者，也就是主语—谓语—宾语的理解模式。一旦接触被动语态的语句时，孩子也往往习惯用该模式去套，因而发生错误。随着年龄的增长，理解的词序策略则为句型策略所代替。

② 事件概率策略

孩子常常不顾语句中词之间的语法关系，只根据词的意义和事件在生活中发生的可能性多少，即概率去理解语

句。例如,对“小明把王医生送到医院”的理解,许多幼儿都认为是小明病了,王医生送小明到医院。因为日常生活经验中,医生送小孩到医院看病是经常发生的事件,且合情合理,而小孩送医生看病是很少发生的事件。

孩子就这样以经验为“钥匙”理解语句。这种现象在学前孩子身上表现比较明显。这种事件概率策略也是一种非语言策略。孩子的这些理解策略都是在理解尚未掌握或未熟练掌握的句型时才使用的,在使用过程中不断改进。

幼儿口头表达能力的发展表现在:

① 从对话言语向独白言语过渡

3岁以前孩子的言语基本上是采取对话形式,多是回答成人的问题和向成人提出问题、要求。3岁以后,随着幼儿独立性的发展,孩子常常离开成人去活动,从而获得了一些自己的经验、体会和印象。在与成人交往过程中,幼儿有必要向成人表达自己的各种经验、体会和印象。这样幼儿的独白言语就逐渐发展起来。

有研究表明,3～4岁的孩子由于词汇贫乏、表达不够流畅,常常带一些口头语,如“那个……那个”、“嗯……嗯”等等,甚至会出现口吃。在集体面前讲话不自然、不大胆。4～5岁的幼儿能够独立地讲故事或各种事情。在良好教育下,5～6岁的孩子能够系统地、清楚地讲述所看到的或听到的事,甚至有声有色。

② 从情境性言语过渡到连贯性言语

3岁以前的孩子一般只能对话,很少独白,他们的言语基本上都是情境性言语。3～4岁孩子的言语仍然带有情境性,还要辅助以手势、面部表情等。4～5岁的幼儿说话还常常是断断续续的,到6、7岁时,孩子才能比较连贯地叙述,但发展水平还不是很高。所以,在进行幼儿教育和进行智力开发时,要抓住这个过渡期,促进过渡,提高幼儿的连贯性言语水平。

③ 口语逻辑性逐渐提高

孩子口语逻辑性主要表现在讲述的主题是否明确,层次是否清楚,重点是否突出。年龄小的幼儿在讲述时,常常是现象罗列和堆积,主题不明确,层次不清楚。随着年龄的增长,幼儿在讲述时逐渐做到主题明确,有条理,情节之间来龙去脉清楚,口语逻辑性不断提高。幼儿口语逻辑性也是思维逻辑性的表现,因此,口语逻辑性训练对发展幼儿的思维逻辑性有促进作用。

④ 孩子逐渐掌握语言表达技巧

随着年龄增长,幼儿逐渐学会运用语气和声调的变化等言语表达技巧,使表述更生动、更有感染力。参加戏剧表演、讲故事及有表情朗读等都是培养幼儿言语表达技巧的好方法。

⑤ 幼儿言语发展中的障碍——“口吃”

在幼儿的言语表达能力发展中,有的幼儿会出现“口吃”。这是一种言语的节律性障碍。这种口吃现象常常出现在2～4岁孩子身上。产生的原因:一是生理原因,即孩子的言语调节机能不完善,造成连续发音困难;二是心理原因,即幼儿说话过于急躁、紧张或激动造成的;三是模仿,因好奇模仿别人的口吃,不自觉形成习惯。发现幼儿出现口吃,不要斥责、讥笑,应耐心热情地引导、帮助孩子。

(2) 幼儿言语调节功能的发展

幼儿言语调节功能的发展主要体现在内部言语的发生发展上。内部言语是指不出声的言语,是在外部言语发展

到一定阶段的基础上产生的，是言语的一种特殊形式，其特点是发音隐蔽、语句简略。内部言语与思维联系密切，具有自觉分析、综合和自我调节的功能。

有研究认为，幼儿4岁左右出现内部言语，但此时表现为出声的自言自语。有人认为这是外部有声言语和内部无声言语之间的过渡形式。它的特点是出声，但是对自己说。这种自言自语有两种形式：一种是“游戏言语”，即孩子自己边玩边说，用言语补充动作表达的不足，并发挥想象用言语来丰富自己的游戏活动。因此，“游戏言语”一般比较完整、详细、情感丰富并有表现力。年幼的幼儿“游戏言语”多。另一种是“问题言语”，这是幼儿在遇到困难或问题时产生的自言自语，用来表达困惑、怀疑或惊奇以及解决问题的办法。幼儿的自言自语起初往往是伴随活动产生的，反映幼儿的思维过程，并且对自己的活动有计划和引导的调节作用。这种自言自语对智力开发有积极意义。

（一）尽量早、尽量多跟孩子说话

从孩子出生的那一刻起，就利用一切和孩子接触的机会，尽可能多地和孩子谈话。经常和孩子“聊天”，给他丰富的语言刺激。无论做什么事，都伴随着一定的语言交流。比如：

给他喂奶或换尿布时说，“宝宝饿了，要吃奶了”、“宝宝换了尿布，干干净净真舒服”；

“宝宝拉臭臭了，嗯，好臭！”

“宝宝在洗澡，闻闻这个，这是香皂，多香啊！”

一觉睡醒，孩子精神特别好，就趁机逗他玩，给他念儿歌。带孩子出门散步时更是看到什么就和他聊什么。看到汽车告诉他，这是什么车，做什么用的；看到小熊玩具就给他念小熊的儿歌；冬天下雪时，可给他唱有关雪花的歌。

如果从来没有人和孩子说话，孩子就不会说话。聋哑人不会说话并不是他们的发音器官有什么缺陷，而是因为耳朵从小就聋了，听不到任何声音，因而从来听不到别人的语言。聋哑人的正常孩子，如果接触社会太少，口语发展会受到一定的限制；相反，如果与同伴相处、交流多，其口语就会发展正常。生活在托儿所的孩子，如果语言交往机会太少，就不如生活在家庭中的孩子口语发展得好。

家长必须注意从孩子很小的时候起，就和他们“说话”，尽管孩子本人什么也不会说，也不要紧。父母的每个词、每句话，对孩子来说，都是一次听力的训练，有助于他听话和以后学会说话。

儿歌与故事也是孩子喜爱的极佳语言素材。一般孩子对那种节奏简单、朗朗上口而又充满韵律感的儿歌、浅显易懂但又十分有趣的小故事十分感兴趣，即便几个月的孩子还无法听懂儿歌与故事，但是父母给孩子念念这些儿歌、讲讲这些故事，对孩子就是一种十分有益

的刺激，对孩子语言的发展十分有益。

那些带有很多象声词或者叙述孩子熟悉的事物的故事对孩子来说是最佳选择。只要有时间，父母就可以经常跟孩子说说这些儿歌与故事，最好配上一些夸张有趣的动作，这样更能吸引孩子的注意力。如果父母没有时间，那么让孩子听听磁带、录音或者音响等等都是对孩子一种有益的刺激。

研究表明，家庭语言环境丰富的孩子，开始说话的时间要比一般婴儿早而且质量要好得多。这是因为孩子最初的语言就是通过模仿家里人、尤其是与他关系密切的父母得来的。

当父母和孩子一起玩玩具的时候，孩子想要什么东西的时候，都先告诉他这是什么，干什么用，怎样玩等。父母带孩子外出的时候，经常给他讲讲街上的人、车、景物等。回来问问孩子他的所见所闻，鼓励孩子用自己的语言表达。另外，父母和孩子说话时可以尝试使用略微复杂的完整句子，主谓宾结构齐全，并适当配合一两个生动有趣的形容词或副词。

【小贴士】 适合跟1岁以内宝宝玩的7个语言游戏

1. 模仿发音

抱起宝宝，在他面前做出张嘴、吐舌或其他各种表情，并用亲切温柔的声音和宝宝“谈话”，让他注意到你的口型和面部表情，逗他发音。逐渐地，宝宝就会发出应答似的声音来和你“交谈”。这也是增进亲子感情的有效方法。

2. 放童谣CD

选择节奏欢快的童谣CD，随时放给宝宝听，每次放几分钟就行。你也可以自己学会童谣以后唱给宝宝听。喜欢听歌曲是孩子的天性，童谣特有的节奏和韵律最适合小宝宝听。

3. 摇响铃

你先摇动铃铛、拨浪鼓等发声玩具，吸引宝宝的视线，让他把注意力集中到你的脸上。你同时叫他的名字,对着他说话。还可以在不同的方向弄出声音来,让宝宝去寻找声源。这是很好的听觉训练,也和语言的发展有关,因为宝宝总是先学会听,然后学会说的。

4. 唱摇篮曲

宝宝哭闹时或者每次睡觉前,妈妈都可以给他唱摇篮曲。这可以让宝宝很快安静下来,或为他营造一个安静、舒适的睡眠环境。

5. 学小动物的叫声

你用夸张的表情,模仿小动物的叫声给宝宝听。拟声词很容易引起宝宝的兴趣。你也可以在模仿小动物叫声的同时,模仿不同小动物的动作,这样更能引起宝宝的注意。

6. 听妈妈讲现在的事情

你用亲切的声音、变化的语调,跟宝宝讲他当前面对的事物和事情。比如对他说"宝宝在摇小铃铛","妈妈正给你换尿布呢"等等。这可以教宝宝在情景中理解语言,你也会养成和宝宝说话的好习惯。

7. 拍手、点头

和宝宝面对面坐好,握住他的两只小手,教他对拍。边拍边说:"拍拍手。"然后不握他的手,看他能不能自己拍。同样的方法,可以教宝宝做点头的动作。这可以锻炼宝宝理解语言的能力和模仿力。7个月以后的宝宝,在听到一些特定的语言信号时,就能用动作表示出来了,因此不妨多和他玩类似的游戏。

和宝宝玩语言游戏时需要特别注意:

1. 和宝宝说话,要看着他的眼睛。

2. 你说的话要简短、具体、准确和清晰,要多重复。

3. 要在情景中和宝宝说话,这样他才能更好地理解。

4. 当宝宝自言自语时,你一定要及时接话,这会让他“说话”的兴趣大增。

5. 多用肢体语言,宝宝喜欢看着你一边说话一边做动作的样子。

6. 变换各种表情和宝宝对话,因为孩子通常是看着妈妈说话时的表情来学习说话的。

(二) 鼓励孩子多说话

一岁以后,特别是两三岁的孩子总有说不完的话,并伴随手舞足蹈,有的家长对此非常反感,往往予以呵斥、批评,却不知正是家长的这种武断,压抑了孩子表达的愿望。

对于孩子来说,不怕他开口,就怕他开不了口。要鼓励孩子多开口,提供给孩子说话的机会。对不怎么开口的孩子,需要家长更多地关怀、鼓励、引导,可以通过看动画片或做游戏的方式唤起孩子说话的兴趣。只有当孩子有了兴趣时,才能让他“无所顾忌”地开口说话,表达自己的感受和愿望,这时候孩子的语言表达能力就得到了有效地锻炼与提高。

1. 及时给予鼓励,使孩子愿意说话

对于孩子张嘴发出的任何声音,父母都应通过微笑、抚摸等方式及时给予鼓励,以这种方式让孩子明白爸爸妈妈喜欢他们这样做。一旦孩子开始学话,父母要及时回应孩子,让孩子体验到说话的乐趣。比如,孩子说“妈”,妈妈就应该马上高兴地说:“宝宝真棒!宝宝会叫妈妈了,妈—妈。”通过这种方式给孩子自信,同时也让他有兴趣做更多的尝试。

2. 给孩子创造说话的机会

孩子小,不会自觉地使用语言,喜欢用点头、摇头或手势表示,而父母往往也能理解孩子所表达的意思并马上给予满足,久而久之,孩子就习惯了用行为而不是用语言来表达自己的需求。所以要给孩子创造说话的机会，即使孩子只会说一两个字，也要让孩子学会用这一两个字来表达，父母要多引导孩子。慢慢地，孩子也就愿意说话并习惯用语言来表达自己的需求了。

要特别重视日常生活中的每一个训练机会。12～15 个月时，应启发幼儿用单词表达自己的愿望，教导他称呼亲近的人，看见什么就说什么。15～18 个月时，应通过日常生活中所接触的事物训练孩子说话。父母可以从玩具、日用品起，一点点告诉孩子周围的事物。18～24个月时，孩子对学语言的积极性高，喜欢与大人搭话，所以此时应热情鼓励孩子说话，给他讲故事，提高学习语言的兴趣；同时，为让孩子日后说话清楚，要教孩子准确发音，教孩子说普通话，并在教语音时让他观看大人的口形及舌、唇的动作。2～3 岁时，孩子说话的积极性大大提高，可创造条件，增加他们和成人或小孩的语言交往。让孩子有更多的机会讲述自己的见闻，包括看图说话、复述听过的故事、游玩回来后讲述所见所闻，如做了什么事情、遇到什么人、看到什么好玩的等等。

另外，大人一定要做出表率。虽然我们都不是语言学家，但要力求做到语言发音正确、吐字清晰、生动有趣、浅显易懂，并且说话时面带笑容、柔和亲切，这样潜意识里激发孩子学习语言的积极性，使孩子感觉到语言表达的快乐。

【小贴士】 让孩子多说话的小技巧

1. 学小动物叫

孩子都喜欢小动物。一般来讲，小孩往往喜欢小动物胜过喜欢人。孩子刚开始学说话的时候，可以让他多看小动物（如小狗、小猫、小鸡、小鸭、羊、牛、青蛙等等）或小动物的图片，让他听小动物的叫声，或教给他小动物的叫声，多次重复，让孩子模仿小动物的叫声。这不仅增加了孩子学

习语言的兴趣，也可以锻炼孩子最初的发音。

2. 教孩子认识玩具及生活用品

孩子总是怀着一颗好奇心去观察周围的环境和事物，聪明的父母一般都会及时地满足孩子的这种好奇心。周围环境中的一些物品，是教育孩子学习语言的好工具。父母可通过教孩子识认这些物品的名称及用途，让孩子学到很多生活常识，同时积累新的名词，这对孩子语言思维的发展和运用十分有益。

3. 情景对话与情景再现

在情景中展开对话，效果最好。你对孩子当前正做的事情谈论得越多，孩子语言能力的发展就会越好。带孩子出去游玩或办事情，回家后可以跟孩子讨论你和他一起去过的地方和看到的事物。因为有共同的经历，所以你们的谈话就会有共同语言，而且你可以有更多的线索来引导孩子说话。

3. 不要指责孩子的表达

孩子从"牙牙学语"，到能够流利地说话，再到能够较好地表达自己的思想，有一个较长的过程。家长应鼓励孩子多开口，尽可能地提高孩子说话的能力。但不能因孩子还不能完全表达就责骂孩子。

特别是年幼的孩子，有时由于词汇贫乏而常常一边想一边说，用"嗯嗯，啊啊，后来后来"的语言填补说话的空隙，使人听起来不连贯。此时大人既不能催促，也不能指责嘲笑，应让孩子想好了再说，否则心情越紧张，越说得支支吾吾。孩子因此也就越不肯开口，说话能力发展就越慢。

当孩子说错话时不要讥笑或责备孩子，不要在孩子说话的时候随意打断孩子。无论孩子说得好与不好，都要给予孩子独立表达自己想法的机会，不要用语言或行动代替孩子说话。及时巧妙地纠正

孩子不正确的发音与用词，不要重复、模仿孩子的发音，也不要评价孩子的错误，将正确的发音再说一遍就可以了。比如，孩子把“哥哥”说成“得得”，妈妈没必要去纠正孩子：“不是得得，是哥哥。”对孩子说：“对，那是小哥哥！”就行了。

一两岁的孩子似乎都有一个时期，说话结结巴巴，发音含糊不清，如果父母以成人的眼光去看这些现象，就会不由自主地去纠正和批评他，结果孩子越来越不敢说话。其实许多语言问题是孩子成长过程中必然会遇到的，这个年龄的孩子思维发展很快而语言表达跟不上，批评指责只会使孩子产生紧张心理并加重口吃。

家长应该鼓励孩子慢慢讲，把话说清楚，或者是换一句话，改变他的语言习惯，诱使他动脑筋去想好了再说。也可加强对孩子的口语训练，教孩子唱歌、讲故事，采取多种方式锻炼他说话。

【小贴士】 学不会说话的“狼孩”

狼孩是指从小被狼攫取并由狼抚育起来的人类幼童。世界上已知由狼哺育的幼童有10多个，其中最著名的是印度发现的两个。

那还是在1920年，在印度加尔各答东北的一个名叫米德纳波尔的小城，人们常见到有一种“神秘的生物”出没于附近森林，往往是一到晚上，就有两个用四肢走路的“像人的怪物”尾随在三只大狼后面。后来人们打死了大狼，在狼窝里终于发现这两个“怪物”，原来是两个裸体的女孩。其中大的年约七八岁，小的约两岁。这两个小女孩被送到米德纳波尔的孤儿院去抚养，还给她们取了名字，大的叫卡玛

拉，小的叫阿玛拉。

卡玛拉和阿玛拉刚被发现时，生活习性与狼一样：用四肢行走，白天睡觉，晚上出来活动，怕火、光和水；只知道饿了找吃的，吃饱了就睡；不吃素食而要吃肉（不用手拿，放在地上用牙齿撕开吃）；不会讲话，每到午夜后像狼似地引颈长嚎。她们没有感情，只知道饥时觅食，饱则休息，很长时间内对别人不主动发生兴趣。

七八岁的卡玛拉刚被发现时，她只懂得一般6个月婴儿所懂得的事，花了很大气力都不能使她适应人类的生活方式。两岁的阿玛拉经过两年的训练后才会直立，6年后才艰难地学会独立行走，但快跑时还得四肢并用。直到死也未能真正学会讲话：4年内只学会6个词，听懂几句简单的话，7年才学会45个词并勉强地学几句话。阿玛拉死时已16岁左右，但她的智力只相当于三四岁的孩子！

“狼孩”的事例告诉了我们一些什么呢？

它说明幼儿时期在人类身心发育中的重要性。人的一生中，幼儿时期在生理上和心理上都是一个迅速发展的时期。例如仅就脑的重量而言，新生儿平均约390克，9个月的婴儿脑重560克，2.5岁到3岁的孩子脑重增至900～1011克，7岁孩子约为1280克，而成年人的脑重平均约1400克。这说明在社会环境作用下，孩子的脑获得了迅速发展。

人类个体正是在幼儿时期，逐步学会了直立和说话，学会用脑思维，为以后智力和心理的发展打下了基础。“狼孩”由于在动物中长大，错过了学习语言的关键期，这就使她们的语言水平及整个智力水平远远比不上同年龄的正常孩子。

（三）利用一切机会，丰富孩子的语言

1. 对孩子作出积极的语言回应

> 小雨想要吃香蕉，他的眼睛望望妈妈，再望望香蕉，然后不停地喊："妈妈，宝宝吃。"妈妈对小雨的需求自然了如指掌，立刻掰下一根香蕉，剥开皮，塞到了小雨胖乎乎的小手里。小雨津津有味地吃了起来。
>
> 快3岁的小雨与周围其他孩子相比，他的语言表达能力明显差了很多。以前妈妈总认为小雨会说话，所以不太在意他的语言问题。但是一直忙碌的妈妈那天有时间带小雨到小区的花园里玩耍，才发现小雨的语言表达能力与别的同龄宝宝相比简直差得太远了。妈妈这才着了急。

父母要认真观察孩子的反应或者倾听孩子的心声，并做出积极地回应。当孩子开始学说话的时候，认真听听他究竟想说什么，然后在理解孩子心思的基础上做出回应，并扩展孩子的句子，帮助他学习更多的词汇、语法与表达方式。比如孩子发现了小狗，开心地嚷嚷："小狗，尾巴。"妈妈可以根据当时的场景进行扩展："是啊，那是一只小狗，它在摇尾巴。你看它多高兴，它一定非常喜欢宝宝。"

2. 扩充孩子的句子

和孩子交流时，父母要避免总是简单地重复孩子的话。重复孩子的话可能比较有趣，并且在孩子学习语言的初期还能起到鼓励孩子开口表达的作用，但是在孩子语言发展到一定程度后，这种做法对孩子语言能力的发展没有太多的益处。

因此，父母要有意识地根据当时的活动情境扩展孩子的句子。例如，孩子想要妈妈帮他拿柜子上的布娃娃，孩子说："妈妈，娃娃。"妈妈就可以对孩子说："哦，宝宝想要那个漂亮的布娃娃，对吗？"通过这种扩充句子的方式与孩子交流，孩子就会慢慢地学会如何更好地表达自己的需求。

3. 丰富孩子的词汇

语言表达能力和孩子的词汇量有着密切的关系。一个词汇贫乏的孩子，他说的话和写的文章总是“老调重弹”，重复用几个词汇。比如，说某件东西时，总是“很大、很大”，“很小、很小”，“很长、很长”。这样就不能有良好的语言表达能力。

词汇是否丰富是孩子在幼儿期语言发展快不快的一个重要标志。父母可以通过带孩子出去玩、和孩子共同看图书来丰富孩子的词汇，要求孩子把所看到的都用句子讲出来，这是学习词汇的一个好方法。例如，指着天空教孩子说：“蓝色的天空飘着白云。”不要说“天空有云”，否则，一个色彩鲜明的天空就变得枯燥、缺乏吸引力了。

孩子说：“阳台上花开了！”家长可以引导“能换一种说法吗？怎么样开着呀？像什么？”“像一只大蝴蝶，很好看！”让孩子学会用比喻，使学语言和培养想象力同步进行。

用词尽量丰富多样，避免语言单调贫乏。譬如，比“好看”更确切的词可以说“漂亮”、“美丽”等。晚上广场的灯亮了，用于形容“灯”的词有“灯火辉煌”、“五颜六色”、“五光十色”等。父母要有意识地重复一些新词语，并把它放在句子中来说，不断强化巩固。这样，就可以使孩子学语言一开始就有个高起点。

4. 多带孩子出去玩

带孩子参观动物园、海洋馆、博物馆，不仅仅是帮助孩子多认识些动物、植物和文物那么简单，还可以拓宽孩子的知识面，进而激发孩子的求知欲。能够让孩子从心底里好学的关键，就是激发出孩子的求知欲，所以多带孩子接触外界、多见世面是有好处的。

因而，要让孩子多接触大自然、多观察事物、多动脑筋。多观察各种事物，可以使孩子开阔眼界、增长知识、说话有内容。孩子观察时，要引导他看清楚对象，同时用语言表达清楚。

作为父母应多带孩子进行户外活动，在接触大自然的过程中，有意识地教给孩子一些新鲜的词汇。如在描述好天气时，可以教他用“阳光明媚、阳光灿烂”等词语来表述，同时还教他正确的发音，向他提一些问题。如在郊外游玩时问他天上飞的动物有哪些、地上爬的动物有哪些、水里游的动物有什么等等，让他通过观察大自然中活生生的事物并把它们说出来。孩子说的过程就是培养他语言表达能力的过程，这样就很自然地锻炼了孩子的口语能力，同时也培养了孩子观察事物的兴趣和能力。

5. 讲故事、背诗词、唱儿歌

经典的儿童故事，不但能够教给孩子勇敢、诚实、勤劳和爱，同时也是一个非常好的语言学习课堂。而且，对于不是非常善于言辞的父母来说，讲故事是教给孩子良好表达方式的捷径之一。

不过，父母还是要提前做一些功课的。首先，挑选那些比较精致的读本，无论语言还是插图，都应该和一流的故事内容相般配。其次，自己先浏览一遍，不要边讲边看，那样会破坏孩子的听讲兴趣和故事的价值。最后，如果故事内容里面有你不认可的部分，可以进行适当改编。每天至少给孩子讲一次故事，特别是晚上睡觉前给孩子

读一些有趣的故事,效果非常好。

诗词,是我国古代文学中的瑰宝。中国文字原本就蕴含着艺术美。周作人先生说,中国汉字具有游戏性、装饰性与音乐性的特点。而中国古典诗歌更浓缩了我们母语的精华。孩子两三岁前,诗词不用解释,只要把读诗当做唱歌,体会其中的韵律感就行。孩子到了四五岁、懂些事情时,再加进“讲解”。但这讲解一定要简洁,简要说一下这首诗的意思,同时把影响到理解的一些词解释一下就行了。这样做,一是基于对孩子领悟力的信任;二是诗文中的意境美与文字美重在体会,它们原本就是无须解释的,一解释就是对想象力的束缚,就是对语言美的破坏。

歌曲是孩子们接受和掌握语言的最佳形式,他们在学会旋律的同时,自然而然就记住了歌词。所以,每天要安排一些时间,和孩子一起听歌、唱歌。唱的过程中,你可以配合上相应的手势,帮助孩子理解歌词的意思。

故事、诗词、儿歌听、背得多了,孩子可以把故事、诗歌中的语言转化成自己的语言。

> 一个三岁的男孩妈妈正在跟爸爸说当天所做的事情时,在一旁玩耍的他突然给妈妈端来一杯水说:“妈妈辛苦啦,妈妈快坐下,请喝一杯茶!”这是之前妈妈教他唱过的《我的好妈妈》中的一句歌词。
>
> 一个六岁的女孩,妈妈曾经教她背诵过一些诗词。一天,她看见有人在外面生火,窗外翻滚着浓烟,就说;“妈妈你看,风烟滚滚来天半”,这是毛泽东诗词《渔家傲·反第一次大围剿》中的一句。只要孩子理解了文学作品中的词句,一般都能在实际中运用,很多作家小时候就是得到了这方面的熏陶。

据说,普希金的奶娘总是在夜间向小普希金讲述种种美丽动人的故事,或唱那些娓娓动听的民间歌曲。高尔基的外祖母是讲故事的能手。故事对这些作家言语能力的发展,都起了重要作用。

6. 注重亲子阅读

经常和孩子一起阅读图画书,那些有趣的小故事可以充分调动孩子学习语言的积极性。妈妈可以事先将故事看一遍,在了解故事情节的基础上,用自己的语言绘声绘色地将故事复述给孩子听。听故事是孩子积累语言素材的最佳途径。

要真正掌握语言,最好的办法莫过于阅读了。阅读是发展语言能力的加速器,是提高书面写作能力的重要途径。阅读要先从亲子共读开始。引导孩子阅读时,可以分为四个阶段:父母读、父母孩子同时读、各人读一段、放手让孩子读。图书的选择也经过四个阶段:字少画多的书、字多画少的书、无画的拼音书、无画无拼音的书。经过循序渐进的阅读方式,既能增加词汇量,又能积累不少知识,为写作文打下良好的基础。

7. 寓语言训练于游戏中

在游戏之中训练孩子的言语,做到言语训练游戏化。例如,跟孩子做“你说我猜”游戏,将语言训练寓于游戏之中。这个游戏是鼓励孩子把随时想到的东西,在不说出名字的情况下,用另一种方式表达出来,然后由爸爸妈妈来猜,谁先猜到谁获胜,如果都能很快猜到,表明孩子的表达非常成功,应当给予适当奖励。

妈妈可以先做示范:“我现在想吃一样东西,它红红的,又圆又大,咬一口特别脆,这几天午饭后你都吃过的……”“是苹果!”孩子回答。刚开始的时候,可以把要猜的东西集中在简单的形状、颜色、位置的描述上,如吃饭时问“我现在想吃离我最远的那盘菜,里面是红色的东西,你猜是什么?”以后可以慢慢地涉及一些抽象的题材,如“我长大了要当特别有本事、专门搞发明创造的人,爸爸你猜是什么?”

另外，父母还应该鼓励孩子从不同的方面，用不同的说法来描述同一个事物，把培养孩子的思维能力与表达能力巧妙地结合起来。

8. 有节制地使用电视和教育软件

按照美国儿科学会的观点，2 岁以内的孩子是不应该看电视的，而 2 岁以后，也仅限于每天 40 分钟以内的教学片。因为电视里充斥了大量的不规范语言，而且无论是电视节目还是电脑学习软件，都很难做到与孩子之间的交互表达，所以它们对于提高孩子的语言表达能力，具有一定的局限。

当给孩子放动画片的时候，家长可以陪着孩子看；当孩子就动画片里的人物、故事跟你交流的时候，要积极地做出回应。另外，要对动画片做出一定的选择，不要认为只要是动画片就适合孩子看。如今很多的动画片存在成人化、暴力化的缺点。要尽量选择一些内容贴近孩子的生活、符合他们的年龄特点、并有一定教育意义的动画片，比如《天线宝宝》、《米奇妙妙屋》、《巧虎》、《幼儿画报》动画版等。

总之，培养语言能力的方法多种多样，家长要善于针对自己孩子的生理和心理特点，抓住他的兴趣，选择适当时机，利用一定的技巧方法进行语言训练。但要遵循一项原则：寓教于乐。只有这样，才可以让他在轻松自由的状态下不知不觉地提高语言能力，做到日积月累、润物无声！

【小贴士】 发展孩子的语言应注意三个原则

1. 从具体到抽象

语言是一种人类约定俗成的符号系统，具有一定的抽象性。对孩子来说，语言的理解是与具体的事物和动作相联系的。因此，发展幼儿的语言，应该把新的词、概念、表达方式和幼儿生活经验结合起来，以发展幼儿对语言的理解力。

2. 从简单到复杂

孩子的语言变得越来越复杂，这是成人与孩子进行长期语言交流的结果。幼儿不断模仿成人的言语表达，并使表达变得复杂。从幼儿掌握言语的状况来看，和孩子的语言交流也必须遵循由简单到复杂这个程序。

3. 从此时此地到彼时彼地

语言可以使人传递别人看不到的、已经发生过的事件，但这种传递有时会因幼儿缺乏相应的经验而使幼儿感到难以理解。语言传递应先用眼前具体的、幼儿已有的生活经验为内容来进行，然后逐渐扩展到过去和未来。成人可以和幼儿一起计划做某事或和幼儿谈论他们刚做过的事、将要做的事和准备做的事。当孩子5岁后，谈话内容可以在时间和空间上加以扩展，这样有助于使孩子成为更有能力的语言交流者。

（四）发挥成人的榜样作用

孩子的语言环境非常重要，而语言环境主要是由父母创造的。成人的语言是孩子的典范。随着年龄增长，孩子的活动范围逐步扩大，与别人的交往增多，这时孩子很爱模仿成人的语言，成人是怎样说话的，孩子就跟着学。

因此父母和孩子交谈时，一定要注意选用恰当的词、规范的语句、准确的语音，给孩子树立一个好的榜样。当他们说出不必要的重叠音如“街街”、“灯灯”时，父母应教他们讲“上街”、“电灯”；听到孩子说不完整的句子时，如“妈妈——街”、“爸爸——饭”，应教他们说“妈妈上街”、“爸爸吃饭”。

爱说脏话的父母或习惯用粗俗简单语言说话的父母，不知不觉也影响孩子的语言。西方一项研究发现，中产阶级家庭的父母习惯用详细、规范的语言和孩子交流，所以中产阶级家庭孩子的语言能力和思维能力优于其他家庭的孩子。

家庭成员的语言水平、文化修养、家庭藏书情况、父母对孩子教

育的兴趣等等，都对孩子的语言能力发展有很大的影响。家庭成员如果说话粗俗、词汇贫乏，必然会从负面影响孩子。特别是和孩子接触最多的父母，一定要注意提高文化素养，注意语言美，使自己的每一句话都能成为孩子模仿的对象。

父母与孩子说话时，要特别注意讲究说话的艺术，为孩子语言能力的发展提供条件。和孩子说话时要比较慢、口齿清楚、语调温和亲切。不可用严厉的语调对孩子说话，也不要恐吓或者在孩子面前讲别人的坏话。

父母对孩子说话，要多用积极鼓励性的语言，少用消极的、禁止性语言；多用提问的方式，少用命令的方式。语言对孩子的行为有强化作用，对好的行为，父母要多讲、多鼓励；对不好的行为，要尽量避免去强化它，最好是少议论，或是从其他角度、从积极方面去讲。

总之，智力获得适时适当的发展，是孩子拥有一个幸福人生的基础和条件。作为父母都希望自己的孩子聪明伶俐，那么就必须抓住孩子幼儿、儿童期（出生～八九岁）这个智力开发的关键期，多花些心思放在孩子身上。

请相信：孩子一定不会让您的心血白费的！

以下介绍的是三岁半之前孩子的心理和动作发展的参照指标，父母可以参照这些指标来衡量孩子各方面的发展水平，从而更有针对性地开发孩子的智力。

【小贴士】 乳儿期、婴幼儿期心理和动作发展的参照指标

一、乳儿期心理和动作发展特点

乳儿期指的是从出生到一周岁这段时间。

（一）感觉和知觉

孩子出生后最早出现的是皮肤感觉（包括触觉、痛觉、温觉和冷觉）、嗅觉和味觉。新生儿的触觉已高度发展。当皮肤各部分受到刺激时能产生不同的反应。其中特别敏感的是嘴唇、手掌、脚掌、前额和眼睑等部位。

一般情况下，孩子出生后三至五周开始视觉集中。三至四个月时视觉机能发展比较完善，视距可达四至七米，能分辨红、黄颜色的灯光。五至六个月起孩子可以注视远距离的物体，如月亮、街上行人等。此后视觉发展为积极的观察。

一般认为，孩子到了二至三周才有明显的听觉，能主动对声音表示出各种不同的反应。到三至四个月时能用视线去寻找声源并建立视觉和听觉之间的联系。

新生儿通过视觉、触觉、听觉等协同活动，在半岁左右开始产生知觉，能分辨和认识自己的亲人，然后能逐步认识各种事物。

（二）注意

孩子到了两个月左右已出现明显的注意，例如，对成人的脸或声音的注意。但是，稳定性差，仍属无意注意。到了半岁后无意注意有了较好的发展，但是仍不够稳定和持久。

（三）记忆

新生儿到一周左右才出现最简单的记忆。当新生儿被

抱成吃奶的姿势时他就出现了吃奶的反应。孩子到了六个月左右已有了明显的再认能力，能认出自己的妈妈和熟人。一岁左右开始能回忆几天前所认识的事物，但是这个时期的记忆是无意记忆。

（四）言语

一般情况下，孩子两三个月内开始“牙牙学语”，半岁左右能发出一些音组，但还不是言语。七个月左右的孩子才能听懂一些常用词的意义并接受成人的指令，例如“再见”、“欢迎（拍手）”。但是，这仅仅是词的音调的信号，而不是词的内容的信号。一般不超过二十至三十个词。一岁左右开始能说简单的词。

（五）思维

一岁左右的孩子已经有了思维的萌芽或思维的低级形式。但尚不能离开具体的感知对象和动作，否则思维就会中断。

（六）自我意识

孩子出生后较长时期不知道自己的独立存在，分不清自己和周围其他各种物体的界线。七至八个月以前的孩子，吸吮自己的手指就像吸吮其他玩具一样，并不理解手指是自己身体的一部分。孩子到了一岁左右才逐渐理解自己的独立存在，能够理解自己的动作和力量并开始有了自我意识。

（七）情绪与社交活动

半岁以前的孩子已经有了各种自发性的情绪表现，如哭、笑等，与他人的交往活动虽然已明显增加，但主要是为了生理上（如吃、喝等）的需要。孩子到了半岁之后，已经有了明显的社会性交往的需要，有时会主动地要求成人与他玩或模仿学习等。一岁以后希望和别的孩子交往，这时已表现了孩子的群集感。孩子的各种情绪状态（如高兴、不满等），也有了明显的表现。

（八）动作

孩子动作的发展有一定的规律，是与其生理的发育成熟密切相关的。

1. 从整体动作到分化动作

孩子最初的动作是全身性的、笼统的、弥散的，以后才逐渐分化为局部的、准确的和专门化。例如，把手绢放在两个月孩子的脸上会引起全身性的乱动，五个月的孩子开始能用双手向手绢方向乱抓，八个月的孩子就能毫不费劲地把手绢抓下来。

2. 从上部动作到下部动作

孩子首先出现的动作是抬头，然后才按俯撑、翻身、坐、爬、站立、行走等顺序发展。

3. 从大肌肉动作到小肌肉动作

乳儿期首先出现的是躯体大肌肉动作，如头部动作、躯体动作、双臂动作、腿部动作等，以后才出现灵巧的手部小肌肉动作以及准确的视觉动作等。孩子手的动作在半岁后学会拇指与其余四指对立抓握的动作，学会手与眼协调活动的动作，为发展知觉和思维能力创造了条件。

二、婴幼儿期心理和动作发展的特点

婴幼儿期是孩子心理发展的重要阶段，其语言和认识能力迅速发展，个性开始萌芽，动作发展日趋完善。下面介绍的是天津市和平保育院对376名城市婴幼儿心理和动作特点的调查总结。作者在这个基础上，作了适当的修改。这些项目的内容只能作为目前一般婴幼儿心理和动作发展

水平的参照指标。由于我国幅员辽阔，经济、科技和文教发展水平在城乡之间、各地区之间都有较大差别，家长对这些指标，要结合本地区的实际情况灵活掌握。

一岁半到两岁

（一）语言的发展

1. 语音的发展

发唇音、舌面音较好，如“爸爸”、“妈妈”。发舌根音较差，如“哥哥”说成“得得”。少数孩子发不准舌尖音，如“小白兔”说成“小白杜”，“狼”说成“囊”。发舌尖前音困难些，如“橘子”，常说成“橘橘”。发舌尖后音最困难，如“吃”说成“慈”，“西红柿”说成“西红细”。

2. 词汇的发展

(1) 名词方面，初步会说的词汇有：妈妈、爸爸、爷爷、奶奶、花、树、鞋、帽、鼻子、眼睛、星星、奶、水、饭、肉、叔叔、阿姨等135个。

(2) 动词方面，初步会说的词汇有：吐、吃、喝、咬、听、唱、洗、打、坐、玩、看、拿、穿等37个左右。

(3) 形容词方面，初步会说的词汇有：好、亮、热、香、烫、臭、高、胖、辣、干净等12个左右。

（二）动作的发展

1. 大肌肉动作

(1) 走：走路自如，扶栏杆能上下楼梯、上下床（离地面44厘米高，带栏杆的床），会蹲着学鸭子走路。

(2) 跑：能连续跑5～6米。

(3) 跳跃：能双脚连续跳，最多不超过10次。

(4) 平衡：能在宽25～35厘米的两条平行线中间走，不踩线。在成人帮助下，走过宽18～20厘米、高12厘米、长2米的平衡木。

(5) 攀登：两岁时能独立上下高77厘米的攀登架，但动作不够协调。

2. 小肌肉动作

(1) 握笔：在成人指导下，初步会握笔，在纸上随意画。

(2) 折纸：会折两折或三折，但不成形。两岁时会折方块，但边角不齐。

(3) 捡豆：不分颜色，最初是大把抓豆，以后每次一个，每分钟能捡13～15个。

(4) 摆积木：能垒5块积木。

(三) 认识能力和情感意志

1. 感知觉

接触热东西时会说“热”，手立即缩回来；见到饭冒热气就喊“烫”。闻到特殊味，会说“香”或“臭”。吃辣椒时会说“辣”。觉得不舒服时会告诉成人，但表达不出具体要求。听到音乐有快乐的表情，能跟随成人做简单的动作。

2. 观察

能发现周围的新事物，对突然出现或消失的事物反应很快。

3. 注意

能集中注意5～8分钟，近两岁时能做10分钟作业，但需成人帮助。在成人辅助下能注意看画2～4分钟。

4. 记忆

反复看几种简单的动物图片，一至二周后再认时能说出名称。看图说话时，能当时记住图内主要人物。能记住自已的名字、衣物。学会儿歌3～5首，每首4句，每句3～5个字。

5. 计算

知道“1”和“1个”，认识圆的、大的、小的物品。

6. 情感

从托儿所到幼儿园的孩子与老师较亲近，不哭。未上托儿所的孩子到幼儿园由于生疏，哭的较多。喜欢看颜色鲜艳的图片。多数孩子能从成人面部的表情来判断自己做“对”了还是“不对”。大多数孩子情绪不稳定，易冲动，玩具被抢走就会哭起来，稍给安慰就破涕为笑。

7. 意志

有的孩子用勺有困难，但能坚持把饭吃完。上幼儿园时能克制自己留恋父母的感情说“再见”。到两岁时由于玩玩具而不愿回家，经老师提醒才回去。

8. 是非观念

看到解放军的图片能说“解放军叔叔好”。看到图片上的坏蛋，就边说“坏蛋”，边做打的姿势。有了初步的好人与坏人的概念。

（四）人与人之间的关系

1. 与成人的关系

在成人提醒下会问“早”，或说“再见”。能尊重成人。

2. 与小朋友的关系

在成人启发下能相互换玩具玩。看到小朋友摔倒知道去扶，并摆手表示“别哭”。户外散步会手拉手一起走。

（五）生活习惯

1. 饮食

吃饭时在成人帮助下知道用右手拿勺，左手拿碗。但吃得不干净。饭后在成人帮助下用毛巾擦嘴。

2. 睡眠

在成人提醒下，懂得上床后不说话，闭眼安静入睡。

3. 漱洗

知道饭前要洗手，洗手时懂得伸出小手。愿意洗脸、洗头、洗澡、剪指甲，会用手绢做擦鼻涕的动作。

4. 大小便

需要成人提醒坐盆。要大小便时，有的孩子会说“尿尿”并有表情反应。

5. 穿脱衣服

成人帮助穿脱衣服、鞋、袜时，会配合伸胳膊、伸腿、伸脚。

两岁到两岁半

（一）语言的发展

1. 语音的发展

发唇音基本正确。近半数孩子仍发不好舌尖音和舌尖前音。个别孩子把“早”说成“倒”。多数孩子发不好舌尖后音。

2. 词汇的发展

(1) 名词方面，初步会说的词汇有：舅舅、大娘、婶婶、名字、小朋友、客人、房子、窗台、木头、煤、头发、指甲等430个左右。

(2) 动词方面，初步会说的词汇有：传、停、偷、刷、流、滑、洒、渴、追、进、过、行、扎、抢、拉、找、扶、拍、拔、拾等135个左右。

(3) 形容词方面，初步会说的词汇有：快、慢、多、少、大、小、坏、破、脏、苦、瘦、湿、凉、远、近、矮、软、急、美等38个左

右。

（二）动作的发展

1. 大肌肉动作

(1) 走:能独立上下楼梯,走路较以前动作协调。

(2) 跑:跑得稳,动作较以前协调;起跑时,手的姿势正确,但不能坚持到最后。半分钟能跑25～30米。

(3) 跳跃:能双脚连续向前跳1～2米远。

(4) 平衡:走过宽18厘米、高18厘米、长2米的平衡木,并能双脚跳下。

(5) 攀登:手脚动作基本协调,两岁半时能翻过高133厘米的攀登架。

2. 小肌肉动作

(1) 握笔:姿势较前正确,能从画不规则的线条到逐渐画细线条和圆圈。

(2) 折纸:叠成方块,边角基本整齐。两岁半时能对角折成三角形。

(3) 捡豆:不分颜色,一个一个捡,每分钟能捡20～25个。

(4) 摆积木:能用积木摆出简单的物体形状,如火车。到两岁半时能将4块积木搭成房子或椅子。

（三）认识能力和情感意志

1. 感知觉

洗手时会说“水凉”,摔倒时会说“痛”,会说“肚子疼”,吃药时会说“苦”。散步回来时会说“累死我了!”听到音乐时能做简单的舞蹈动作。有的孩子可以辨出唱错了的音调。能区别红花绿叶。

2. 空间观念

懂得把苹果放在桌“上”。会说“我上床”、“我下地”。

3. 时间观念

知道“早晨”爸爸妈妈去上班。

4. 观察

能发现天气的变化，如打雷、下雨等。能发现妈妈烫发了或其他变化。

5. 注意

能集中注意听讲10～15分钟。在成人指导启发下，能看画4～8分钟，对感兴趣的图书能延长注意4～5分钟。

6. 记忆

反复看图说话和讲一个简单的故事，一周后在成人的启发帮助下，能说出主要人物和主要情节。学会儿歌4～5首，每首4～6句，每句5～7个字。有的孩子听成人说过一次就能记住自己吃的什么药。

7. 想象和思维

能说“妈妈下班接我”。成人问：“怎么××小朋友没有来呢？”小朋友回答：“去医院打针去了”。

8. 计算

初步学会“1”和“许多”。认识方的、三角的物品。

9. 情感

穿着新衣和新鞋有故意给别人看的意思。如夸“美”，面部就表现出得意的样子。愿意让成人喜欢自己。早晨上幼儿园喜欢自己熟悉的老师接，否则就不高兴。

10. 意志

在成人提醒下能够自己坐着玩。活动中有困难时，能

克服并坚持下去。在打针时能克制自己不哭。当不小心跌倒时，在成人鼓励下不致因疼痛而哭泣。

11. 是非观念

知道爱护小弟弟、小妹妹。知道打人不对。抢他人的玩具时，成人稍出声表态，马上就能意识到自己不对。

（四）人与人之间的关系

1. 与成人的关系

在成人提醒下，能向常接近的成人打招呼，大多数孩子能主动打招呼。能热情地向成人说些事情。

2. 与小朋友的关系

小朋友摔倒后马上能去扶，并为之擦眼泪。别的小朋友淘气时知道告诉成人。在成人启发下能把自己的画书、玩具借给小朋友，能把食物分给小朋友吃。与小朋友分手时能说“再见”。

（五）生活习惯

1. 饮食

能独立吃饭，吃得干净。懂得吃完再要，能说“还吃”。知道吃饭时不说话。会用双手端碗喝汤。洒了饭、水能告诉成人。口渴时会要水喝。

2. 睡眠

能安静入睡。午睡2～2.5小时。

3. 漱洗

能主动参加洗手、洗脸、洗头、洗澡，会洗手洗脸的动作，会用手绢擦鼻涕。

4. 大小便

能在有大小便时要求坐盆，会双手脱裤坐盆，擦屁股时知道弯腰，双手扶鞋，不扶地。

5. 穿脱衣服

自己会脱鞋和袜。

两岁半到三岁

(一) 语言的发展

1. 语音的发展

多数孩子发音基本正确。少数孩子仍发不好舌尖音,包括舌尖前音和舌尖后音。

2. 词汇的发展

(1) 名词方面,初步会说的词汇有:表哥、表姐、司机、眼泪、胡子、骨头、果汁、黄豆、树枝、沙子等650个左右。

(2) 动词方面,初步会说的词汇有:冲、切、顶、划、剥、倒、让、夸、吵等280个左右。

(3) 形容词方面,初步会说的词汇有:长、短、轻、重、酸、懒、歪、乱、冷、难、厉害等70个左右。

(二) 动作的发展

1. 大肌肉动作

(1) 走:走的姿势基本正确。能双膝交替上下楼梯。

(2) 跑:姿势基本正确。半分钟能跑35～40米。

(3) 跳跃:双脚连续向前跳3～4米远。原地双脚跳10～20次。能从20厘米的高处跳下。

(4) 平衡:双手侧平举,姿势正确,走过宽18厘米、高20厘米、长2米的平衡木。

(5) 攀登:上下灵活,能先移动脚、后移动手翻过133厘米高的攀登架。

2. 小肌肉动作

(1) 握笔:姿势正确,懂得用左手扶纸,会模仿画“气球”、“下雨”、“栏杆”。

(2) 折纸:能折正方形、三角形、小扇子,边角整齐。

(3) 捡豆:不分颜色,一个一个捡,每分钟能捡25～30个。

(4) 摆积木:能用4～5块积木搭滑梯或汽车。

(三) 认识能力和情感意志

1. 感知觉

知道“痒”并用手挠。吃红果时会说“酸”。吃炸虾片时会说“脆”。冬天外出活动会说“冷”。能随音乐做有节奏的动作。能区别红、绿、黄、黑、白的颜色。

2. 空间观念

排队时知道谁在自己“前”,谁在自己“后”。知道把自己的衣服放在柜子“里头”。懂得到“外头去玩”。

3. 时间观念

初步懂得“今天”、“明天”的意思。对“明天”的概念不清,把以后都说成“明天”。

4. 观察

对新事物好奇好问,如看到树叶掉下来就问:“树叶为什么会掉下来?”能告诉他人:“我家有厨房、过道、房间”等。

5. 注意

能集中注意听讲15分钟左右。一般看图书能集中注意6～10分钟,个别孩子能坚持15分钟。

6. 记忆

多次听讲一个故事,在成人启发帮助下,能复述故事的简单内容,故事约170个字。学会儿歌4～5首,每首6～8句,每句6～7个字。做“找自己的家”的图形游戏时,只做一次就可以认识路线。能记住前一天讲故事中断的情节。

7. 思维

见到小朋友玩土，会在一旁制止说："你玩脏东西会生病，就得打针。"如问："你想妈妈吗？"答："我想妈妈，我妈妈也可能想我。"看过图片后，有的孩子问："为什么小鸭子会游泳，小鸡不会游泳？"、"为什么公鸡有鸡冠，小鸡没有呢？"

8. 计算

口头数数能从"1"数到"5"。知道"一个"添"一个"是"两个"。认识正方形和圆形。

9. 情感

喜欢和小朋友搂抱着玩。能表达自己的欢乐。有的孩子受了批评，嘴里不说，心里不服气，用眼瞟大人。有的孩子做错了事，受到批评就会感到难过，甚至哭泣。

10. 意志

大多数孩子在检查身体和验血时能和医生合作，能听从成人的嘱咐。在做作业时不吃口袋里的东西或不玩别的东西。

11. 是非观念

知道爱惜桌椅、玩具，玩过玩具后能放整齐。知道爱惜粮食，注意不掉饭粒。知道解放军叔叔在保卫祖国，有长大了当解放军的愿望。能帮成人做事等。

（四）人与人之间的关系

1. 与成人的关系

能主动向熟人打招呼，问"早"、问"好"。能尊重成人的教导，认真去完成成人交待的事。

2. 与小朋友的关系

懂得小朋友之间要互让互爱，能帮助他人掸去身上的

灰尘泥土，把玩具让给小朋友玩，并说："咱们俩一起玩。"

（五）生活习惯

1. 饮食

懂得要注意不洒饭，不浪费一粒米。吃饭的动作协调。能用言语表达自己"饿"或"饱"，饭后主动用毛巾擦嘴。

2. 睡眠

上床后能主动躺好，安静入睡。午睡2小时左右。

3. 漱洗

学会自己洗手洗脸，懂得用肥皂洗手。洗头、洗澡时能配合成人动作。懂得及时用手绢或纸巾抹鼻涕。

4. 大小便

能清楚地用言语表达大小便，并主动坐盆，少数孩子会脱裤子。

5. 穿衣服

自己会脱衣服和穿前面开口的衣服，能扣衣服上的扣子，会穿裤子、袜子、鞋子、系鞋带等。

三岁到三岁半

（一）语言的发展

1. 语音的发展

发音基本正确。个别孩子掌握舌尖音差。

2. 词汇的发展

(1) 名词方面，初步会说的词汇有：科学家、厨师、邮递员、售票员、值日生、演员、丑八怪、三角形、长方形等820个左右。

(2) 动词方面，初步会说的词汇有：倚、除、割、收、喘等385个左右。

(3) 形容词方面，初步会说的词汇有：暖、干、笨、慢、硬、馋、烂、咸、傻、美丽等110个左右。

（二）动作的发展

1. 大肌肉动作

(1) 走：姿势正确，动作协调。

(2) 跑：姿势正确，跑时前脚掌落地。半分钟能跑40～50米。

(3) 跳跃，姿势正确，双脚向前连续跳5～7米远。能从25～40厘米高处跳下。原地跳30～40次。能跳过25～30厘米宽的小沟。

(4) 平衡：双手侧平举，两脚交替走过宽18厘米、高25厘米、长2米的平衡木。

(5) 攀登：动作协调，能翻过高194厘米的攀登架。

2. 小肌肉动作

(1) 握笔：姿势正确，会模仿画“篱笆”、“太阳”，会涂几种简单的颜色。

(2) 折纸：能折“猪头”、“小船”等，边角整齐。

(3) 捡豆：五种颜色豆混合在一起，能做到拿什么颜色的桶就捡什么颜色的豆，每分钟能捡30～32个。

(4) 摆积木：能用6～8块积木搭两层楼房或猪圈，能用塑料积木拼成桌、椅、床、火车、手枪等。

（三）认识能力和情感意志

1. 感知觉

脱下棉袄换毛衣时，会说“暖和了，换毛衣了”。吃水果糖时会说“硬”。吃饭时会说“菜太咸”。有的孩子会说“我心里有点难受，咚咚跳。”在玩“奇妙的口袋”的游戏时，孩子

摸到玩具的形状就能说出玩具的名称。能随音乐节拍打击小乐器。能区别红、绿、黄、黑、蓝颜色。

2. 空间观念

能记住谁的座位在“里边”，谁在“外边”。

3. 时间观念

初步懂得“昨天”的意思，但还不很准确，把前几天都说成是“昨天”。知道“每天”上幼儿园。知道午睡后是“下午”。

4. 观察

能发现室内外细小变化。能说“树都长出叶子来了”、“楼上还有小红旗”等。

5. 注意

能集中听讲15～20分钟，有兴趣时能达25分钟。做游戏时能集中精力看示范动作，抑制能力加强。看书能集中注意8～10分钟，个别孩子能坚持20分钟。

6. 记忆

听完故事后，能基本理解内容，在成人的提醒下能复述故事的主要情节。经过多次练习，能独立重述故事内容。

7. 思维

能反映事物之间的复杂关系。如“我当大夫，你当病人。我给你听听(做听诊的动作)，给你打一针就好了。”能进行一些概括和推理。如成人说：“哪个老师都一样。”孩子就问：“那你会弹琴吗？”已经有初步的发散性思维，如画一个圆形，让孩子从吃的、玩的、用的东西中想想哪些是圆的，他想一会后回答“圆饼干”、“皮球”等。

8. 计算

知道“两个”和“许多”。口头数数能从“1”数到“10”。

实物数数从"1"到"5"。知道"一个"添"一个"再添"一个"是"三个",或"两个"添"一个"是"三个"。能比较"多"和"少"。认识长方形、三角形。

9. 情感

看到花坛的花开了,就高兴地说:"这花多好看呀!"看到别的孩子衣服脏了,就会说"多难看呀!"有的孩子因画不好画,难过地哭了。

10. 意志

在游戏中扮演角色时能遵守规则。在受到他人干扰时能坚持完成任务。

11. 是非观念

通过讲故事、看图片,懂得应向谁学习。会帮别的小朋友系鞋带、扣扣子,见到小朋友做了错事能模仿成人口气进行批评。

(四) 人与人之间的关系

1. 与成人的关系

对成人有礼貌、主动打招呼。当老师批评错了时,能为自己解释或提出反对意见。看到老师不舒服或生病时会同情,说,"让我妈妈带你去看病、去买药。"

2. 与小朋友的关系

能互相关心、互相帮助。如起床后能帮他人叠被、系鞋带。在进出小门时能让别的小朋友先走。自己摔倒了,当别人扶起来后会说"谢谢"。扶他的小朋友会回答"不用谢"。有时还可以劝告别的小朋友:"下坡时要小心点儿!"

(五) 生活习惯

1. 饮食

能独立吃饭,姿势正确,动作协调。饭后擦了嘴的毛巾能放到原处，并放好椅子。

2. 睡眠

会自己盖被并安静入睡，午睡 2 小时。

3. 漱洗

能主动洗手洗脸，并知道饭前去洗手，洗后再擦干。积极主动参加洗头、洗澡、剪指甲，并配合成人的动作。使用手绢擦鼻涕，擦汗后会叠成方块放回口袋。

4. 大小便

能主动到固定的地方去大小便。

5. 穿脱衣服

能自己穿脱衣服、鞋、袜，并能帮助别的小朋友穿脱衣服、解带儿。

八、多元智能——让每个孩子都“各尽所能”

关于智力的概念及其所包含的智力成分，除了本章开头介绍的经典的“一般能力”说之外，美国哈佛大学的心理学教授霍华德·加德纳提出了“多元智能理论”，为我们更准确和科学地理解和发展孩子的智力提供了新的视角，是国际上公认的智力新理论之一。

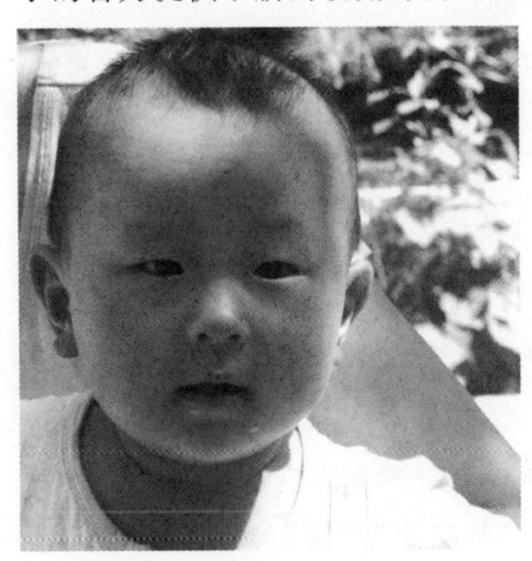

霍华德·加德纳是世界著名的教育心理学家，现任美国哈佛大学教育研究生院心理学、教育学教授。《纽约时报》称他为美国当今最有影响力的发展心理学家和教育学家。加德纳在波士顿维特任斯医药管理中心工作时发现，脑部受损伤的病人根据受伤部位的不同而失去不同的能力。例如，前额叶的损伤导致说话时语法方面的困难，却不影响理解别人讲话的能力。加德纳在《智力的结构》一书中说："可以证实，其他更具体的语言混乱，包括背诵、命名、阅读和写作时的选择性困难，都同大脑某一特定区域有关"。他指出，一些脑部患严重失语症（失去语言能力）的人仍然保持着音乐方面的才能，相应的，另一些失去音乐才能的人却能够保持他们的语言能力。

加德纳认为，这些不同方面的损伤暗示了，每一种特定的智能都有一定的生物基础。因此，加德纳将智能定义为"解决问题或创造出对于一种文化具有价值的产品的能力"，并由此开发出一套标准以确定哪些技能构成了智能。这些标准关注的是解决问题和创造产品，它们以智能的生物基础和心理的某些方面为前提。他建议，一种能力，如果符合下列标准中的某几项（不一定全都符合），就可以称之为智能。

(1) 它能够通过脑部损伤显示出来。例如，脑部某一部位的损伤，如中风，能够导致一个人失去特定的语言能力。

(2) 它可以从弱智专家、神童以及其他在某一领域具有较强能力的特殊个体身上表现出来。例如，通过对单一智能特别突出的人进行观察，可以看到智能是相对独立的。

【小贴士】 古今中外对"神童"和"白痴奇才"的研究

古今中外"神童"和"白痴奇才"的存在，为加德纳的多元智能理论提供了另一个重要依据，它从现实的角度证明了个体身上确实存在着相对独立的多种不同智力。对"神童"和"白痴奇才"这些特殊个体的研究可以使我们清楚地看到，每一个人身上都存在着多种智力，而不同智力之间存在发展不平衡现象。

一般来说，"神童"是在某一或某几个智力领域中有突出表现的个体。历史上和现实中"神童"的例子非常多，我

们也可以非常容易地想到“神童”是某一智力领域的“神童”，如数学天才、音乐天才、绘画天才等。加德纳所列举的八个方面的智力领域都“早慧”的个体是难得见到的。

同时，“在心智不健全而有专长的情况下，我们所见到的则是在其他领域中能力平庸或严重落后的背景下，某一特殊能力的超常现象。这些人的存在又使我们观察到相对孤立甚至是特别孤立情况下的人类智能”。

确实，世界上存在着一定数量的“白痴奇才”，他们在某一方面有突出的表现，但在其他很多方面则根本低能或无能。例如有这样一位“白痴奇才”，他的心算速度比一般人用计算器还快，但他表面上看起来却是一副智力低下相，生活难以自理，而且连话也不会说。

在电影《雨人》中（以真实的故事为背景），霍夫曼所扮演的罗蒙德就是一位在逻辑—数理方面有特异才能的天才。罗蒙德可以在头脑中迅速进行多位数的计算，具有令人惊异的数学天赋，但是他处理同辈间人际关系的能力却很差，运用语言的能力较为低下，对于自己的生活缺乏自理能力。

再如，有的人一直被我们认为是白痴，但突然有一天，人们却发现他在音乐方面有超人的才能。例如我国湖北武汉青年胡一舟（舟舟）是医学上认为的不可逆转的中、重先天愚型患者（这种疾病在我国的发生概率为500万分之一），但是，他有一种令人惊叹的绝技，那就是指挥乐队。舟舟从小偏爱指挥，当音乐响起时，舟舟就会拿起指挥棒，挥动短短的手臂，像真正的指挥一样，直到曲终。乐团有演出的日子，舟舟快乐得像过年。演出的时候，舟舟喜欢站在舞台的一侧。他总是万分陶醉地和着乐队的演奏作出各种指挥动作，如入忘我之境。

1997年，湖北电视台纪录片编导张以庆在一次偶然的机会中发现了武汉交响乐大厅外的舟舟，并对他无师自通的指挥才能产生好奇和关注。长达10个月的跟踪采访拍摄后，诞生了一部长达60分钟的电视纪录片《舟舟的世界》。由于舟舟特殊的心智结构，使得他在镜头前毫无胆怯和做作，更加强了这部片子里无法设计出的纪实风格。编导者放低了他们的视角，用镜头与舟舟作平等的交流。“所有的生命都是值得尊重的”，淡然的手法蕴藏着深厚的人道主义的关怀，使得这部片子获得当年国内纪录片最高学术奖中的唯一大奖和最佳导演奖以及此后接踵而来的一大串奖项。

1998年末，当时中国残联的刘理事长偶然间在中央电视台看到了纪录片《舟舟的世界》，激动难抑，立刻打电话到武汉找到舟舟，邀请他参加1999年元月残联在京举行的新春晚会。

1999年1月22日，在北京保利剧场，舟舟和赫赫有名的中央芭蕾舞剧院交响乐团有了历史性的合作。随着舟舟一个漂亮的起拍手式，音乐响起。舟舟的动作优美而流畅，第一首乐曲结束，观众被震撼了。怕过于长久的掌声影响自己对下一个曲目的指挥，于是他转过身来，向观众做出一个手势表示让大家安静。一首节奏明快的《拉德斯基进行曲》演奏完，全场几乎沸腾了，舟舟以接近大师的风范示意全体乐手起立向观众致意，有谁知道舟舟所有这些出人意料的表现都是没有人教过的。

(3) 它有一项或一套明确的核心操作程序。例如音乐智能是由对旋律、和声、节奏、音色和音乐结构的敏感性构成的。语言智能则是由对结构、句法、词汇、节奏、韵律以及语言技巧的敏感性所组成的。

(4) 它有独特的发展历史和作为专业的、终极的成就表现的明确的未来图景。职业的运动员、诗人和销售员就呈现出这些特征。

(5) 它有一部生物进化的历史和进化的合理性。动物表现出多种形式的视觉空间智能,鸟类具有音乐智能。

(6) 它有来自心理实验的支持。例如,通过测试可以解释各种智能是怎样划分开来、相互之间又有着怎样的联系。

(7) 它有来自心理测试研究的支持,例如,一系列的测试可以揭示哪些智能反映相同的潜在因素。

(8) 它有对符号系统解码的敏感性。象语言、图片、数字和面部表情等不同的符号能够唤起多种智能发生作用。

由这套标准所界定的智能定义——即解决问题或创造特定社会中具有价值的产品的能力,与标准化智商测验和能力倾向测验(以语言的流畅、词汇量和计算能力为基础)所包含的智能概念是迥然不同的。传统的智力含义比较强调学校所注重的知识和技能,而加德纳的智能定义则要宽广得多。

"创造产品"既可以指把一块空白的帆布变成一幅能够激发情感的画,也可以指把一个从来达不成任何共识的群体变成一支具有生产力的团队。"解决问题或创造产品"是非常实用的智能定义,强调的是一种能力在真实生活情境中的运用。运用这套标准去界定智能之后,加德纳确信,智能远比智商测验和学校最强调的那些要丰富得多。

(一) 多元智能的结构

基于多年来对人类潜能的大量实验研究,加德纳认为个体身上相对独立存在着、与特定的认知领域或知识范畴相联系的七种或八种智能,这些智能是全人类都能够使用的学习、解决问题和创造的工具。

1. 言语—语言智能

是指用言语思维、用语言表达和欣赏语言深层内涵的能力。即指听说读写能力，表现为个人能够顺利而高效地利用语言描述事件、表达思想并与人交流的能力。这种智能在作家、诗人、演说家、记者、编辑、节目主持人、播音员、律师等职业上有更加突出的表现。代表人物有由记者转变为演说家、作家和政治领袖的韦斯顿·丘吉尔等。

2. 逻辑—数理智能

主要是指运算和推理的能力，表现为对事物间各种关系如类比、对比、因果和逻辑等关系的敏感以及通过数理运算和逻辑推理等进行思维的能力。这种智力在侦探、律师、工程师、科学家和数学家身上有比较突出的表现。代表人物有相对论的提出者阿尔伯特·爱因斯坦等。

3. 空间智能

主要是指感受、辨别、记忆和改变物体的空间关系并借此表达思想和情感的能力，表现为对线条、形状、结构、色彩和空间关系的敏感以及通过平面图形和立体造型将它们表现出来的能力。这种智力在画家、雕刻家、建筑师、航海家、博物学家和军事战略家的身上有比较突出的表现。代表人物有画家帕布罗·毕加索等。

空间智能可以划分为形象的空间智能和抽象的空间智能两种能力。形象的空间智能为画家的特长；抽象的空间智能为几何学家的特长；建筑学家则同时擅长形象和抽象的空间智能。

4. 身体—运动智能

主要是指运用四肢和躯干的能力，表现为能够较好地控制自己的身体、对事件能够做出恰当的身体反应以及善于利用身体语言来表达自己的思想和情感的能力。这种智力在运动员、舞蹈家、外科医生、赛车手和发明家身上有比较突出的表现。代表人物有美国篮球运动员麦克尔·乔丹等。

5. 音乐智能

主要是指感受、辨别、记忆、改变和表达音乐的能力，表现为个人对音乐包括节奏、音调、音色和旋律的敏感以及通过作曲、演奏和歌唱等表达音乐的能力。这种智力在作曲家、指挥家、歌唱家、演奏家、乐器制造者和乐器调音师身上有比较突出的表现。代表人物有音乐天才沃尔夫冈·莫扎特等。

6. 人际智能

主要是指与人相处和交往的能力，表现为觉察、体验他人情绪、情感和意图并据此做出适宜反应的能力。这种智力在教师、律师、推销员、公关人员、谈话节目主持人、管理者和政治家身上有比较突出的表现。代表人物有美国黑人领袖、社会活动家马丁·路德·金等。

7. 内省智能

主要是指认识、洞察和反省自身的能力，表现为能够正确地意识和评价自身的情绪、动机、欲望、个性、意志，并在正确的自我意识和自我评价的基础上形成自尊、自律和白制的能力。这种智力在哲学家、小说家、律师身上有比较突出的表现。代表人物有哲学家柏拉图等。

1995 年，加德纳又提出自然智能，即个体辨别环境（不仅是自然环境，还包括人造环境）的特征并加以分类和利用的能力，那些能敏锐地觉察大量类似物体之间的细微差异的人，或者能够熟练给岩石和昆虫等分类的人都表现出较为充分的自然智能。这种智力在学有专长的自然观察者包括农夫、植物学家、猎人、生态学家和庭园设计师等身上有比较突出的表现。

加德纳谨慎地指出，人类智能不应局限于他所确认的这几种类型。加德纳相信，相对于先前的一元智力理论，这八种智能理论能够更为准确地描绘人类能力的面貌。相对于诸多只能测量人类能力狭小范围的标准化智力测验，加德纳的理论为理解人类智能的本质提供了一个更为广阔的图景。

他也特别提到，每一种智能还包含有次级智能。例如，在音乐领域中的次级智能就包括演奏、歌唱、作曲、指挥、评论和欣赏音乐。其他七种智能也都各自包含着多种次级智能。

每一种智能都具有独特的发展顺序，在人生的不同阶段萌芽、开花。音乐智能的天赋显现最早，至于为什么会较早出现，至今仍是个未解之谜。加德纳暗示在孩提时表现出卓越的音乐天赋，这种智能可能不必依赖人的生活经验。另一方面，发展良好的与人相关的智能，则必须有广泛地与他人交往和反馈的经验。

加德纳相信，由于每种智能都可以用于行善或作恶，这八种智能本质上都具有价值中立的特点。例如，戈培尔和甘地都有高超的人际关系智能，但他们应用这种智能的方式却戏剧化般地具有天壤之别（注：戈培尔是希特勒统治下的德国纳粹政权的宣传部长；甘地则是印度民族主义领袖、二十世纪非暴力主义倡导者）。在特定社会中，个人如何运用他的智能，是一个必须面对的严肃而重要的道德课题。

显然，所有智能都能够应用于创造发明。然而，加德纳指出，大部分人只在某个特定领域展现创意。例如，爱因斯坦虽然在数学和科学方面表现出卓越的天赋，但在言语—语言、身体—运动和人际智能方面却未显示出与之相媲美的才能。事实上，多数人都只能在一两种智能上有出色的表现。

（二）天生我材必有用

多元智能理论拓宽了我们理解智力的视野，对我们的家庭教育有以下启示：

1. 每个孩子的智力结构都是独特的

根据加德纳的多元智能理论，我们每个人都同时拥有相对独立的八种智力，但每个人身上的八种相对独立的智力在现实生活中并不是绝对孤立、毫不相干的，而是以不同方式、不同程度地组合在一起。因此，每一个人的智力各具特点。

同时，根据多元智能理论，即便是同一种智力，其表现形式也是不一样的：同样具有较高的逻辑—数理智能的两个人，其中一个可能是数学家，而另一个可能是文盲，但他有很好的心算能力；同理两个同样具有较高的身体—运动智能的人，其中一个可能在运动场上有出色的表现，而另一个在棋艺室里却有上乘的表现。

加德纳认为，个体身上存在着的各种智力并非一成不变，个体身上也可能存在着除了前述八种智力以外的其他智力，他所提出的八种智力的观点虽然比较准确地反映了人类智力的特点，但在某种程度上还只是一个理论框架或构想——重要的不是七种、八种或九种智力，而是一种多维

度地分析智力问题的视角。

根据多元智能理论，因为每个人的智力都有独特的表现方式，每一种智力又都有多种表现方式，所以我们很难找到一个适用于任何人的统一的评价标准来评价一个人的聪明与否、成功与否。著名人物如丘吉尔、莫扎特、爱因斯坦、毕加索、麦克尔·乔丹、柏拉图和马丁·路德·金谁更聪明呢？谁最成功呢？今天，加德纳的多元智能理论为我们提供了看待“聪明”问题和“成功”问题的全新视角：我们不能说各种智力哪一种重要、哪一种不重要，而只能说各种智力在个体的智力结构中都处于同等重要的地位，在每一个个体身上都有自己独特的表现形式。

因此，我们不能说上述人物谁更聪明、谁最成功，我们只能说他们各自在哪个方面聪明、在哪个方面成功，以及他们各自怎样聪明、怎样成功。由此，我们应该清醒地认识到，智力是多方面的，智力的表现形式是各不相同的，我们判断一个人聪明与否的标准当然也应该是多种多样的。

对于我们的孩子而言，我们应该树立积极乐观的儿童观。加德纳的多元智能理论告诉我们，每个孩子都有自己的智能特点，有自己的优势智能领域和弱势智能领域。因此，没有“笨孩子”，只有孩子在哪些方面聪明和怎样聪明的问题。

2. 向孩子展示多方面的智力领域成就

长期以来，受传统狭隘的教育观念的影响，家长和学校关注的重点被定为孩子的言语—语言智能和逻辑—数理智能，而其他的多种智力则被严重忽视了。根据加德纳的多元智能理论，每个人都具有多种智力，现实生活也需要每个人都利用自身的多种智力来解决各种实际问题。

而现实中需要多种智力协同解决实际问题的工作及职业不胜枚举。例如，舞蹈演员不仅需要音乐智能，而且还需要身体—运动智

能，同时还需要空间智能和人际智能。再如，律师不仅需要言语—语言智能，而且还需要逻辑—数理智能，同时还需要人际智能和内省智能。

同样，某一种智力也往往为众多的成功人士所需要。例如，那种能够较为准确地理解他人的情绪、情感和意愿并巧妙地将这种理解运用于与他人的交往、合作之中的人际智能，不仅仅是外交人士、公关人士必须具备的智力，而且也是成功的管理人员、销售人员、服务人员和教师等需要具备的智力，同时还是作为社会一员的我们每一个人形成健康人格必需的重要能力。

人的智力领域是多方面的，人们在解决实际问题时所需要的智力也是多方面的，所以，我们向孩子展示的智力领域也应该是多方面的。

受遗传因素和环境因素的影响，孩子之间很早就表现出兴趣爱好和智力特点的不同。美国心理学家的一项实验研究表明，四五岁的孩子在完成需要不同智力共同参与的多项游戏任务时，都表现出了不同的智力特点。

如果把儿童完成各项任务过程用图表来表示的话，儿童完成各项任务的过程不是一条直线，而是高低不同、各不重叠的一条条曲线。因此，家长的任务应该是向孩子提供多种多样的智力活动机会，在充分尊重孩子发展独特性的同时，保证孩子的全面发展。

3. 注意鉴别并发展孩子的优势智力

在多元智能理论看来，每个孩子都有相对的优势智力领域（无论是相对于自己还是别人），如有的孩子更容易通过音乐来表达，有的孩子则更容易通过数学来表达。

同时，在多元智能理论看来，孩子各种智能的发展包括优势智能领域的充分发展有赖于环境和教育的影响，孩子只有在成人有目的、有计划、有组织进行的教育活动中，在对丰富的教育材料的接触和运用中，其智力潜能，特别是优势智力潜能才能得到最大化、最优化的发展。所以，我们应该在日常生活中有意识地观察他们的优势智力领域并加以挖掘和发展。

【小贴士】 具有不同优势智能孩子的行为表现

★ 言语—语言智能

具有语言智能优势的幼儿的特点：

(1) 喜欢听别人朗读(即使是6周大的婴儿也喜欢)；

(2) 喜欢听别人讲故事；

(3) 喜欢提问，特别是喜欢提"什么"和"为什么"；

(4) 热衷于与任何一个能成为他的听众的人对话；

(5) 不会满足于简短的答案(不管答案是否正确)；

(6) 喜欢闭上眼睛，在脑海中幻想他所听到的景象。

到了学龄阶段，他们喜欢：

(1) 讲故事和短文；

(2) 讲笑话、故事、双关语；

(3) 运用比较多的词汇；

(4) 玩文字游戏；

(5) 向同龄人和成人发表自己的见解或演讲；

(6) 除学校布置的任务之外，写自己的故事。

★ 逻辑—数理智能

有逻辑—数理智能优势的幼儿喜欢：

(1) 数数；

(2) 比较或注意哪个更大、哪个更小、哪个更重、哪个更响；

(3) 收集；

(4) 玩不同形状的东西，进行比较和排列；

(5) 组成特别大的数字。

到了学龄阶段，他们喜欢：

(1) 计算(加、减、乘、除)；

(2) 有序地排列收集物；

(3) 有策略地玩游戏(国际象棋、跳棋、标准棋类)；

(4) 记录信息，探索模式；

(5) 探索事情怎样运作；

(6) 解决有正确答案的问题；

(7) 依靠规律。

★ 空间智能

有空间智能优势的幼儿喜欢：

(1) 复制、涂鸦、描画和绘画；

(2) 制模和建造；

(3) 混合同一色系的颜色和物品；

(4) 选择穿着；

(5) 看录像片和照片。

到了学龄阶段，他们喜欢：

(1) 在一个更高的水平上创造、涂鸦、描画和绘画；

(2) 玩字谜或者复杂的迷宫；

(3) 设计服装、建筑、要塞和城市；

(4) 拍照；

(5) 观看或创作地图；

(6) 把东西拆开来，有时也能够成功地把它们再组装起来。

★ 身体—运动智能

具有身体—运动智能优势的幼儿，从小就可以观察出来。他们通常具有以下特点：

(1) 喜欢玩手、玩脚，动来动去，爱摇晃；

(2) 特别喜欢伸手拿东西，抓取东西的力气很大；

(3) 学爬行和走路时间比同年龄孩子早；

(4) 喜欢爬高爬低、重复同样的动作，比如，把东西丢在地上，再捡起来；

(5) 每天的活动量大，对于外界的反应快，动作灵活；

(6) 喜欢亲历冒险，把他们自己置身于挑战性的环境中；

(7) 能控制东西，并进行堆砌和建造；

(8) 对球能够进行抚摸、滚动和玩耍；

(9) 自己重复做相同的事。

学龄期，他们喜欢：

(1) 参加运动、在运动方面表现活跃；

(2) 进行体育比赛并学习新的运动技能；

(3) 不停地练习一种特别的运动技能；

(4) 用他们的身体去参与探险活动；

(5) 跳舞、表演和模仿；

(6) 参加手工操作和机械操作。

★ 音乐智能

具有音乐智能优势的幼儿更乐于：

(1) 听音(他们对周围环境中的声音很敏感);

(2) 听认音节;

(3) 唱歌、低声细语、独自哼歌;

(4) 利用日常生活用品制作乐器;

(5) 学习音乐。

学龄期,他们也更乐于:

(1) 听音乐、玩乐器;

(2) 唱歌、哼唱;

(3) 将情绪与音乐和旋律相匹配;

(4) 显露出在旋律或歌曲方面很好的记忆;

(5) 成为音乐的消费者(他会关注音乐会和购买音乐产品);

(6) 自编旋律,作曲。

★ 人际智能

具有较高的人际智能的孩子幼年时的特点:

(1) 爱笑,喜欢看到成人的面部表情变化,喜欢与人互动,讨人喜欢;

(2) 不认生。看到陌生人不会惊慌、害怕,也不哭闹,反而充满好奇;

(3) 喜欢观察成人的一举一动;

(4) 看到其他宝宝时,他会主动靠近,想要接触,并和他一起玩;

(5) 注重合作,而不注重在游戏中竞争。

学龄期特点:

(1) 喜欢许多朋友;

(2) 在朋友中具有感召力,能够分享,善于调解纷争;

(3) 组建团队,或者在同伴中推动关系的发展;

(4) 喜欢帮助别人解决问题；

(5) 喜欢成为别人的顾问和建议者；

(6) 喜欢做一名让人难忘的团队成员。

★ 内省智能

那些拥有强烈的内省智能的幼儿通常具有以下特点：

(1) 爱做白日梦；

(2) 拥有和表达对食物或活动强烈的偏爱；

(3) 当需要时请求帮助(但也知道他们什么时候不需要助手)。

学龄期,往往喜好：

(1) 记日记；

(2) 订立目标并追求这些目标；

(3) 观察他人,有时能从局外人的观点看问题；

(4) 迫切地想从别人那里得到反馈；

(5) 和他们信任的人一起反省他们的行为表现。

★ 自然智能

自然智能比较强的孩子喜欢：

(1) 收集大自然中的物品(树叶、岩石、蛇皮等)；

(2) 玩土或沙子(而且并不介意把自己的手弄脏)；

(3) 和家养宠物接触(狗、猫、鸟、鱼等)；

(4) 喜欢去动物园、水族馆或花园；

(5) 在户外玩,不介意天气情况或温度。

学龄期,他们喜欢：

(1) 把时间花在户外；

(2) 收集植物、石头、动物等；

(3) 倾听户外的声音；

(4) 注意自然界中的各种关系；

(5) 对动物和植物进行分类。

家长有意识地培养和发展孩子优势智能领域的意义,不仅仅在于促进孩子的智力潜能得到最大化、最优化地发展,而且还在于提高孩子的自尊心、自信心。这一点对于那些优势智能领域不在言语—语言和逻辑—数理方面的孩子尤为重要。

在传统的家庭和学校教育实践中,言语—语言智能和逻辑—数理智能被看做是最基本的能力,而其他智能则在不同程度上被看做无碍大局甚至是可有可无的。所以,语言能力和数学能力发展欠佳的孩子经常会受到家长、教师的批评和其他小朋友的蔑视。久而久之,这些孩子的自尊心和自信心会由减弱到丧失,以至于出现各种各样的行为问题,如厌学、逃学和自杀等。

以多元智能理论指导的教育,强调家长应该懂得每个孩子都不同程度地拥有至少八种基本智力,问题不再是一个孩子在语文或数学方面得多高的分数,而是他们八种智力中的哪种智力有优势。

家长要能够欣赏、重视他们的某一智力长项,如体育或绘画,并培养和发展不同儿童多种多样的智力长项,既包括传统教育的重点领域如语文和数学,也包括传统教育的非重点领域如体育、绘画、音乐、思考和交往。

我们的家长一定要树立这样一种看法,就算孩子的语文或数学成绩不理想,并不意味着他们是失败者、什么都不行,我们应该从各个角度去了解和发现其闪光点,并采取适合其智力特点的有效方法,使其特长得到有效的发挥。

4. 帮助孩子将优势智力的特点迁移到其他智力领域

多元智能理论强调,八种智力在人类认知结构中均具有同等重要的地位,教育应该对不同的智力一视同仁。但它更强调每个人的智力特点是独特的,强调每个人都应该在充分展示自己智力长项的同时,将自己优势智力领域的特点迁移到弱势智力领域中去,从而使自己的弱势智力领域得到发展。

优势智力领域和弱势智力领域是相对而言的，每个孩子都有自己的优势智力领域和弱势智力领域，充分认识、肯定和欣赏孩子的优势智力领域，并鼓励和帮助孩子将自己优势智力领域的特点迁移到弱势智力领域中去，是每位父母的责任和义务。

在具体做的过程中，家长应该特别注意以下两个方面的问题：

(1) 引导孩子将自己从事优势智力领域活动时所表现出来的智力特点和意志品质迁移到弱势智力领域

以弱势智力领域是言语—语言智能或逻辑—数理智能、优势智力领域为空间智能或身体—运动智能的儿童为例。

传统的观念中，语文、数学成绩不理想的孩子经常被称为"差生"，对他们的补救办法主要是针对这些孩子的弱项进行强化训练，让他们反复练习。这种方法对一些孩子在一定的学习阶段内可能有效，但对相当多的孩子并没有明显的成效，而且极易引起孩子的反感以至于产生厌学情绪，造成孩子和老师、家长为敌，孩子与学校、家庭对立。

多元智能理论指导下的教育承认，人们思维和交流方式的语言化和数理逻辑化是社会发展所必需的，所以决不忽视语文、数学学习的重要性，但更主张家长从孩子的优势智力领域入手，引导孩子将自己从事绘画、体育活动时所表现出来的智力特点和意志品质迁移到语文、数学这些弱势智力领域之中。

首先，父母可以通过肯定孩子在学习绘画中取得的成绩，帮助孩

子认识到自己是有能力的、是成功者，从而使孩子树立起自尊心和自信心，为孩子将自己从事绘画活动时所表现出来的智力特点和意志品质迁移到语文、数学的学习中奠定最初的基础。

其次，父母应帮助孩子分析、并使之清醒地认识到他在从事绘画活动时所表现出来的智力特点和意志品质。一般来说，孩子在从事优势智力领域的活动时能够表现出较好的智力特点和意志品质，具有空间智能优势的孩子就可能在从事绘画活动时表现出长久的注意力、积极主动的思维活动和较好的克服困难的意志品质等。

最后，父母应引导孩子将自己从事绘画活动时所表现出来的智力特点和意志品质迁移到语文、数学的学习中。父母可以试着引导孩子："你画画不错，如果你在学语文和数学时能够像绘画时那样，保持长久注意力，积极思考，而且勇于克服各种困难，你的语文和数学就一定能够取得好的成绩。"

(2) 帮助孩子看到自己的优势智力领域和弱势智力领域之间的联系

譬如，一个孩子对音乐和节奏极有天赋，而对阅读和写作没有兴趣，那么，我们就要寻找这个孩子的优势智力领域和弱势智力领域之间存在着的某种联系，并帮助孩子将优势智力领域的特点迁移到弱势智力领域中：小学语文中有大量的诗歌，这些诗歌中的韵律，可以成为引导小学生对语言文字感兴趣的桥梁；另外，朗读课文时的抑扬顿挫，也可以成为引导小学生对语言文字感兴趣的突破口。

再如，一个孩子在航模制作、机械修理等方面有特长，而在数理逻辑方面则显得力不从心，那么，我们也可以在这个孩子的优势智力领域和弱势智力领域之间建立联系：航模制造中需要孩子测量各个组成部分的尺寸，这种测量可以成为引导孩子对数理逻辑感兴趣的桥梁；另外，机械修理需要儿童琢磨机械各个部件之间的关系，这种对机械各个部件之间关系的琢磨，也可以成为引导小学生对数理逻辑感兴趣的突破口。

需要特别指出的是，父母应该充分认识到，自己在引导和帮助儿童将优势智力领域的特点迁移到弱势智力领域中的关键作用。研究表明，儿童不会自动地将优势智力领域的特点迁移到弱势智力领域之中，需要成人的帮助。

无论是引导儿童将自己从事优势智力领域活动时所表现出来的智力特点和意志品质迁移到弱势智力领域，还是帮助儿童看到自己的优势智力领域和弱势智力领域之间的联系，父母连续地、有意识地引导、鼓励和评价，都是在以上两个方面均获得成功的关键。